中華民國電影戲劇協會
影劇叢書之一

徐天榮著

笑的藝術與理路

文史哲出版社印行

笑、或多或少帶著一些不正之氣，雖然不必把它定位在「邪魔外道」的字眼上，但它確實帶著邪氣。

笑的藝術與理路　目錄

編劇系列講堂第三單元

序

——學術史上第一部完整的笑理專書

葉潛昭

「笑」本是我們日常生活中發生調節身心作用的恩物，大家都熟悉他，卻少有去研究他。當我讀到好友徐天榮寫的這部《笑》後，我發現笑的產生還有這麼一個環結性的流程、一個基本的準則，把笑作了一個有系統的分解與規劃，成爲學術史上第一部完整的笑的學理專書。

徐教授是編劇、導演，也是教編劇學的專家。他鑒於時下的電視、電影、劇作多傾向於笑的挖掘、笑的鑄造。於是他積數十年的教學說理、創作經驗、和資料蒐集，以理論與實踐相映成長，寫成了這部「笑」，可說是畢生努力的成果。

這本書有幾項特徵，我認爲：

一、創立新說——他說「笑是邪惡的」，乍聽之下，令人愕然不解。他把笑分成兩大類：一是「喜劇的笑」，列爲正統的笑；另一是「非喜劇的笑」，也就是「變位的笑」。他使你了解：哪些笑是帶有邪惡成份的；哪些是因滿足而笑；哪些是屬燦爛的笑。

二、生活情調——這本書看來似乎是在寫吾人的生活，讓人感到分外熟識、格外親切和諧。雖是在講學問，但不用有學問也能看得懂。看目錄，也許會覺得深奧、陌生，但看到本文，便使你豁然開朗，簡明易察。一方面是因他解說清晰；一方面是因爲他用現實生活來詮釋學問。

三、笑趣充足——因爲他是笑理，每個章回節目都得以淺鮮的笑料來解說。所以他搜羅了數千則笑話，包括古今中外，而且都是上上之選，同時經過徐導演精心變造，既別緻、又饒趣。使讀者在研究學問中，還可獲一番笑樂。

四、感人下淚——書中有一節是「笑與哭的對比」。他把人類笑和哭的情緒反應，用十四項兩極分界對比，非常特殊獨到，使我們更深一層了解自己。尤其在這本講笑的專書中，分析到哭的內涵時，他舉述的例證，都是人與人之間的眞實情懷，眞情流露。把人生的苦難描繪得如見如聞，令人忍不住潸然淚下。

看來，他雖是一部提供有關「笑」的藝術工作者專用的學術書本，但內容卻與我們生存在今日繁忙複雜社會裡的每一個人都有關聯，都能派上用場，所以我說他是大衆的、人人可讀的一本好書。

好東西，願與好朋友們共享。

序

——給你無窮樂趣同時帶你進入知識礦山

徐佳士

這是一本奇書。你把它翻開，讀到內文時，就被作者逗得一而再、再而三的笑下去。你會微笑，會暗笑，會笑得從鼻孔噴出聲音，會笑到無法封住喉管，而格格作響，直到最後一頁，才會覺醒過來。

你會「覺醒」，察覺到這本書並不是一冊笑話大全。你會察覺到在閱讀過程中，固然你得到了無窮盡的樂趣，同時也進入了一座知識的礦山。

你會吃驚：原來關於笑，竟有這麼多的「東西」，可以這麼有系統的被列出來，令參觀的人著迷，而且感到茅塞頓開。也許在心理學的著作裡，接觸過關於笑的說法：說那是一個人對於某種內外刺激的一種反應；或者又說那是內在樂趣，表現出來成爲一種外在的行爲……等等，講法既抽象又令人費解。作爲一位戲劇學者，兼電影編劇及導演的徐天榮先生，用他的筆描敘「笑」這個主題時，則這項人的基本行爲之一，就像被放置在手術檯上，赤裸裸血淋淋地，被解剖得淋漓盡致。結果就產生了一群十分珍貴的知識。

所以，一個求知慾夠強的讀者，在瀏覽本書，享受歡樂之餘，更高興的是獲得（可能是首次）了在其他地方無法搜尋到的知識。

本書又叫做「世界第一部完整的『笑理』」誠非虛言。徐先生在這裡面成功的處理了許多學者未曾嘗試過的，關於笑的論題，例如：笑的流程，笑的精神與物質標準……似乎沒有人從喜劇的角度來檢視過。更令人敬佩的是徐先生還非常有耐心地爲笑「溯源」，他發現笑的源頭多達十七個，每一個源頭中，都有叫人不斷捧腹的例子。

作者更從喜劇與悲劇的觀點來比較笑與哭，也得到了十四個結論。他更進一步具體地告訴讀者，怎樣把笑「植入」戲劇之中。如果不具備紮實的戲劇理論與實務的豐富素養，任何一位作家也無法產生這樣的一冊著作來。

讓戲劇教育界和戲劇藝術界，都爲本書的誕生來鼓掌吧！

笑是人類的最愛

——讀徐天榮先生編劇系列講堂第三單元『笑』有感

魏子雲

在台北，生活五十餘年矣！

起先，隨同軍人飛來台灣，本身是文職，在台不到十載，便退伍轉入教職。站在黑板前四十幾年了。交往的朋友大都是文藝界的。由於生活在台北的歲月，若是之悠長，相識的文友亦多，徐天榮教授其一也。在今日來說，天榮先生已是台港兩地的劇界大老。雖然過從不密，卻是熟友，彼此素有所知。他的長才，是劇藝的編導。雖說，我習得的古文學，不但文、史、哲三位一體，且向無畛域，連音樂、戲曲，也包含在其文學理則中。可是今日，不但電影已走出舞臺，另立其家，而且舞臺上的劇藝，更有期新舊之分。兩者間的舞臺時空處理，也都大異其趣。

固然，從事編劇，電影劇本與舞臺劇本大有分別，兼之我國舊有的歌劇與話劇本子，也大不相同。若訴諸於劇中人物對話，可就得統一於同一學理，使之發乎人生之喜怒哀樂愛惡欲七情已耳。

日前，在重陽節的敬老會中，像往常一樣，大家見面祇是握手互道健康。可是天榮教授特別向我說：「近來忙嗎?我想請教兄台一個小問題！」凝神一問：「什麼問題?」遂說：「多年以來，我蒐集有關『笑』字的材料，想請你給我看看，你老哥在文學上所知的多，所以企盼你給我一些意見。」這話很能激發愛讀書的人，頓時產生興趣。遂應允願意拜讀。

偶然入目，便熟稔了這文稿是一部在戲劇課程中，一篇篇一字字向學子們講授多年的講義，且已整頓完妥了的稿本，隨時便可付梓。頓時在心頭萌生起敬畏之感。過去，從未獲知徐天榮教授這位相識多年的老友，竟是一位埋首策籍中的書蠹。

這部講稿，乃其歷年執教「編劇學」之心得，發現了人類之「笑」，誠乃世間的「人生原味」，若是未能注意及之，那就失去了人生最尊貴的無價「瑰寶」。

笑，人類的最愛。

美麗人生不可或缺的快感

編劇運作上的無價之寶。

當我一節節而又一字字讀完了這部大作《笑》，遂激發了我在讀書時，往往遇見會心而展顏的文句。

《論語》之「八佾」篇有句：「或問禘之說。子曰：『不知也。知其說者之於天下也。其如示諸斯乎！』指其掌。」（語譯：有人向孔子求教「禘」這一祭禮，是怎樣的呢？孔子答說：「我不大清楚。照理說，普天下人都知道的。」一邊說，一邊用右手的食指，指著他攤開的左手掌說：「普天下人都能說得出來的。」指其掌，意爲人人都能認知其手掌的。因爲「禘」是天子祭祖先的禮。可是周天子認爲周公功高，遂將「禘」禮交由魯國國君代爲執行。到了孔子這個時代，連諸侯祭其祖先之「祫」禮，也由季氏大夫一併執行矣！所以孔子答說他不知道。卻又以手指其掌說：「普天下人都能像認知自己的手掌那樣清楚。」孔子不便直來八往的回答他。所以，懂得了「禘」禮是什麼？讀了這一段孔子的回答，能不會心一笑乎？

再說《莊子》的〈應帝王〉篇，其中有一段，寫南海之帝儵、北海之帝忽，中央之帝渾沌。儵與忽不時與中央之渾沌往還。儵與忽不時受到渾沌的殷勤接待。儵忽鑑於渾沌無竅，遂相商爲渾沌開竅。於是每日爲之開一竅，至第七日開完第七竅，渾沌死矣！

像這類的文章，令讀者讀了，怎能不頓生會心而展顏呢！

不過，戲劇之演出於舞臺，固由於人生之動靜舉止，悉人生之模式，是以劇藝之展現，也不全以語言，尚須以行爲示之者，曰「默劇」（或曰「啞劇」）然終不如以語言助之，收效較大。無論「喜劇」、「悲劇」，其語言（台詞）都免不了使聽者、觀者頓時會心展顏。天榮兄之此一專事於「笑」之史料，取之中外古今，踰乎百種，集數十載之歲月賦乎此，亦云煥煥然焉。

我中華文化，向有五千年之淵源，歷代以「笑」字入乎書者，我所見者，除清人集成之《笑林廣記》以外，我還見到明朝人編成的笑話書多種，徐氏的此一「笑」字所收之資料，亦有明代的，足徵博覽而廣於中外古今也。讀明人馮夢龍的《笑府》序云：「古今文莫非話也。話，莫非笑也。兩儀之混沌開闢，列聖之揖讓征誅，見者其誰耶？夫亦話之而已耳。後之話今，今之話昔，話之而疑之，可笑也。話之而信之，尤可笑也。」又云：「經書子史，鬼話也而爭傳焉。詩賦文章，談話也而爭工焉。褒譏神抑，亂話也而爭趨避焉。或笑人，或笑於人。笑人者亦復笑於人，笑於人者亦復笑人。人之相笑，寧有已時？」再云：「《笑府》集笑話也。十三篇猶曰『薄乎云爾。』或閱之而喜！請勿喜。或閱之而嗔！請勿嗔。古今世界，一大笑府。我與汝皆在其中供人話柄。不話不成人，不笑不成話；不笑不話，不成世界。布袋和尚吾師乎！」此文強調「笑話」就是人世間的平常話，正與天榮兄的這本「笑」之必須入乎戲劇，而且視之爲「編劇運作上的無價之寶」。俗云：「人生即舞臺」而「舞臺亦人生」也。

馮夢龍視「笑」與「話」乃二而一者的人生常態語言。能一語出之口而不傷人，如本書中李敖作答那張字條，只寫了「王八蛋」三個字，當然是惡作劇。李敖並未生氣，照舊是含笑把那張字條展向觀衆。他說：「別人的字條都是寫問題要我答覆，不寫自己的名字。這位朋友，他只寫自己的名字，不提出問題。」引起鬨堂大笑。

像李敖先生的這類笑料，殆出乎其機智也。

至於齊白石之題其所畫的「不倒翁」詩，以之諷喻那些漢奸，詩云：「圓領烏沙儼然官，細看原來泥半團，有朝將它來打破，渾身何處有心肝。」斯詩文辭，實乃高人筆墨。

在閱讀中，讀到這段有關知府大人打了算命的術士四十大板，最爲好笑而忍俊不禁。這個故事很圓融，旣合情又合理。我是儒家的人生觀，老夫子不語怪力亂神，而我縱然是基督徒，卻不信「三位一體」的說詞。其所倡的大愛，則與我們孔孟的「仁義」同一道路。所以我沒有背叛基督。像那些看相算命者的言辭，我從來不接受。讀了這則笑話，非常佩服這位知府大人的高明。一句話就點準了術士的缺點，能算得出別人，何以不能算到自己？這簡直是騙人金錢的卑劣手段。不但挨了一次又一次的四十大板，主要的是丟掉了「鐵嘴」之不靈，更失去了「神仙」的名號。從此便捲起了鋪蓋，溜之乎也。

徐天榮教授的這本《笑》的許許多多的笑噱，都是多年來選錄來的。誠哉是「編劇運作上的無價之寶」。眞格是耗去了徐教授不少歲月及其心血精髓呢！

固然，有關「笑」的文學，古今中外委實已有很多很多，尚有賴有心人匯聚之也。像徐天榮教授之投下半生的時間，蒐集如此之多，且有助於編劇系列講堂所用的「笑」之史料，從劇情噴灑出的語辭，使觀衆看了、聽了而頓時會心，更爲之展顏而舒暢憂悶，此一編劇運作上的「無價之寶」，前未之有也。

笑剖析表

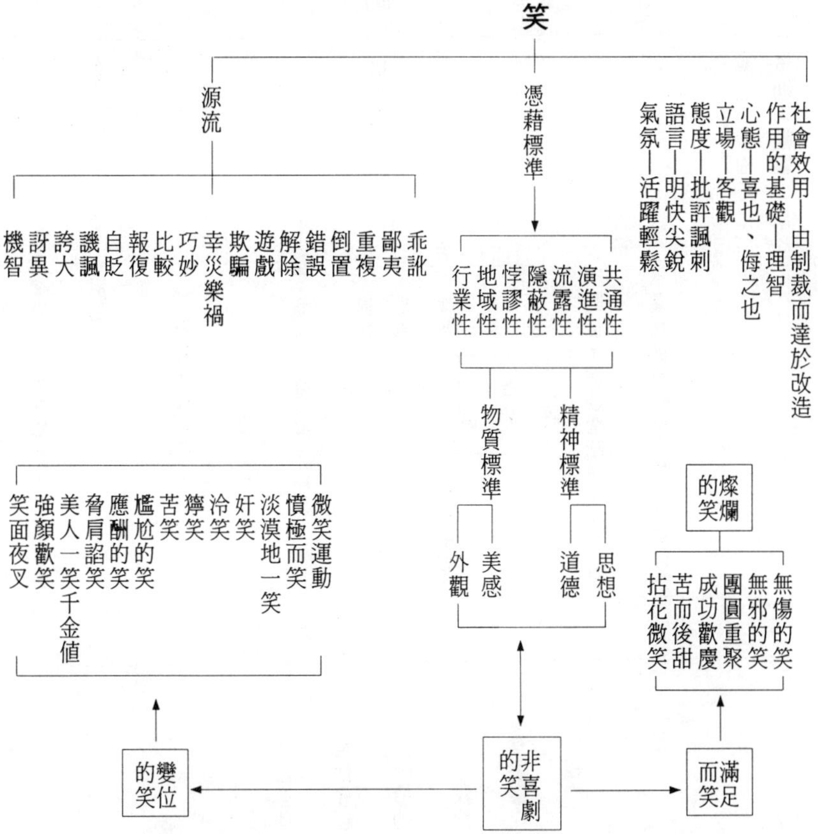
笑
源流
乖訛
鄙夷
重複
倒置
錯誤
解除
遊戲
欺騙
幸災樂禍
巧妙
比較
報復
自貶
譏諷
誇大
訝異
機智
憑藉標準
共通性
演進性
流露性
隱蔽性
悖謬性
地域性
行業性
精神標準
物質標準
思想
道德
美感
外觀
社會效用—由制裁而達於改造
作用的基礎—理智
心態—喜也、侮之也
立場—客觀
態度—批評諷刺
語言—明快尖銳
氣氛—活躍輕鬆
非喜劇的笑
滿足而笑
燦爛的笑
無傷的笑
無邪的笑
團圓重聚
成功歡慶
苦而後甜
拈花微笑
變位的笑
微笑運動
憤極而笑
淡漠地一笑
奸笑
冷笑
獰笑
苦笑
尷尬的笑
應酬的笑
脅肩諂笑
美人一笑千金值
強顏歡笑
笑面夜叉

喜劇表解

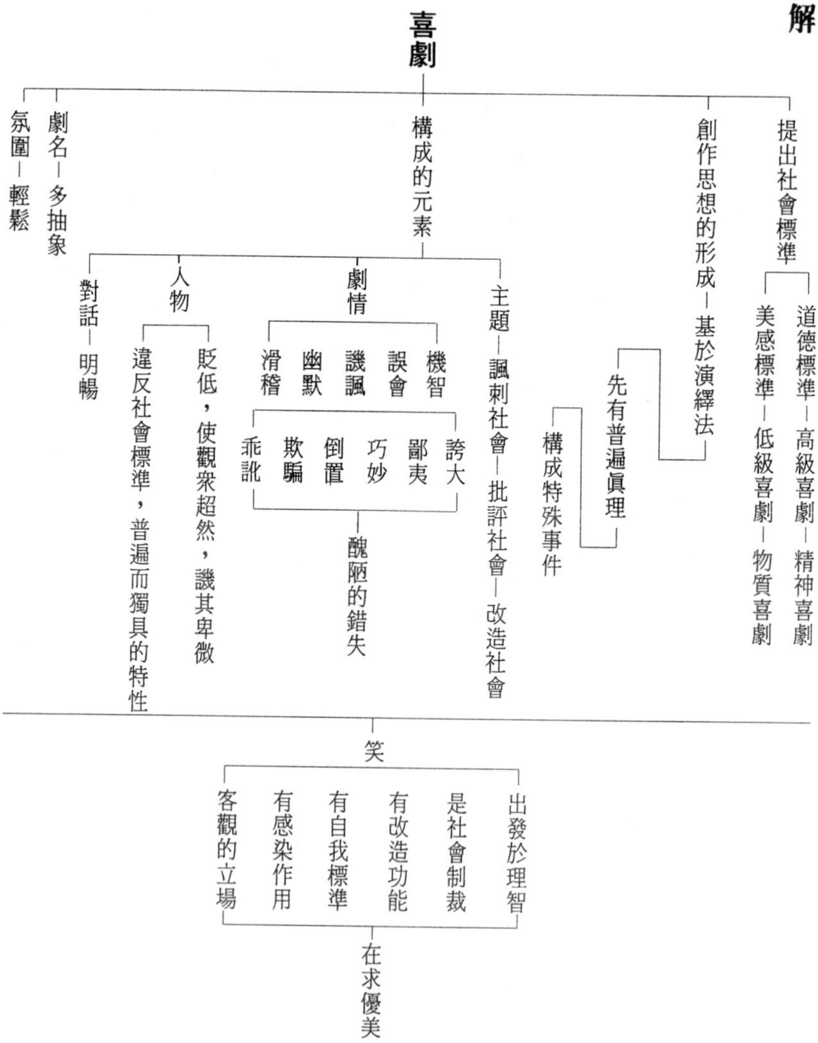
喜劇
提出社會標準
道德標準—高級喜劇—精神喜劇
美感標準—低級喜劇—物質喜劇
創作思想的形成—基於演繹法
先有普遍眞理
構成特殊事件
構成的元素
主題—諷刺社會—批評社會—改造社會
劇情
機智
誤會
譏諷
幽默
滑稽
誇大
鄙夷
巧妙
倒置
欺騙
乖訛
醜陋的錯失
人物
貶低，使觀衆超然，譏其卑微
違反社會標準，普遍而獨具的特性
對話—明暢
劇名—多抽象
氛圍—輕鬆
笑
出發於理智
是社會制裁
有改造功能
有自我標準
有感染作用
客觀的立場
在求優美

悲劇表解

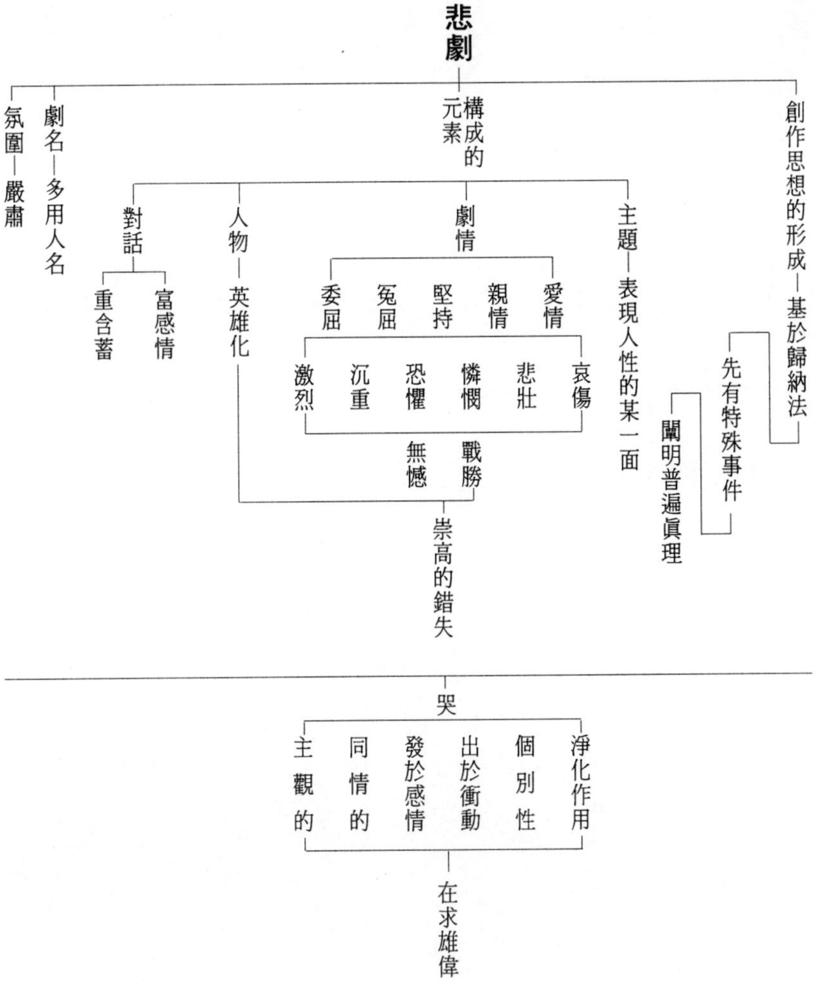
悲劇
創作思想的形成
基於歸納法
先有特殊事件
闡明普遍眞理
構成的元素
主題
表現人性的某一面
劇情
愛情
親情
堅持
冤屈
委屈
哀傷
悲壯
憐憫
恐懼
沉重
激烈
戰勝
無憾
人物
英雄化
崇高的錯失
對話
富感情
重含蓄
劇名
多用人名
氛圍
嚴肅
哭
淨化作用
個別性
出於衝動
發於感情
同情的
主觀的
在求雄偉

笑的藝術與理路

笑是一種本能，嬰孩在襁褓中便會於甜睡時撇起嘴角，展露笑態。笑雖是與生俱來，卻並非與生俱在；它固然拒於貧困，卻又不滯留於富貴。雖知足可以常樂，然樂者未必笑，笑者也未必樂。那麼笑究竟是什麼呢？

第一章　喜劇的笑

一講到「笑」就有人會說，笑有很多種，哈哈大笑、譏笑、冷笑、奸笑、瘋笑、陰笑、獰笑、悲極而笑等等，那是我們從生活中所見所聞結下的概念。

這裏講的笑是指在學理上的定位，像冷笑、奸笑、獰笑、微笑運動…都不是眞正的笑，而是「笑」字被借作了別用。爲了讓大家便於辨識，我把正宗的笑，定名爲「喜劇的笑」，也就是喜劇家所追逐的笑，觀衆在觀劇中所引發的笑。那些被借用的笑，以及悲劇境域的笑，列爲「非喜劇的笑」，以示區分，在第三章中將分類研討。

先請看笑在字面上的眞詮：

《說文解字》詮釋笑是「喜而解顏啓齒也」；

《論語・憲問篇》認爲「樂然後笑」；

根據《辭海》、《辭彙》、《辭源》、《中文百科大辭典》的解釋：「侮之也」、「嗤也」、「哂也」、「嘲諷」、「臉上所現的一種快樂狀態」、「因爲高興而表現在臉上的愉快表情」。

——這些解讀都是喜劇的笑。

一、笑能延年益壽

人人都知道，笑是舒暢身心最有效的方法，每天大笑三次，身爽氣舒，心曠神怡，則益壽而延年。

有人編一首「開笑散」：「一笑煩惱跑；二笑怒氣消；三笑窘事了；四笑病魔逃；五笑永不老；六笑樂逍遙。時常開口笑，壽比彭祖高。」

讀者文摘一九九九年十月號載 De Telegraaf 對笑的功能提出說明：人類在哈哈大笑時，體內會產生一種物質「內啡肽」（endorphine）它能令人鬆弛、促進食慾。同時血清素和多巴胺（dopamine）也會增加，運行到全身各個部位，有助於驅除沮喪感。

而且，開懷大笑，有清理氣管的功效。笑到流出眼淚，更可促進激素的分泌，增強免疫系統。

歡樂的心情，可幫助病菌入侵的抵抗力。荷蘭專業護士協會理事會波格斯（M.Bogers）提倡護士在適當的時機爲病人說個笑話，是治療方法的一部份。

德國人好哭；英國人重幽默，以笑來裝點紳士風度；而我們中國人古早既不准哭，也不准笑。羅貫中筆下的劉備，喜怒不形於色，是帝王的氣度。

哭對男人而言，男兒眼淚是黃金，不可輕易拋灑，所謂「男兒有淚不輕彈」。同時講究少年老成，注重穩重端莊；放浪言笑，便被斥之爲「過爾輕率」。然而他們並不因此而積鬱，以親密的家庭社會倫常關係，維繫其心情與性向，調節其精神生活。

時至今日，在功利掛帥、你爭我奪的人際關係中謀生存的人們，就不得不大傷腦筋，心情變得急躁。早九晚五的上班族，終日在機械式的單一生活下輪轉，枯燥無味，一旦閒暇，就力圖鬆弛身心，於是喜劇便昂然登上了高峰。

二、紅透了搞笑的

笑是戲劇中不可缺少的重要因素，美國著名的電視肥皀劇作家阿格尼絲・尼克森（Agnes Nixon）有要寫好劇本的秘訣。她說：「讓觀眾笑，讓觀眾哭，讓觀眾期待。」可以說，笑與劇，有著相互依存的關聯性。尤其是喜劇，笑可謂是喜劇的本體，一部打著喜劇招牌的戲，倘若沒有笑，那可就惹人譏笑了。

朱延平導演的一部「烏龍院」，在台灣上映，收入上億，就因為「烏」片從頭到尾，能使人笑不釋口。香港新藝城電影公司從「夜來香」開始，一連拍了若干爆笑片，極受觀衆歡迎。果不出其所願，如期「登陸台灣灘頭堡」，捧紅了泰迪羅賓、曾志偉、黃百鳴、石天、麥嘉等一夥笑匠。不問美醜，有本事搞笑，就是天之驕子。

日本的「志村大爆笑」電視逗笑短劇銷到台灣，連續播出，雖不是眞的劇劇爆笑，但在台灣電視節目中已取得一席高位。

台灣的電視綜藝節目主持人，誰的反應快、掌握住笑趣，誰就會紅，就會受到當家的青睞。如當今大紅的主持人：胡瓜、張飛、張小燕、吳宗憲、巴戈、曹啓泰、澎恰恰……等，個個都像是扛著滿簍子笑彈，隨時、隨手、隨意投擲，激起笑浪綿延，他們都成了笑纛下的名將。

三、笑並非是喜劇的專利

「笑」並非是喜劇的專利，悲劇照樣需要笑的滋潤。無論何種劇型，編劇人都應為它裝飾一些笑料，增添欣賞的情趣。即便是製造恐怖、嚇人的鬼戲，搞虛玄怪異的科幻劇、要陽剛彊梁的打鬥劇、弄驚奇懸疑的偵探劇…都得視「笑」為上賓，恭請她登堂入室，即席輸送。

例如一九九九年在台北市上映、為發行公司大撈一票的日本鬼魅片「七夜怪談」，編導在耍足恐怖氣氛之餘，不忘穿插笑料。劇中一名胖孩子，他繪了一張圖畫，畫中三個人均是胖子，旁邊寫著：「爸爸是胖子、媽媽也是胖子，所以我是胖子。」引起哄堂大笑。

再就台北市上映轟動三個月不下片的美國電影「搶救雷恩大兵」，分明是一部慘烈的戰爭片，也照樣不忘於「笑」。八名軍人奉命組成臨時前線尋人部隊，在某戰鬥軍營中找到了雷恩。他們告訴雷恩「你弟弟巳死亡。」雷恩忍不住痛哭流涕，說他答應弟弟要帶他去釣魚的，如今巳無法實現了。等到雷恩問起他弟弟是怎樣死的？答案是「陣亡」。雷恩這才破涕爲笑，說他弟弟才唸小學。至此觀眾方知這位雷恩，不是他們要找的雷恩。這是一種編劇故意「誤導」的手法，爲的是製造笑料。

享譽全球、二度重拍的災難片「新鐵達尼號」，雖然全劇充斥著緊張、哀傷、恐怖、和甜美，已足夠觀眾得到欣賞的滿載，但編劇仍不放棄「笑」的佈署。而且他的笑，是以寫實的角度安排，不浮誇、沒有「製造」的痕跡。如船巳在逐漸下沉中，有四名樂師，在大家都如熱鍋上的螞蟻、驚惶失措之際，他們卻若無其事地演奏著樂曲，以謀安定人心。當然在這種大難臨頭的時刻，誰還會有心情來欣賞音樂。於是就有一位樂師帶著懊喪的語氣說：

「好像都沒有人在欣賞我們的演奏耶。」

「我們在餐廳演奏的時候，也沒有人專注的聽啊。」另一位樂師找話下台階。

編劇運用了「重複」和「自貶」，產生不同時地之同一狀況的「比較」，給觀眾會心的一笑，同時留置心中回味盤旋。

所以編劇必須要懂得「笑」，懂得如何去經營它、裝點它，才不會寫出觀眾戢步的戲。

第一節　笑的流程

「笑」有動因、有依據、有立場、而且有社會效用。它的發生，有一貫互動而自然形成的流程。

一、笑的功能在改造

㈠笑帶有邪氣

笑是人類特有的反應，除了人，就再沒有會笑的動物。雖然有人用黑猩猩來研究動物的笑，縱使牠能有笑的反應，但那不屬「喜劇的笑」。可以說笑是「智慧」的產物，也可以說，笑或多或少帶著一些不正之氣。雖然不必把它定位在「邪魔外道」的字眼上，但它確實帶有邪氣。

二十世紀奧國心理學家佛洛伊德（Freud, Sigmund）在他的「智慧與無意識的關係」

中提出：笑，是人們「性慾傾向」和「敵意傾向」的衝動。這種衝動，在平素是不容我們隨意宣洩的；借著笑，把內心潛藏的性慾和敵意、任意地釋放出來。關於「性慾」，佛氏有充足的解說；而「敵意」，正說明了笑含有「攻訐」、「指責」、「譏諷」和「侮辱」的成份。以兩則笑話爲例：

（甲）妻老愛霸著電話與朋友聊天，已到了廢寢忘食的程度，一個月電話費達兩千多元。夫看到帳單，埋怨妻不知節省。至下個月電話費帳單寄到，已急降到三百元。夫甚表滿意，孰不知她啓用撲滿裡的硬幣到樓下去打公用電話，花掉的比原先更多。

這則笑話，旨在指責這對夫妻未能坦誠溝通。

（乙）媽媽哄孩子睡覺，孩子全無睡意，老是想出話題，「媽媽、媽媽」叫個不停。媽媽一火，大聲制止他：「你再叫媽媽，我就打你！」孩子果然被鎮壓下去。安逸了片刻，孩子終於忍不住，畏懼地小聲說：「王太太，我要喝水。」

這則笑話是在譏諷媽媽的管教不該任性而爲。

㈡笑雖是譏諷，卻功在改造

笑雖是一種攻訐，而它的功能卻在於「改造」。被笑的人，可能因為遭人笑謔而對自己的行為有所修正，這就是改造。

一則對現實社會有著強烈諷刺的笑話：

五口之家，一對夫妻和三個女兒。一個女兒是丈夫與前妻所生，一個女兒是太太與前夫所生，另一個女兒是他們夫妻所生，三個女兒血統全不統一。

一次，三個女孩發生爭吵，母親由廚房趕來制止，三個女孩都搶著向母親表白，吱吱喳喳，母親聽得一片噪音，搞不懂到底是怎麼回事。

這時在一旁看報紙的父親走過來說：

「我一說，你就懂了──是你的女兒，和我的女兒，聯合起來欺侮我們兩個人的女兒。」

別看這短短的笑話，它批評到時下的婚姻制度、人倫關係、家庭結構、社會風氣。譏笑的是「變態」，在陽；尋求的是「改造」，在陰。

㈢喜劇被稱爲「文雅的攻訐」

我們就笑的連鎖人──「喜劇」來看，古希臘奠定喜劇基礎的劇作家亞里斯多芬尼斯（Aristophanes）的劇本，多半是就當時的政治、社會、以及婦女問題、教育問題，予以批評、訕笑；尤其是對當代的名流學者，甚至政治家們，毫不留情的諷刺和攻訐。

例如他的劇作「蛙」（The Frogs），是競賽獲得首獎的劇本，內容敘述酒神達奧尼晒斯，率僕冒充海勾力士，渡死河而入地獄，想營救悲劇家阿斯契勒斯還陽。沿途酒神因恐懼於冥國的猙獰，時而與僕人更換衣服，以圖減少罪責，主僕推讓，趑趄不前。這時，另一悲劇家攸立匹得斯，正與阿斯契勒斯互控互詆，爭奪悲劇詩人王座。冥王無法處理，便請酒神判決。酒神乘機救了阿斯克勒斯還陽。

亞里斯多芬尼斯於此劇中主要攻訐的對象，是攸立匹得斯，借著劇中人的口，大罵他的作品充滿粗野、不道德的作風。

他的另一劇作「雲」（The Clouds）攻訐哲學家亞拉克沙格拉斯 Anaxagoras），和破達格拉斯（Protagoras），以及蘇格拉底（Socrates）諸人，又以「女議員們」（The Women in Parliament）揶揄柏拉圖（Plato）的「共和國」（The Republic）裏所說的男女平權的論調。

於是喜劇便被看作了「文雅的攻訐」，把諷刺、詼諧、諂媚、融於一爐。

其後，與莎士比亞同時代的劇作家班瓊生（Ben Jonson）的喜劇「個性互異」（Every Man is His Humour），寫倫敦各式各樣的人物，都是愚蠢、怪癖、幼稚無知的一群。讓觀眾嘲笑，使這些存在於眞實社會的傢伙知所警惕而收斂！他也是企圖用笑來改造社會。

俄國沙皇時代的劇作家戈果里（Nikolay Vasilyevich Gogol）的喜劇名著「欽差大臣」（The Inspector General）對當時腐敗政壇強烈的諷刺。內容是寫一名落魄的窮小子被地方官員們誤認作奉旨微服私訪、清查貪污腐化份子的欽差大臣，把他恭迎到官府，力加奉承，以財寶厚禮和美人結其歡心，大獻慇懃，醜態百出。

此劇改編的電影中表現尤爲突出，例如窮小子在酒宴中把杯中餘瀝傾入壁爐，酒精閧起火花，這原是窮小子的失態，反成了陪侍官員們的效法，以爲這就是宮廷的禮儀。

另一次舞會中，窮小子因不諳舞步，腳下失衡，一拐一拐，也被視作宮廷時興的共舞步伐，大家一致跟從。

二、改造須有標準

(一)依據自我標準衡度他人言行

改造他人，自己必先有個標準，依據自我的標準，衡量他人的言行。他人的言行如果切合了我的標準當然沒話說；倘或違反了我的標準，那就展顏啓齒笑樂一番。例如我們笑一個貪心的人，是因爲他的貪心違反了我們作人的標準。笑一個走路跳躍不穩的人，是因爲他違反了我們平日所見的正常走路形態。

《二十年目睹之怪現象》一書中（清，吳沃堯撰），描寫一名旗人進入茶樓，他自帶茶葉，只用茶館的開水沖茶，付費較低，同時自帶燒餅，又可省掉點心錢。

當他吃完燒餅後，發現桌上有燒餅掉下的芝麻，深感惋惜。看看四周茶客衆多，爲了裝面子，不好意思撿起來吃。於是假作以手指蘸口水，在桌面上寫字，實際上他的手指所到之處，沾起了芝麻，然後借著手指回到唇內再蘸口水時，把芝麻吃了下去。

這還不算完美，因爲他看到桌縫裡也陷進一些芝麻，手指無法蘸到。他不甘受此損失，想出主意：

他故作思考一個生字，突然拍桌表示想到了。這一拍，桌縫裡的芝麻都迸出桌面，於是他再用手指蘸口水掃盡桌上的芝麻。

我們在支配個人的錢財上似乎都有個共同標準：「不浪費、不吝嗇，當花則花，該省則省。」而這位小器鬼，連一粒芝麻也不放棄，他違反了大衆的標準，惹人發笑。

另以兩則笑話爲例：

（甲）一位接近中年未娶的傢伙，答覆關心他的朋友說：

「我希望娶一個女牙醫爲妻。」

朋友問他：「你延誤了這麼久，就是爲了要找一位女牙醫嗎，爲什麼呢？」他說：「因爲天底下很少有女人永遠讓別人開口，而把自己的嘴成天蒙在口罩裡。」這笑話說明了男人渴望的妻子，其標準是「不多話、不嘮叨。」而此一標準又違反了今日男女選擇配偶應相互尊重的標準。

（乙）某藥局僱用了一位漂亮的小姐，笑面迎人，頗有顧客緣。奇怪的是老闆忽然把她辭退了，有顧客問他的理由。老闆說：「有好幾位顧客都曾極力誇獎她，說看她一笑，勝過吃一瓶補藥。」

我們笑這位老闆違反了「店員應以顧客爲尊」的標準，他卻只怕影響到他的生意。

㈡喜劇家先立下改造標準

一部美國電影「七個畢業生」，在喬治大學同屆畢業的有七個交情深厚的同學，其中艾歷和蕾絲一對男女兩情相悅，膠漆相黏，不意另一交好同學克文，趁艾歷不在，向蕾絲吐訴心聲，渴求一親芳澤。

正當二人繾綣床第時，艾歷倏然而至。他猝見克文與女人在床，生怕撞破他的好事，疾退出室外守候。迨至克文事畢走出，艾歷還含笑打趣地問他「其味如何？」鉅料由房內走出的女人，竟是光身裹著大毛巾的蕾絲。艾歷再也無法忍受，三人大起爭執。

事後妥協，成爲一女介於二男之間，和平共享。

這結果在我國對女性品格以及男性尊嚴的評估標準來看，那是悖謬的、可笑的。

喜劇既是以笑爲主體，所以一個喜劇家在寫劇之先，便須立下一個改造的標準，這標準是屬社會的，大多數人共通的。十七世紀法國大喜劇家莫利哀（Moliere）最享名的作品「慳吝人」（L'Avare），寫一個爲富不仁的哈巴公，是一位集天下慳吝於一身的老人。他爲了不願出嫁妝，而要使女兒嫁給老頭子；同時，自己卻想娶兒子所鍾愛的小姐。後來還是僕人設計偷了他裝滿財幣的寶盒，要挾他放棄結婚的念頭。終於青年愛侶美滿結合，而哈巴公也愉快地重獲了他的寶盒。

這是一部公認爲最有價值的高級喜劇，它所提出的改造標準是：「爲人不可過份吝嗇」。這一標準，受到社會人士一致贊同；其實「吝嗇」在人世間正是處處皆有。喜劇家所提出的標準，往往是衆人所贊同的；但也是衆人所違犯的。

三、標準出發於理智

有一位衣冠楚楚的紳士，在馬路上隨手扔下了煙蒂，被警察看見開了罰單。他大嚷不公，指著地下另幾枚煙蒂說：「大家都扔煙蒂，爲什麼獨我不行？」警察淡淡地一笑回答：「我們不能因爲有些魚漏了網，就把上網的魚也放了。」那位紳士祇好付了罰款。

我們從他隨手扔煙蒂、到開罰單、以及他強自辯護、警察的比喻，綜合研判，付諸一笑。

㈠研判而獲認定是理智活動

笑是依據自己的標準來衡量他人的錯失。我們笑這位紳士是因爲他違反了「環保」道德標準，這研判而獲認定的流程，便是一種理智的行爲。

既有標準，就得認定，認定要憑理智，由理智的權衡，來認定他是否合乎標準。這裡提出笑話兩則爲例：

（甲）妻求卜後興高采烈地回到家中。

對丈夫說：「算命的說我第二任丈夫是個英俊、富有、而且熱情的男人。」丈夫十分訝異地反問她：「我怎麼從來不知道你曾經有過前夫啊？」

妻說的第二任丈夫，是說未來的事；而丈夫卻故意扭曲表示不知她曾有前夫，那麼這英俊、熱情、富有的第二任丈夫便是他自己了，化不利爲有利。

（乙）明太祖有幸臣陳君佐，常以詼諧娛君。一次，太祖要他用一個字講出一則笑話。

君佐請太祖翌日駕臨金水河畔，預先找來幾十個瞎老頭，要他們在對岸貼近河邊。一字排開，迎接聖駕。等太祖駕到，陳君佐大聲下令：「拜！」那一排幾十個瞎老頭一致下跪，全都跌入水中，動作一致，場面特殊。此種滑稽情景，雖貴爲皇帝的朱元璋，也是從未見過，忍不住捧腹大笑。

陳君佐摧殘殘障，使幾十名可憐的瞎老頭跌入水中，弄不好會喪失性命，竟然只是爲了搏取君王一笑而已。

第一則笑話，以夫妻打趣的對白，發揮機智，值得玩味。第二則陳君佐不惜陷害殘障，以討好君王的行爲，違反我們敬老惜殘的道德標準。二者的認定，也都屬理智的活動。

(二)喜劇家擅用理智

再就喜劇來看：一個富有改造魄力的喜劇家，必然要具備大量的專業批評語言，這些語言來自群衆，而與社會共通的標準相契合。那麼喜劇家憑著什麼去做這項契合工作呢？當然是「理智」。憑著喜劇家自我的理智去衡度它的距離與存在，此一衡度的功夫，便可決定劇作的優劣深淺。

我們再從觀衆來說，他們欣賞喜劇也是根據他們自己的標準，來衡量劇中人的言行，如果發現劇中人的言行，有違了他們自己的標準時，便不由付之一笑。這「根據自己的標準，來衡量劇中人的言行」，也同樣是「理智」的行爲。可以說：喜劇的觀衆是理智的，悲劇的觀衆是感情的；喜劇家之善用理智，正與悲劇家之善用感情成對比。

電影「落霧飄飄點點紅」描寫餐廳裡有一桌客人，點了一盤蝦，當服務生端上蝦來時，客人不滿意，問他爲何用這麼小的蝦？那服務生逗笑地回答：「哈，這些蝦活著的時候，還覺得自己很大吶。」

觀衆爲之發笑，是因爲這位服務生以蝦擬人，譏諷自大的人，提醒他們：「大禍將臨，不要神氣。」

——這個答案也是透過理性烘焙出爐的。

四、理智啓引制裁

㈠笑是一種社會的制裁

理智依據標準判定了它的「非」，便付諸制裁——「笑」。國家用法律來制裁犯法的國民；學校以校規制裁違反校規的學生；父母用家規來制裁犯錯的子女。舉凡政黨、和人民團體、商業機構，幾乎都有所謂紀律評議委員會，作爲公平制裁越軌成員的組織。那麼社會呢，則以「笑」來制裁違反社會標準的人。

一個人做某一件事，違反了社會大衆心目中共同的標準，大衆便會用「笑」來制裁他。比如某君向朋友提起朋友的太太，稱其爲「你內人」，我們便會笑他用錯了稱謂。某長官指責部屬「鬼鬼祟祟」，而誤說爲「鬼鬼崇崇」，我們便笑他讀了別字；南下糊塗乘客，搭上了北上列車，我們笑他不識方向。凡此不符我們己認定的標準，社會便給予他「笑」的制裁，因此笑便被稱之爲「社會的制裁」。

這種制裁在社會上處處可見，威權時代有一位長官訓斥部下：

「你們這些年輕人，簡直像一堆茅坑裡的蛆，一個個都往上鑽，都想把別人壓下去。咳，你儘量鑽吧，就算你爬到了頂頭又有什麼用，只要上面一條大便掉下來，就把你們通統壓下去了！」

這比喻比得十分確當，可是太髒。我們笑這位長官，是制裁他侮蔑人權，傷害部下的自尊。

㈡怕被人笑，自行收斂

有一則公車文化的笑例：公車上客滿，一個坐著的小夥子面前站著一位老太太，她吃力地舉手拉環，車身顚簸搖晃，摔得她夠苦。

一名中年男士看不下去，以諷謔的口吻，半自語地感嘆起來：

「新新人類，只知有己，不知有人，見到老人家這樣辛苦地站著，都不起來讓座，沒有同情心！」那小夥子聞言，果然起身讓座。

車到站，小夥子下車，中年男士才發現他是個跛足，不免感到後悔而羞慚。但當他走離車身後，便不再跛足，健步如飛。原來他跛足是裝出來的，中年男士自認被擺了一道。

在小夥子沒有讓座前，他是被制裁的對象；在下車跛足時，制裁的對象轉移到中年男士身上；當小夥子健步如飛、露出眞象時，制裁的對象又回到小夥子身上，同時也笑中年男士的輕信。

較爲古早的一則笑例：婆媳都是寡婦，婆婆告誡媳婦：

「守寡是件難熬的事，必須咬緊牙關，才能安全度過。」

不久，婆婆竟然姘上了男人，媳婦問她：

「爲何不咬緊牙關？」

她發笑的說：「可惜我己經沒牙可咬了。」

找不是理由的理由來搪塞自己的過失，她是應該被制裁的。

在出版法尚未修訂之前，盜取他人文章的叫作「文抄公」。醜事被揭露，遭人譏笑，不得不自我收斂。熱褲剛流行之初，熱褲女郎充斥大街小巷，後因行人指指點點，引爲笑謔，而使「熱褲走街」變得稀有罕見了。這可証明笑的制裁是有其社會改造作用的。人常爲了怕人笑，而改變作爲。

㈢創作者與欣賞者同是制裁者

笑既是社會的制裁，那麼喜劇家就應該是搞笑的檢察官、制裁者。他要張大明亮的眼，搜尋「時下某些社會人士共同違反的社會共通標準」，加諸劇中角色的行爲之中，以冷靜的態度，深入探討，作出理智的制裁。喜劇的觀衆同樣是「違反標準」的制裁者。

分別在於前者是創作，後者是欣賞。

本人的一部喜劇「更上一層樓」，寫一位溺愛兒子的母親，顧及兒子的安全，認為社交活動容易沾染惡習，往往有害健康，甚至危及生命，所以一概不准他參與；反而造成兒子身心疲弱，失去青年的活力與生氣，引發更多的困擾、嚴重的危機。

這部戲，當年曾在改建前的西門町 新世界戲院公演兩週，爆笑的觀衆制裁的是這位有失愛子管教標準的母親。

有一則短劇：丈夫見老婆生孩子痛得死去活來，於心不忍。等到女兒安全出生後，夫妻協議，「男孩女孩一樣好」，「一個孩子好教養」，決定從此不再懷孕。

為了報戶口，要給孩子取名字，夫妻商討的結果，為他們的女兒取名「迎弟」。

這對夫婦既不想再生，卻又取名迎弟，分明有再生一名男孩的企圖。心與願違，該受笑的制裁。

五、制裁者立於客觀

(一)制裁者站在事外

制裁者是站在客觀的立場，像審判席上的法官，管教學生的訓導老師，都是居於客觀的態度。笑既是一種制裁行為，那麼笑的人，就是站在被笑的事外，立場是客觀的。

有一位訓練新兵的教育班長，訓練兄弟們跳木馬。其中有幾位新兵因為勇氣不夠，老是跳不過去。班長想出絕招：規定跳不過去的人要趴在地下學狗爬、學狗吠。逗得那些已經跳過去的新兵鼓掌大笑，因爲他們是站在客觀的地位，而那些跳不過去、陷於主觀境地的新兵，個個都羞憤窘迫不安，欲圖努力勝過。等到他勇敢跳過木馬以後，取得了客觀的地位，立刻便破顏而笑了。

笑是客觀的，笑他人而不笑自己。但人在劇場中往往笑了自己而不自知。例如一個吝嗇鬼，他看見劇中吝嗇的角色，也會隨著觀衆們大笑不止。這是由於人類護短的心理，原諒自己，把自己的格、提得較高，硬把自己列於劇中角色的人格之上，而嘲笑他人。然在第三者看來，卻連他自己已被笑謔在內了。

當他走出劇場後，也許他會於偶然中發現自己就是那位劇中吝嗇鬼時，他便終止了笑，因爲他已浸入了「主觀」。

㈡笑他人不笑自己

某公司有四名職員是外地來的單身漢，聯合租了一幢屋子居住，到了假日，四人一同出遊。

有一次假期，某甲因要加班，不能外出，便剩下三人結伙行了。以往都是四人對面而坐的椅子、這回空出了一席。光棍們刻意控制，直等到一位俏麗女郎，才讓她坐下。不料她滿臉掛著寒霜，一付神聖不可侵犯的樣子，使他們想找美女陪伴搭訕、以解旅途無聊的奢望落空了。

三人以眼示溝通，決定互相吹捧。一個談到生意，說已賺到五百萬，還說按投資報酬率計算，仍是一筆衰賬。另一個說起與某部長的交往，又扯出幾名大財團的董事長，果然那美女改變了顏色，而參與了他們的談笑。下車前竟然應允了他們下個假日的邀約。

晚上回到宿舍，向加班的某甲敘說這趟值得自豪的豔遇，賺取到美女的青睞。甲笑的前仰後翻，笑美女愚蠢，誇他們蓋（假）功一流。

笑完後，甲問起那名美女的長像，要他們形容一下她的動人之處，於是三位你說臉蛋、他說髮型、眼睛，鼻子、嘴巴、儀態、表情、甚至她的服飾、皮包和鞋、都清晰表述，使甲越聽越緊張，直到怒火上升。原來這位俏女郎，竟是甲的未婚妻。

到這時候，三人忍不住迸出爆笑，而甲卻是氣呼呼地痛斥三人亂編謊言，調戲少女，應受良心譴責。

這則笑話足以證明笑是客觀的，當某甲聽到三人的豔遇之初，他是站在事外，所以好笑。等到發覺那名受欺騙的女郎是他的未婚妻時，他從事外一下子被拎到事內，他變成了受損人，當然就不會笑了，而爆笑的卻是那三名佔便宜的光棍。

㈢笑了自己而不自知

清朝某年代，蘇州人多沈迷於看相算命之術，因此各方術士湧入蘇州，設舖開業，個個自詡能知過去未來，風行一時。

當時的蘇州府尹姚大人企圖整風，乃就術士中挑選一名最具盛譽者，派僕役持大人名帖前往邀請到府衙，待如上賓。

「大師既能預知未來，可否算到此次下官邀請，所爲何事？」府尹問。

「不外是問問前程咯。」

「那麼大師，你呢？你可知你自己此來會受到什麼待遇？」

術士笑答：「蒙大人恩寵，誇獎一番咯。」

「不對。」府尹把臉一綳：「我要打你四十大板，你沒算到吧？」

「不會的，我沒犯罪呀。」術士急辯。

「你連自己的事都算不準，還爲別人預言未來，這分明是妖言惑眾，詐騙錢財，當然要打。」

府尹立即喝令左右把術士拉下去打了四十板，術士叫苦連天。

「你再算算看，本府還會不會再下令打你四十板？」

「不會……」術士連連求饒：「青天大老爺，不能再打了！」

「你又算錯了，我還要再打你四十板。」

術士又挨四十板，皮開肉綻。

「我讓你再算一次，你說你還會再挨四十板嗎？」

「會！會！」術士只好從反面回答：「不過，我會死，會被你打死！」

府尹哈哈大笑，把他放了。

那術士一出衙門，立即棄館逃走了。

蘇州城內的卜者、相士、預言家們聽到了這個消息，幸災樂禍，笑得很開心。等靜下來一想，才知此城不宜行業，皆紛紛撤離了蘇州。

姚府尹殺一儆百，運用得妙。

未挨打的術士們笑那名挨打的術士，是基於同行的嫉妒，客觀的立場。正如我們在劇場中笑那些劇中人的醜行，而不知那劇中人正是我自己。人是不笑自己的，但他卻笑了自己而不自知。等想通了，方知自己也陷在這件事裡面，所以立即止笑，逃之夭夭。

㈣喜劇家是冷靜的觀察者

從喜劇的角度來看，喜劇家被稱之爲社會的改造者，是因爲他找著了社會的病徵，把這種病徵毫無隱諱地公諸於世，所以他必須把自己超脫於世外，冷靜地觀察，而作客觀的批評。

英國十九世紀小說家梅立笛斯（GeorgeMeredith）說過：「喜劇的精神，翱翔在人類的上空，嘲笑人類的愚蠢。」所謂上空，便是超脫世外，客觀冷靜。

英國劇作家班瓊生（BenJonson）的一部喜劇「佛耳邦」（volpone，意文「狐狸」之意），寫威尼斯富商佛耳邦無子女，有三名想繼承他財產的人，在佛詐病時，大獻慇懃。佛的門下食客牟斯熱建議佛耳邦假死，把牟斯熱立爲繼承人，期使他們希望落空。不意「出殯」後，牟斯熱竟依據佛耳邦簽具的遺囑，承受了他的財產。佛耳邦方知受騙，訴諸法院。

法院判決佛耳邦財產充公，牟斯熱入獄。

佛耳邦聆判後，一貧如洗，有人慰問他，他只以一笑作答。

佛耳邦最後這一笑，不是眞笑，是一種「自我解嘲」。

佛耳邦的輕信、牟斯熱的貪卑，其實是人類的通病。班瓊生原就是當代有力的批評家，他寫喜劇總是站在雲層裡俯視蠕蠕衆生，如一群無足無骨的軟體動物，在道德敗壞的社會裡，無恥的傾軋，他就是客觀的制裁者。

第二節　笑的標準

(一)什麼是標準

我們在談話中，有問起某人是胖子還是瘦子、大個子還是小矮子的時侯，常會回答一句「普通身材」，雖然這「普通」二字並未說出他的尺寸和斤兩，但我們就能體察到他大概的身高與體重了。

再以較爲抽象的經濟狀況來說：有人問某某的家庭財力如何？回答是「中等家庭」，這「中等」到底是怎樣呢？是家財一百萬、還是一千萬、還是一億？沒有標明數字，而聽者已能對某某的家庭財力有了一個概念。

前面所說的「普通」和「中等」就是標準，超過普通的尺寸，就算高、不及就算矮，超過了「中等」就算富，不及就算貧。

㈡標準怎樣產生

那麼這「普通」和「中等」的標準是從何得來的呢？是從我們日常生活中歸納出來的，每天都有若干個胖胖瘦瘦、高高矮矮的人，在我們的眼前劃過，使我們無形中作了個綜合，而結算出那個「普通」，家庭狀況亦同。因爲你我都生長在這塊土地上，我們的見聞是共通的，所以理念中的綜合所得也是共通的，於是凝聚成我們共通的標準。

㈢標準在哪裡

標準就潛儲在我們每個人的意識中，用到它，不需按鈕，它就自動提供出來。我們用兩則笑話來顯示：

（甲）一名情竇初開的小女生，從網路上結交到一位男友，二人第一次約會，由男友到她家來接。小女生不知男友的身高，無法決定自己要穿多高的鞋，於是準備了全高跟、中高跟、低跟三雙鞋，同時托弟弟去開門，看看男友適合她穿哪雙鞋。等到弟弟趕上樓來說：「姐，你要赤腳。」

我們根據「赤腳」兩個字，已在潛意識的螢幕上顯示出標準。男女配對的一般標準，總是女方穿上高跟鞋，還比男方矮一些。看來這小女生的網上男友矮得不能相配了。

（乙）夫妻相偕進入大賣場，分頭購物。碰頭時，夫拿出他買的掌上電腦，說這才四千元。妻認同他有挑購便宜貨的功夫。再分頭後，妻進入一家電腦用品舖，想買的東西太多，又怕花費過高，對丈夫不好交代，遂請求舖主在發票上只寫半價。話一出口，又覺不好意思。舖主說：「這沒什麼，不是你一個人如此，我們常遇這種事。就是剛才嘛，我賣了一只掌上電腦，一萬四千元，他要我只寫四千元。」

「騙人者，人恆騙之」是我們心版上的標準。這對夫妻有同樣的心病，產生同樣的行爲，攪和在一起，形成笑點。

一、標準的區分

標準可以分作兩方面來研究，一是屬於物質的，一是屬於精神的。

(一)物質標準

物質標準是指一般人生活習慣中的舉止、言談、外貌和服飾等物質性類的中和點，而凝聚於人們的心目中，成爲了共通的標準。也可說是一種「美」的評價，所以物質標準又可以稱之爲「美感標準」。

如女人穿高跟鞋，原是欲借其細小的後跟，便於自由扭動身軀，以增加「走」的美感；但如初次穿著的人，不免很難控制自如，發生醜惡的走姿，惹起馬路上行人們笑樂不已。這位不能善用高跟鞋的女人，他底行爲，不是由於道德思想上的錯失，而是舉止上失卻美感。

其他如裝飾上的奇冕異服、外型上的怪模怪樣、言談上的諧言譁語、習慣上的顛三倒四，都是違反了美感的標準。

(1)言詞

A、扭曲語意——

「剛出車站，就有車來接我，是一輛重量級的專車。」
「一定是一輛高級豪華的賓士。」
「啊，賓士車不夠看吶！」
「那是什麼車？」
「是一輛拉著滿車磚頭的卡車，夠份量吧？」
——這是段相聲的對白。
(甲)「我希望我兒子將來能大富大貴，所以給他取名叫『其樂』。」
「這與大富大貴有什麼關連？」
「咦，其樂『無窮』啊。」
(乙)「女人已婚的叫死會，未婚的叫活會，那訂婚的叫什麼會呢？」
另一人回答：「要死不活的會。」
——以上兩則是笑話。

舉凡說相聲的、講笑話的、電視綜藝節目主持人，都是靠耍嘴皮謀生。他們必須具備隨機應變的才能，對語言的構句、辯駁，加以刻意的扭曲，使成爲反常的組合，顯現出他滿口的笑材，方成大器。

B、發音怪異——

演諧趣劇，常用講話口吃、大舌頭來增添笑料。大舌頭如說：

「這個世界靠不住。」七個字中有三個字「這、世、住」是要咬舌尖發音的，觀衆聽來「嗤嗤」不休。

（甲）三國時，魏國鄧艾口吃，晉文王取笑他：「你怎麼每次報自己的名字都艾艾艾個不停？到底你有幾個艾啊？」

鄧艾笑著辯稱：「當然是一個艾啦。古人說『鳳兮鳳兮』，其實也只有一個鳳吶。」

（乙）宴會散後，大家離席聊天，一個外型很帥的男士被女孩子們包圍拍照，他身邊的人說：「別看他很帥氣，我教他學雞叫，他就不敢不叫。」大家半信半疑。

於是他把帥男叫過來，問他：「國旗代表什麼？」

帥男說：「代表國國國…家」人人皆鼓掌，因爲大家認爲他已在學雞叫，其實是這位朋友利用了帥男的口吃。

（丙）還有一種怪異的發音，是鄉音太重，使聽者產生了偏差，引起笑樂。一位士氣十足的軍事長官在開飯前講話：「兔子們，今天的飯狗吃了，大家都是大王八。」

原來他說的是：「同志們，今天的飯夠吃了，大家都吃大碗吧。」

C、針鋒相對——

二人以上的語言衝突，針鋒相對，也爲笑庫蘊藏著豐富的珍寶，戲劇常見。

（甲）酒鬼批評煙鬼：「抽煙只是吸氣、噴煙，空來空去，白白浪費，得來的只是尼古丁中毒！」

煙鬼反駁：「至少我還爭口氣，又出口氣，不像你化錢買罪（醉）受，得來的只是酒精中毒！」

（乙）有錢的大少爺娶了一個貧家女爲妻。新婚日，大少爺向妻提出爲妻的標準：「出門像貴婦，下廚像屠婦，上床像蕩婦。」要求她寫在日記上，切實遵守。

不多日，大少爺偷偷察看她的日記，見上面寫著：「我該遵守的婦道——出門像蕩婦，下廚像貴婦，上床像屠婦。」

（丙）警察：「你們馬殺雞一節就收八百元，眞好賺。」

馬殺雞女郎：「哪比得上你們，一節要收五萬元。」

警察：「我們哪有什麼節？」

女郎：「端午節、中秋節、春節呀！」

D、誇大其詞——

人類原本就有誇大的習性，用在戲劇上，要加個「更」字。如港片「龍在江湖」中，有二人出獄，甲帶乙到他偷偷藏匿軍火的地方去，告訴他：「現在只剩這麼一點了。」

當庫門一打開，卻見各種槍枝彈藥堆滿庫房。觀衆失口大笑。

（甲）美容院的宣傳詞：「男士們請注意，千萬別向從本院走出來的女人調情，也許他是你祖母。」

（乙）一對孿生兄弟小叮、小噹，因爲長得太像，連家人都分不清，會叫錯他們的名字。

有一回，堂姐在分水果，他問：「小叮，你要不要西瓜？」

被問的人生氣地回答：「我不是小叮啦！」

堂姐立即示歉，而他卻驚訝地更正：「別忙，讓我看看。沒錯，我就是小叮啦。」

（丙）八十歲的老祖母由美國返台，母親爲他安頓在二樓住宿。八歲的孫兒阿昆非常高興，在樓上奔來奔去，叫囂不休。

母親把阿昆叫下樓來，指責他說：「你這麼吵鬧，會讓奶奶不得安寧！」

阿昆氣喘吁吁地說：「才不會呢，就是奶奶在追我啊。」

（丁）有一幅漫畫：主席站在台上，而群衆席上空無一人，上面紅布幔寫著「工作狂大會」。

旁邊一位大會服務員向主席提示：「還指望什麼，他們都在狂熱的工作啊！」（取材自《讀者文摘》）

(2) 形貌

A、身形異象——

人的體型、面貌，各有不同，有粗壯、瘦弱、肥胖、細長。還有生六個指頭的，有的男人像女人，也有些女人像男人，有人長得帥氣，有人看上去很窩囊，有人很美，很動人，有人很醜，不起眼。

戲劇常會運用人體形貌的標準來凸顯笑趣，如一個矮胖子，搭配一個高瘦子，相對比較之下，把標準和盤托出，迫使觀衆笑謔。

以下是兩則因身形異象所引起的笑話：

（甲）捷運車靠站時，一名胖子跳上車，正巧開車的警鈴響起。胖子叫道：「唉呀糟糕，又超重了！」他迅速跳下車，車門立即關上。車開了，他這才想到：「這不是電梯耶！」

（乙）一位老人鬚長及胸，被人尊爲美髯公，他終日稱心愜意，笑容滿面，自以長鬚爲榮。有一天，他在朋友家進餐，主人有個十歲的兒子，最愛問東問西。

「美髯爺爺，你晚上睡覺的時候，要把鬍子蓋在被子外面，還是放在被子裡面啊？」

「有時候放在外面，有時候放在裡面。」老人笑著回答。

「好不方便喔。」

「不會呀。」

「放在裡面被子就蓋不緊，冬天會冷。」孩子說的如見如聞：「放在外面，翻身就很麻煩。」

老人爲之一愣，稍停，問那孩子：「你怎麼知道，你又沒長鬍子。」

「老師要我們畫有鬍子的老人，我畫來畫去，就是不知道這長長的鬍子要放在哪裡，睡覺才不會煩惱。」

孩子的話果然引起了老人的煩惱。到晚上睡覺時，處理這長鬚放在被褥外、還是被褥內的問題，他這也不是，那也不是，晝夜難眠。

連續幾天，老人決定把美髯剃掉。

B、辨識差距——

利用人的形貌加以偏移的辨識，形成標準的差距，也是一條笑道。

(甲)五歲的小孫兒與八十歲的老祖父玩耍。小孫摸老祖父的脖子，他捻起鬆弛的喉外皮，感到奇怪。

「怎麼裡面還有骨頭？而且會動吶！」小孫叫起來：「爺爺，你這付面具太大了啦，應該要換一付了！」

(乙)警察學校招生，面試時考官拿出一張照片給考生，要他指出照片中人的特徵。考生仔細研察後回答：「他只有一隻耳朵。」考官提醒他說：「這是一張側面的照片。」

第二名考生，同樣說他只有一隻耳朵。

第三名考生有了新發現：「他戴著隱形眼鏡。」

「怎見得？」考官問。

「他不能戴一般眼鏡，因爲他只有一隻耳朵啊。」

（丙）阿美化妝後，自認滿意，送去給大秦看。大秦仔細打量後，說：「你化妝前與化妝後看起來差不多。」

阿美氣了：「你是說我畫上妝也不出色？」

「呃，不不，你化妝後比化妝前漂亮多了。」大秦連忙更正。

阿美更氣：「那你是說我本人很難看，非靠化妝不可囉？」

C、**缺陷彰顯**——

身形有殘缺的、或是五官有異樣的，在現實的社會中已司空見慣，不足爲奇。因爲他們已另設族群，不爲標準所囿了。

事有例外，有變局，設或有人刻意彰顯其缺陷，嵌入一些捉狹的情趣，也可在笑林裡佔一席之地。

（甲）一位富翁，家有三個女兒待嫁，他訂出條件：大女兒出閣陪嫁一千萬，因爲他臉上有塊疤痕；二女兒陪嫁兩千萬，因老二是個瘸腿；三女兒更多，陪嫁三千萬，因爲他的肚子已經大了。

（乙）瓦斯器具行的老闆長的一副怪樣：鼻塌眼垂，額闊腮寬，兩耳招風，下巴如㕞斗。他在一次展示商品時向群衆自詡天生就是招牌臉：額是流理台、眼是抽油煙機、鼻是濾水器、耳是熱水器、下巴是瓦斯爐、嘴巴是…在他還沒說出商品時，有客搶接：「抽水馬桶。」

老闆含笑指著招牌解答：「我們是瓦斯器具行，不賣衛生設備。」

(3)舉止

人的行爲舉動越出了常軌，表露他的愚蠢或卑微，就會引人發噱。相反的倘使人的行爲舉止，雖是反常，卻出於聰明智慧，也同樣令人對其絕招有所回響。分述於下：

A、蠢卑動作——

（甲）從前我們聽過一則古老的笑話：一名蠢蛋從竹園砍了幾根長竹竿，想拿回家去曬衣。經過城門，豎著進、城門不夠高，橫著進、城門不夠寬，於是他只好放棄。不料他扔了竹竿，卻見人撿去，夾在腋下輕易帶進城去。

（乙）劇中丑角常以誇張的蠢笨動作取笑於觀衆，滑稽大師卓別林（Chaplin）以雙足拼成一字形，移步前進，再配上他那付木訥的表情，看來十分拙劣，其實他是最聰敏的演藝之才。

（丙）港片「倩女幽魂」中，張國榮硯台掉落樓下層，他趴在地上，伸手由木梯口往下摸尋，差點摸到潛藏在樓下層鬼魅的手。張摸不著硯台，遂下梯去找，在梯級上又採到鬼魅的手。等他到達黑暗的梯下，三鬼正由他身後向他接近。危殆間，他打開了門，陽光照射進來，鬼魅們化爲烏有。

而這一次的危機，張國榮全然無知，導演徐克用若干個巧合，表現張國榮的憨鈍，也傳達一種「傻人有傻福」的宿命。

（丁）日本漫畫家左川，畫一名長鬚老者吃龍鬚麵，用筷子挑起往嘴裡送的不是麵，而是自己的長鬚，這動作夠蠢了吧。

（戊）第二次世界大戰結束，日本投降後經濟衰退，人民生活疾苦。美國國務卿訪東京，見街巷有人隨地小便，回到美國後，撥款爲日本建造公廁。

若干年後，日本經濟起飛，日本外務臣訪紐約。在中央公園見有人在樹後小便，於是日本外務臣當即允下要爲紐約捐建公廁一千所。不意等見到那位在樹後撒尿的人，竟是日本駐聯合國的官員。

B、智謀動作——

有意志的人，常會想出古怪的辦法來幫助操作眼前的任務。而他的主意往往是超越我們一般標準之外的，所以也會引起笑謔。

（甲）一所南北貨店，銷售黑棗、蓮子、杏仁、核桃、花生、百合…等需要過磅量重的食品。有位女店員最受歡迎，老顧客都要找到她才買，老闆私下問她有何秘訣？

「這也不能算什麼秘訣啦。」她說：「根據顧客要買的斤兩先裝好袋再上秤。我總是少裝一些，然後往袋裡增加，顧客見我不斷往上添，就很樂意；如果先裝多，再一瓢一瓢往外挖，就會產生不滿情緒。」

其實這只是依據顧客心理，智謀性地要些伎倆而已。

（乙）三個少女結夥行於市，走在中間的一人，雙眼用布蒙住，由另二人攙挾著行動。路人都投以問號的目光。有人還跟著他們，想瞭解究竟。三少女走進電影院，在票房拿到了預購的入場券，至入場門口，才解下矇布。這回原先蒙面的少女反而成了領航人，她一手攙一個進入正在放映電影、座位密佈的行道中找尋座次。因爲唯有她的眼睛沒有受到陽光的刺激，可在黑暗中發揮視力功能。

（丙）「小孩吃大人」電影劇本中的一個橋段：一個失去父母、還要撫養兩個弟弟的十歲孩子阿龍，他不得不發揮睿智，強化自己。他爲了展現威風，對在場的群衆說：「你們看，坐在那邊的大漢，我若過去打他頭，他不敢還手。」大家都不信，有願出二百元作賭注者，於是阿龍走過去，一拍那大漢的頭。

「嗨，老湯，你好嗎？」

「你弄錯人了。」大漢有些不悅。

阿龍贏了這二百元。

又有人願出五百元，問他還敢不敢再去打他。阿龍遂再度過去，又拍打了大漢的頭。

「哎，老湯，不要裝了，我看出來是你，不會錯的。」

「你這孩子，」大漢煩了：「我不是老湯啦，我姓李。」

阿龍又贏到這五百元。

另一人願出一千元，要阿龍再去打他一下。阿龍見那大漢已移動位置，到另一角落坐著。他理直氣壯的三度走近那大漢，照舊拍打了他腦袋：

「哇，老湯，原來你在這兒呀，我剛才把那邊的那個人當作了你，怪不得他說他姓李呢。」

「告訴你，我不是老湯！不要再來煩我了」

阿龍故作失望地說：「你也不是老湯啊，怎麼會呢？」

阿龍再次贏到這一千元

C、**動作誤解**——

除了以上兩項舉止一愚一智外，還有些是舉止的特殊呈現，令人誤解產生的笑料。

(甲)一對男女相交不深，男的不自量力，直接向女的開口：

「我可以吻你嗎？」

「不要臉。」女的生氣了。

「好，不親臉，親嘴。」

(乙)有一名壯漢進入酒吧，他一進門便就地翻了個筋斗，躍身坐上高凳，引起滿堂喝采。老闆為他倒酒，問他「身手怎如此矯健？」

「我是馬戲團的表演工作者。」他說。

無獨有偶，又一名壯漢進來，也是一進門便翻筋斗，連續翻兩個，也躍上了高凳，又是一陣叫囂。老闆也同樣爲他斟上一杯酒，問他的職業，原來他和前一人是同在一個馬戲團服務的。

接著，第三個進來，連翻了三個筋斗，坐上了高凳，再度激起一陣滿堂彩。老闆照樣爲他倒酒致意，問他是否與前二人同在馬戲團耍特技？

他冷漠地一笑，寒著一張臉說：「不是，我是被逼的。」

「是誰逼你？」老闆甚爲驚訝。

「你們門口的破地毯把我的腳勾了一下，我能不翻筋斗嗎？」

（丙）小放一直暗戀著同事小菁，但苦無機會接近她。後來公司搬家，小放可抓到機會獻殷勤，幫她把抽屜內外的文卷、文具、器皿、包括電腦以及私人用品，整理在一個紙箱中，一個人抱不起，乃由二人合力抬著往外走，準備到門口上車。

因爲太滿，一路有東西滑下地，小放不厭其煩地撿回紙箱裡，小菁過意不去，帶著半開玩笑的口吻說：

「再要有東西掉下地，我就把他抱回家去。」

小放聞之，立即讓自己跌倒在地。

——是「笑話」就到此爲止，如果是「戲」，得爲小放加一句詞：「我掉下地了。」這可以襯托笑點，誇大笑果。接下去，便是小放的暗戀已經浮出檯面，後面就有一連串的事件可安排了。

(4) 裝束

A、在物質標準中敬陪末座

大凡與現實社會的時間、空間脫節的服裝與打扮，都會被人稱之爲奇裝異服。如穿上六十年前流行的長袍馬掛、帶套頭的反皮毛帽、或是戴高帽子、拿司的克，走在台北街頭，便會招人指點取笑。

用兩則以服飾引發的笑趣爲例：

(甲)一名少女仗著自己有本錢，竟穿露胸裝招搖過市，被警察逮住，要開罰單。

「我問你」少女滿不以爲是地說：「穿露背裝犯法了嗎？」

警察搖搖頭。少女再問：「衣服穿反了犯法嗎？」

警察又搖搖頭。

「我把露背裝穿反了，應該不犯法吧？」她俏皮地一笑，大模大樣地抖著雙峰走了。

(乙)某少年穿著寬得離譜的外套，鼻上掛鐶，頭髮染紅，根根豎立，看上去邋裡邋遢。有人問他爲何要如此作賤自己？

他說：「我不是愛現，只是使我父母不會再叫我陪他們到這、到那。」

「裝束」雖然不像言詞、舉止，取笑的份量上有那麼遼闊的揮灑空間，而於物質標準中敬陪末座，但若引伸得體，也能在劇情中建立佳績。

B、進入劇情網絡，仍有揮灑空間

（甲）師範大學畢業的一名女生，愛著男裝，梳男生髮型；但被分派到某校任教時，卻改穿女裝，梳女髮型，前往報到。

她的父母終於見到她恢復「原形」，非常高興；不料一週後，她故態復萌，再穿回她原來的服裝。父母問她：「這是爲什麼？」

「現在全校上下都已知道我是女人了，還有什麼好裝的！」

——這段笑料，用在笑話上，最佳的「點」，在於她是女人，反把「女裝」看做是「裝的」。僅此而已，格局不大；倘使把他輸入劇情網絡，搞頭就大了，假設如下：

她初以男裝入校，全校師生都以爲她是男的，鬧出不少笑話：譬如她進入女廁，引起女生驚叫；她看上一位男教師，而男教師卻對她動手動腳，迫使她不得不露出原形，更著女裝，卻製造了又一次的誤解。有認爲「她」像「他」，而不知她就是他；那男老師在她男裝時的「騷擾」動作，一時收斂不住。當她再度易回男裝時，又有一番訝異。

（乙）機車騎士阿旺，在外套背後寫著「如能看見這句話，女友已被我甩掉。」

——這三言兩語的簡短笑話，倘若進入戲劇的脈絡，會勾搭出一絡絡不同的思考空間。

設若他是被女友甩了，用背上的話給自己裝面子，也藉此召募新的女友。那麼他爲什麼會被女友甩了呢？跟「兵變」有關嗎？還是「日久生厭」呢？

或許如他所說，果是他甩掉女友，而他爲什麼會如此任性？是故意展示帥氣，還是發現女友對他不忠？抑是「找到了可以使他少奮鬥二十年的新馬子」呢？佈線時空廣闊，隨在你啦。

㈡精神標準

精神標準是針對道德觀念、把人物性格反應於他的行爲、造成可笑的事件之評斷尺度。是由思想而衍生，所以又稱作思想標準。

一齣高級喜劇是以性格爲主架，道德思想爲歸附。

⑴性格爲主架

法國哲學家柏格森（Bergson Henrl）說：「除了人以外，就再沒有可笑的對象了，所以我們要研究的對象首先是人，也就是人的性格。」他認爲風景只有美醜，沒有什麼可笑不可笑；動物也只有在牠姿態、動作上類似人時才可笑。

這裡把性格分作兩方面講：一方面是某一角色的個人性格；另一方面是指人的通性。所謂「人性」，是人類共有的習性。就拿「嫉妒」來講，是人皆有嫉妒的本性，只是或多或少而已。倘使有人絲毫沒有嫉妒之心，此人若非聖賢，即是神明。這裡所說的聖賢，不是自詡爲聖賢者，或是搞個人崇拜而樹立的形象。那不是眞相，是被人哄抬而塑造的假象。

一個時代、在世界數十億人口中難得有幾個聖賢，縱然被譽爲得道高僧，或是牧師、神父、甚至一代教宗，他同樣是人，便難免有「人性」。人性就含有人的慾望和人的性情。像貪得、怒氣、羨慕、仇怨、權勢、情色…等等。他像魔鬼般的糾纏你，使你很難全部甩脫。

A、人的通性

所以用人性醜劣的自私作題材，而以道德標準來詮釋的喜劇，謂之精神喜劇，也稱之爲性格喜劇。如十七世紀法國喜劇家莫利哀曾以人性「虛僞」爲主題，編「僞君子」（Tartuffe）一劇。

內容寫一個滿口仁義道德的泰妥夫（人名同劇名）取得富商的信賴，而住進他家。富商有意把女兒嫁給他，遭到全家人反對，富商不聽，反責子女不孝。

泰妥夫得寸進尺，竟然垂涎富商的老婆，幾次調戲。經過一番佈局，讓富商親眼見到泰妥夫調戲女主人，方知他是道地的僞君子，而把他趕出去。不料他已盜得有害富商的證件，告到官府，差點遭殃，終場僞君子被捕下獄。

「虛僞」也是人性的劣根之一，尤其是上流社會，爲人處事總會帶些虛僞，有些是善意的，有些是有所居心的。比如我正在忙著趕一篇稿，突然來了一位老友。他問我「會不會耽誤你的事情？」當然是有的，但在做人的禮貌上，不得不說：「沒事，沒事。」這種虛假，乃屬善意。然而不盡如此，世間太多的虛假是有所居心的。

在一次檢討會上，上司要求同仁們批評他的缺點，好讓他有所改進。一個馬屁精開口了：

「我們主管什麼都好，就是太不愛惜自己身體，每天加班、忙碌，累出病來就是公司的損失，希望改進。」

他把優點變造成缺點來批評，馬屁拍得很肉麻，但他卻因此而升級了。

「僞君子」的演出，引起當時法國宮廷中的僞善者不滿，因爲他的素材眞切，十分符合虛僞人士的生活與語言。他們有被揭穿隱私的羞愧感，所以此劇被壓制了三年，後來演出仍又受到教會和貴族的抨擊。

這類性格喜劇，不是代表某一個人，而是代表全人類，因爲那是人類的通性。

B、個人性格

每一個個人除了具有人的通性之外，還有他自己獨特的性格。如喜歡與大他十五歲以上的女人做愛；最愛偷餐廳煙灰缸、飛機上的調羹；常支使別人幹這幹那，雖每有觸礁，亦不改變……

有些喜劇是在誇述角色的個性。二十世紀英國劇作家蕭伯納（Bernard shaw）的名著「人與超人」（Man ane Superman）寫一名純潔善良的女性，安，愛慕青年湯納，猛追窮盯。湯納卻是個理性思想家，自命超人，有改革社會的願景，無心戀愛，而一直躲避她的糾纏。在追逐與躲避間，產生很多笑趣。終於湯納屈服在她的愛情魔力之下。

安並非淫賤女流，其主動求偶，乃是她個人的性格呈現。蕭伯納在劇中還埋藏著一些哲學理念，不在我們介紹範圍內。

有一則笑話，表現不同的性格，不同的志向，從小到大，頗有戲劇的格局。

中國人學英語，起頭常有用中文注音者。例如 ENGLISH 一字，有四個同學的注音均不相同：甲生注「陰溝裡洗」，此生日後當了菜販；乙生注「應給利息」，此生日後當上銀行職員；丙生注「因果聯繫」，此生日後是哲學教授；丁生注「應改歷史」，此生成爲一名政客。

另一則笑話，說一男士埋怨友人：「我每次到你家來，你太太一開門，不等我開口，就說『我丈夫不在家』。」

「奇怪，每次送牛奶的來，我太太一開門，總是不等他開口，就說『我丈夫在家』。」友人說。

——妻告訴送牛奶的「丈夫在家」，就是提醒他今天不行，不要開口，別讓丈夫聽出秘密；那男士來，說「丈夫不在家」，是阻止他進入家中，因爲送牛奶的在裡面。

這是呈現個人的性格。

C、性格彰顯的笑材

呈現於性格的笑材非常豐碩，可說是高級喜劇的主幹。笑話、漫畫、相聲等也多有運用。

《儒林外史》有載：老吝嗇鬼嚴監生，家財萬貫。到臨危，已被架在門板上，換好了壽衣躺著。床底點起了招魂燈，可是他心有罣礙，又說不出話來，所以瞑不了目。家人乃幫助他，使他能伸出兩隻手指，根據他的二，家人猜三猜四，皆未獲他認同。最後還是他的細姨想到了答案：

「老爺子，你是不是關心你這個門板下面的招魂燈，用兩枝燈草耗油太多，改用一根就夠了，是不是？」果然被她說對了心事，他立即闔目長逝。

很像是性格喜劇的同路人，可惜誇張過火，只能當作笑料。

有一部電視劇，寫男女情斷義絕，各走極端。編劇者擔心他們當初的恩愛寫的太濃蜜，而分手時的爭端又不夠刺激，恐怕憎恨達不到「斷無反顧」的境地，於是我幫他在男女分手時加上了兩句詞，一句是男向女說：

「老實告訴你，我從來沒有愛過你；時間再久，你也不能算是我的女人！」

「其實我對你早就死心了。」女對男說：「因爲你從來沒有使我滿足過，你不算是我的男人！」

世上有很多足以使對方傷透心的話，不宜隨便出口，一旦吐露，便梗在對方的心頭，難以化散，將是一輩子的疙瘩。這兩句男女雙方的放話，能擊中要害，傷了對方的自尊，如芒在背，變愛成恨。

性格的反應在我們今日社會還可以找到頗多的材料，如善妒的女人，頑固的老芋仔，作弊的民選官吏，憤世的失業青年，奸詐的金權商人，貪婪的混黑份子，虛僞的上流人物，無格的文化人……

打腫臉充胖子的吹牛大王，雖已債臺高築，尚穿著整齊，不露敗相。有人批評上海人「聞家遭回祿不擔心，只怕他本人跌落水中。」因爲他的家當全披掛在身上，而家只是一座空殼子，失火也燒不到他什麼。

膽小如鼠，樹葉落下也怕砸破頭的傢伙，自命謹愼，人稱窩囊廢，只怪菩薩沒給他長膽子。

豔裝老婦學少女嬌柔的聲調，豪放的言詞，俏麗的動作，嫵媚的眼神，使人難以消受。孰不知歲月不饒人，已剝奪去他的青春，其豔裝與本色、內在與外表，已失去了平衡。

沒有作品的作家，到處以作家的姿態出現，卻不曾有作品問世；不會教書的教授，上了課堂，專講題外話；不採不編的記者，弄些不知名、不付薪的雜誌印上名片滿天飛；未入學的大學生，成天夾幾本厚書作物證，只圖混日子，不考慮前程。

怪人怪事怪現象，數述不盡，這些只是少少的提示，其餘還得靠你自己去發掘。

(2)道德思想爲歸附

道德觀念與性格呈現在造笑的進程中是兩位一體的。性格的表現，以道德標準爲框，凡出框的，就是笑的對象。喜劇依此成軍，笑話也是。

英國伊麗莎白時代較莎翁年輕的劇作家馬辛格（Philip Massinger）的諷刺喜劇「還

債新法」（A New Way to pay Old Debts）描述一個貪心的老者，處處行騙，騙侄兒和某富孀的財產。同時，爲了想提昇自己的地位，不顧女兒的意願，欲將她嫁給貴族，造成女兒出走。在侄兒爭回了部分財產後，他氣得精神失常，瘋癲的當街散財，贈錢給過路的陌生人。

十九世紀法國戲劇家奧吉爾（Emile Augier）的喜劇「乘龍快婿」（Monsieur Poirier"s Son-in-law）寫一名侯爵，見富有的岳父一心想躋身貴族，乃趁機揮霍他的錢財，把勞動看做恥辱，縱情享樂，幸而到後來他受到愛情的感召而改變了行爲。

「過火的佔有慾」和「縱情的享樂狂」是以上兩劇性格的主架，依道德觀念來裁判，都是可笑的，都是一種違反精神標準的行爲。

再以有關道德思想標準的笑話爲例：

（甲）某屋主請來兩名工人鋪設地板，工人在動工前，必須把家具搬離現場，屋主見他們搬得吃力，乃於合同以外供應他們的下午點心及飲料，二人十分高興。

當地板鋪設完畢後，二工人即欲離去，屋主請求他們把家具搬還原位。

「這不在合同之內。」工人回答：「如果要作，另加一千元。」

屋主感到太無人情味，但這些笨重的櫥櫃、冰箱、自覺無力移動，只好忍下一口氣，照付一千。

工人搬好家具，辭出屋外。少時，又按門鈴，原來工人的貨車被卡在數輛汽車中間，無法開出，要求屋主查問一下，這些擋路車的車主，有無鄰家的在內。屋主看了一下車阻狀況，說：「有。」

「那太好了，謝謝你，幫我聯絡一下，請他讓路。」

「可以。」屋主淡漠地一笑說：「不過我們合約中沒有這一條，要我作可以，請付工資一千元。」

工人們別無選擇，只好照付。屋主收款後哈哈大笑，仰面吟唱：

「因果，因果，世上有因就有果；既知有果，何必造因！」

吟畢掏出車鑰把車開走了。

（乙）在美國，某華裔婦人買了一個小皮包。幾天後，她回到原店要求退貨。

「用過的不能退。」

「絕對沒用過，我保證。」

退貨後不久，她又匆匆趕回來說：「我的鑰匙在那個皮包裡，請拿給我好嗎？」

「不好。」那店員擺出一副國字臉說：「你以欺騙的手段，達到退貨的目的，所以我要以退貨的規則，達到反欺騙的目的。」

「你想怎樣？」

「妳得用雙倍的價錢贖回那個皮包，否則那把鑰匙就是我反欺騙的證物。」

那婦人偷雞不成，倒蝕一把米。

鋪設地板，當然要搬動家具，鋪設完成後，也當然要把家具搬還原位。雖然沒有定合同，也是一種常規，非要咬定合同，摒棄職業道德，多拿一千元，透顯今人只看錢，不重情意的人際關係。

至於那名婦人利用了以退貨的交易，專搞「要用就買，用過退貨。」的譎觚術，投機取巧。

人算不如天算，屋主和店員都在頃刻之間取得了報復的機會，是作者刻意挫辱鄙夫，針砭時弊。

這就是人物性格爲主架，道德思想爲歸附的精神標準。

㈢物質標準與精神標準的註釋

運用精神標準所構築的喜劇，名之爲精神喜劇，又稱爲高級喜劇，運用物質標準所構築的喜劇，名之爲物質喜劇，又稱之爲低級喜劇。

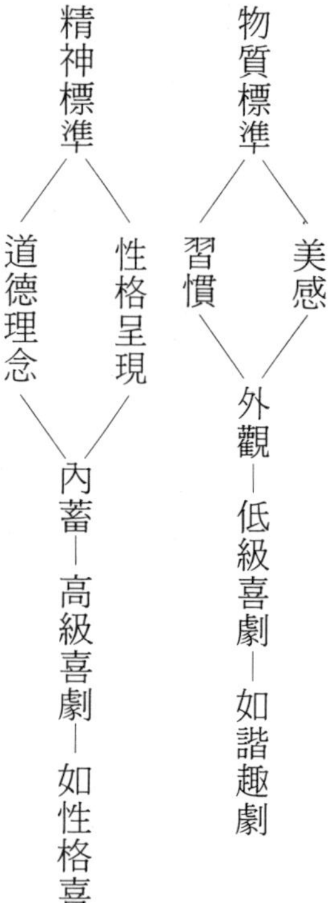

(1)「低級」並非低級

低級喜劇的低級二字，不是形容詞，而是名詞。猶如一個孩子，出娘胎就被送入加護病房，身體一直不硬朗，父母便給他取名叫「壯壯」，希望他健壯起來，實質上他的體格從未壯過。同樣的低級喜劇的名字叫低級，但它並不低級。

有孿生兄弟，一個叫狗屁，一個叫狗屎。這狗屁狗屎，是人們厭棄、也是不值錢的東西。從外表看他們的父母必是不喜歡他們，不把他們當回事，才給他們取這樣卑賤的名字；其實不然，父母是因爲太愛他們，太重視他們，才爲他們取這樣不被尊重的名字。原因是其父被命相師定位在「命中無嗣」上，而他卻意外的喜獲麟兒，幾乎不敢自信能有突破「福無雙至」的德行。生怕兩個兒子養不大，換來一場噩夢，所以給他們取名狗屁狗屎來作賤他們，鄙夷他們，向上天掌管命運之神假裝不重視他們，認爲唯有這樣才能保住兩孩子的平安。

低級喜劇也非姥姥不疼，奶奶不愛的棄兒，反倒是最能得寵於觀衆的票房佳麗。有些愛好文藝的高士，像上天掌管命運之神，把物質標準所締造的低級喜劇中的笑材，貶爲低級；硬把它排斥在文藝以外。孰不知新的笑料，不論它是精神的、物質的，都可被尊爲創作，只要是創作就有文藝價值，就不低級。

以一齣低級喜劇「女人創造男人」爲例：

戰事平息，武績彪炳的大將軍傅義結束其四十年戎馬生涯，退役還鄉。鄉長牛拖引他至政府建贈之新居，留下勤務兵鄭耀發隨侍。

傅向護送隊臨別訓示，飭衆應在軍爲良兵，在野爲良民。振振有詞，氣概萬千。

牛鄉長介紹其左鄰陳柱器夫婦。陳爲虐待狂，妻爲被虐待狂；而右舍李文旦夫婦正好相反，李爲被虐待狂，妻是虐待狂；牛鄉長夫婦卻是全鄉聞名「相敬如賓」、從未爭吵過的標準夫妻。傅笑謂民間何多奇妙之事？

傅驟失統馭權，頗感不適，脾氣躁劣。鄭倍受折磨：必須用瓦壺炭火炊茶，要陪傅奕棋，偶贏一局，傅即藉故罰他。二十盆樹栽，由客廳搬出天井，早搬出、晚搬進；凡事按命令去作，不准追問理由。常罵鄭「你到這個世界是來吃飯的，不是服務的。」對鄭的名字也有訾議：「鄭耀發，正要發財，還沒發；永遠是正要發、發不了。」

鄭不堪虐待，要求准假返回離此不遠的故居，央請其養妹阿薇，替他代工，伺候傅義。薇自幼常挨鄭打罵，不敢反抗。鄭以傅對待自己的種種高壓言詞轉施於薇。如「不准辯白」、「不准問理由」、「斥他到這世界來是吃飯的，不是服務的。」

薇隨鄭見傅，薇懼其威，趑趄不前。鄭摑之，傅憐而護止。准鄭休假四個月，由薇替工。

薇不敢正眼看傅，傅親和對待，叫他不必拘泥。「人類是平等的，別太輕視自己，可自由行動，他人不得干涉。」

薇搬盆栽吃力，傅動手協助，夜來爲之蓋被；薇感激，父視之。

傅教薇奕棋，相處日漸和諧。

左鄰陳柱器虐妻，罰她兩腿半分彎，頭頂鍋，不准掉落；右鄰李文旦被妻罰跪算盤上，尚得不斷自數罪狀。傅與薇隔窗看見，詆笑爲樂。

李文旦夫婦邀傅出遊，傅率薇同行。李妻趁機暗暗指點薇：「女人有潛在的魔力。」並授與施魔之術。薇有所領悟。

薇晾曬衣服，竹高身矮，臂不能及，傅放下報紙，趕去代勞，而薇卻趁機走開，入堂看畫報。傅不樂，飭薇過來，欲訓誡她，詎料她絆了一交，伏地而泣。傅見其膝腕出血，抱送入房，爲之敷藥。傅撫摸玉膚，不禁顫抖。

傅偕薇郊遊，薇要小解，請傅以身遮護，傅竟轉臉偷看其臀。薇嗔視之，傅自此心懷愧怯，多有讓步。

傅搬盆栽，無意打破，反被薇責，並直呼其名傅義。傅抗議「無人敢直呼吾名。」薇斥傅自大，藐視我鄉下人，罰他去取盆水來。傅問何用？薇不准問理由，罵他到這世上來是吃飯的。傅忍下，取水至，薇伸腳飭他爲之脫襪滌足。傅不以爲侮，美腿當前，不禁心動，仰視薇顏色，半慍半肯，遂大膽進展，成其好事。

事後，薇痛哭不休。傅不住認罪，允奉之如神，絕不怠慢。

薇越來越嬌，把傅當傭人使喚。略不如意，就耍脾氣。

四個月後，鄭假滿返。見傅送茶入室，至薇床前，薇靠坐褥中享用。鄭大呼「報告」。傅斥輕聲，謂薇病後體弱，言訖匆匆趕出。薇見到鄭，不由嚇得下床站立。鄭斥謂「從未見你病過，卑微賤體何至染病?」值傅取熱水帶至，斥鄭敢在我房裡大呼小叫，薇則斥傅「有我在面前，輪不到你發脾氣!」

鄭訝異四個月竟有如此劇變，叫薇仔細看看我是什麼人?傅飭鄭速滾，不要再來。鄭得脫身機會，樂極而去。

牛鄉長當選爲全縣模範夫婦，大宴賓客慶賀，卻被陳柱器與李文旦拆穿，牛鄉長也是悍妻手下的被虐待狂。

薇不願被呼作「阿薇」，乃改名「大薇」，繼又更名爲「偉大」，傅一一順從。

二人議婚，薇批評姓傅太糟，幹什麼都是副的，作你太太也是副太太。傅要求他勿毀謗我祖宗留下的姓氏，薇反戲乎他爲「傅不義」。傅不應，不顧他扔杯摜盤，堅守尊嚴。

在預定請客，要宣佈二人結婚的那天、牛鄉長及左鄰右舍賓客滿堂之際，薇在樓上大喊「傅不義!」傅當然不願當衆應聲。薇忽光身裹著花毯走下樓梯，以揭開花毯，裸體示衆爲要脅，要他答應「傅不義」。傅急煞，強拉她入房，弄得全場瞿然。

傅蹲地生火煽爐，滿面炭黑，衣履不整。驀有舊部列隊而至，幾乎認不出當年威風八面的傅將軍。當下宣讀層峰命令，因戰事又起，徵傅重返軍旅，領軍征討。

當傳著上軍服披掛整齊，剎時間回復了往日的威儀。隊前訓話，走來踱去，振振有詞。不意薇於室內一聲大吼「傳不義！」傳竟慣性地趴伏於地，衆扶之起。鄭至，傳大罵他一去不返，摑之。鄭移怒薇，大罵他奴役將軍，害我挨打，也摑之。而薇則拿傳出氣，罵傳不該觸怒鄭，亦摑之。三人輪摑不休，被衆拉開，請將軍成行。阿薇此刻方見到將軍的權勢，自怨既往，寄望未來。迨傳舉步欲去，薇這才惶恐，趕上拉住，泣謂「天下這麼大，只你一人能包容我。」傳勉之，允打完仗，歸來團圓。傳果行，牛鄉長等趕來送別，鼓樂齊鳴，前呼後擁，不意薇一聲大叫，傳即欲趴下，幸被部衆拉住。

隊伍遠去，薇淚下沾襟，牛鄉長等撫慰。最後介紹牛鄉長的背上被人偷偷貼上字條「相敬如兵」，漸漸走遠。

從這段「女人創造男人」的簡要劇情看來，他沒有描寫人性的某種弱點所延伸出來的道德標準，也不涉及精神思想上的問題，而是表現一名弱質堪憐的少女在更易環境後，逐漸揮揚出「女性潛在的魔力」，自我擢升到世界級強人的頭頂上拉屎，是一個不可思議的人間異象。它可能存在，也很少可見。

其次它表現了天下「一物有一降」的定律。被降者不必弱於降者，是憑著人與人各自相對的個案而定。劇中三名主角：傳義吃定鄭耀發，鄭耀發吃定阿薇，而阿薇又吃定傳義。三人產生連鎖的箝制關係，引起笑趣連連。似可能，似不可能。

還有一項是虐待狂與被虐待狂：牛鄉長和左鄰陳柱器、右鄰李文旦，三對夫妻，都與傳義、阿薇這對變態冤家有著相互影響和投射作用，也是搞笑的種子，像眞的，也不是眞的。

雖然內含哲理，但此劇從故事的線絡到對白，都是源之於物質標準，所以它被列名在低級喜劇的行伍，而它卻是一部笑不釋口的佳作。

(2)「高級」笑材的提示

高級喜劇的喜感中心著落在精神、思想的違反道德標準，而這種偏差，正好反應人的本性。例如一個孩子，拿回他在校中繪好的一幅蠟筆畫給母親看。母親讚美他今天這幅畫比往日拿回來的鮮豔亮麗得多。孩子笑著說：「因爲今天我是用同學的蠟筆畫的，所以我用力往上塗。」

主角雖是小孩子，但他反映了人性的自私，花別人的錢心不疼。

張太太在門前遇上鄰居李太太，二人站下來聊天，都感嘆世風日下，騙詐的人越來越多。張太太提到今晨去買菜，找回來一張五百元，經老公鑑定那是一張僞鈔，跑回去要他換，他居然不認帳。言下深嘆人心不古。李太太沒見過僞鈔，要求張太太拿出來看看，見識一下，免得日後上當。張太太灑脫的說：「沒有了，我剛才已經把他用出了。」

這位張太太也是一位自私的人，有嘴評議別人，卻沒嘴詬責自己。像這種人性自私的事件，就是高級喜劇的選材。

如再就人性的嫉妒來看：

（甲）捷運車廂，進來一個亮麗搶眼的少婦，吸引全車廂男士不約而同的注目，阿珍懷著醋意的向她身邊的老公說：「男人眞無志，一個女人上車，就有這麼多個男人看她。」

其夫裝著若無其事的說：「噢，是這樣嗎？我倒沒注意有好多男人看她啊。」

阿珍冷漠的一笑說：「你只顧著看那個女人，那會看到那些男人。」

（乙）一婦人想爲老公買些補腎藥，爲他增添活力，在網路上找到一頁壯陽藥品廣告，見有一句宣傳詞：「二十萬男子漢的見證。」她就決心去買；但當她看到下一句是「四十萬女嬌娃的喝采」時，便立即打消了購買此藥的念頭。

以上兩則笑話，都是描述男性的貪色、女性的好妒，這兩者似乎都是相互搭配的。一般寫喜劇，談到人與錢的關係，常以「吝嗇」爲題，從希臘喜劇到莫利哀的「性格喜劇」，時有所見。其實吝嗇以外也還有創作空間，且以三則笑話爲例：

（甲）小夏到酒吧獨自喝悶酒，像是受了什麼嚴重的刺激，朋友們發現，想開導他，問他有何苦楚，不妨吐露出來，讓我們爲你分憂。於是他哀慟地說：「我母親死了，才一個月，我父親又死了，更想不到我未曾出嫁的姑媽也跟著死了。」

眾友人同聲惋歎，並勸慰他不要過份悲傷。他大聲的回答：「我怎能不悲傷呢？到現在爲止，我還沒有收到任何一個人的遺產通知啊！」

（乙）在大家都竊竊私議，想要求老闆加薪的同時，崔仔跑來對大家宣佈：「我方才以嚴厲的口吻對老闆表示了要求加薪的決心！」大家都很誇譽他的魄力和勇氣。有人問他：「老闆是怎樣回應呢？」崔仔說：「還沒有。」又有人問：「按照老闆的性格，他會甘願忍受你嚴厲的要脅嗎？」崔仔說：「他根本不在，這只不過是我事先的排練。」

（丙）某富翁約好兒子在某大飯店相見。富翁到達時，櫃臺管理員告訴他「你兒子已住進總統套房。」富翁卻爲自己訂了一間最廉價的客房。管理員問他：「你兒子那麼會花費，你爲何那麼節省？」他苦笑著說：「我兒子有個闊爸，我沒有。」

這三則笑話雖是結構修短，人物稀簡，而其主角都各懷著錢的困擾，和以上自私、嫉妒那些材幹，同是精神思想的範圍，如果化成喜劇來說，便屬於高級喜劇。

A、主幹笑材的熔合

當我們選好一齣高級喜劇，打算入手寫作時，先得考慮到他的主幹是否充實。這裡我們用一則人性之一的「野心」作主幹爲例：

今日社會由於競爭激烈，各行各業都有些野心家，打拼出了格，力謀擢升，無所不用其極，甚至違背民主走向，專搞個人崇拜。——如若我們以「野心」這最鮮活、最現實的精神標準爲批判對象來寫一部高級喜劇的話，在你的人物主角和故事主幹以外，應該蒐羅一些足以誇述此一標準相關的笑材，以增強他的喜趣。請看以下的素材：

（甲）有人到主角家，他家的狗狂吠不休，經主人喝止。

「你家的狗，頗不友善，我每次來，他都對我吼叫示威。」友人不悅的說。

「你誤會了。」主人說：「他對你吼叫，並非是視你爲敵，而是在盡他守門的責任；而我大聲制止他，也表示我對來客的尊重。」

——此段可以襯托出主人對責任的尊重，其實這不過是他處斷事態的睿智。

（乙）甲收到友人贈送的禮物「飛鏢圓靶」，同事們都圍過來看。一名對上司（主角）不滿的同仁，拿上司的一張照片放在靶心，引起一場哄笑。恰巧上司走來，甲不及掩蔽，讓上司看到他自己的照片被安置在靶心，當然頗爲不爽，同仁們也感愧赧。而這位上司竟然一反常態，展出若無其事的笑容說：

「你們看這張照片上的人像不像我？」

——此段可以表現爲上司者軒昂的氣度，而實質上他的內心頗不愉快，把仇怨記在心上。

（丙）主角在年輕時，其母爲了其父處理母弟不當的事，搞得夫妻失和，主角曾經規勸過母親，母反認爲是父子一心，忘掉母恩。一次主角由學校打電話回來，母接聽，故作認不出兒子的聲音，問他：「你找誰？」

「找爸爸。」

「你爸爸是誰？」

「你是我媽，我爸是誰，由你決定啊！」

媽媽被逗笑了。

還有一次假期，他由學校回家，母親想吃芝麻糊，但他找遍了櫥櫃都不曾發現，只好去問母親。母親很不耐煩的指責他：「怎會這麼難找呢？就是放在一個茶葉罐上貼著咖啡紙條的裡面啊！」

——以他對母親的容忍，借可誇述他是有耐心、孝心的人。當然作者可以把他的這些行爲描寫成表面文章。

（丁）夫妻間偶有爭執，經協調雙方各自寫出對方的不是，提醒改進。當雙方都寫好後，互相交換。妻看了丈夫的字條，不禁流下淚來，立即把她寫的字條搶回來撕了。原來丈夫的字條上寫的是「我愛你、我愛你、我愛你！」

——這表示他對妻子的愛誠摯忠懇，背地裡卻有過多次偷腥。

一個想走在上層、擴大自己的野心人士，必然會注重形象，處處以善人、正直人自居。以上這四段笑料，化解徵用後，可以凸顯他處事的睿智、對部屬的寬容、對母親的孝敬、對妻子的專一摯愛。這不正是往上攀升的野心家們努力營造的形象嗎？倘使我們能把這些對「野心」有烘托效用的笑材，自然地熔和在主幹裡，當可使主幹硬朗有力。

更進一步，如若我們能把他隱藏在暗處的眞實內幕在劇中揭發出來，與這些顯之於外的假象比照之下，更可使笑趣升級。

——藝術的剪裁，是各憑功力的。

B、「高級」借用「低級」

很多思想上的笑點，要靠動作，語言來表達。而動作、語言是屬於低級喜劇的範圍。所以說高級喜劇需低級笑材來補充，觀衆看喜劇是抱持著「謀笑」的心境而來，抑或笑得不夠滿足，口碑便影響到票房，因而編劇者要爲他尋求主題以外的笑料。

要爲高級喜劇增補低級笑材，可從他的人物上、或事件上找尋接焊點。譬如說主幹是「多疑」。女主角疑東疑西，缺乏信任。她丈夫在一次受邀中，到友人家吃飯，見友人對其妻作的菜，倍加讚美，又不斷誇他美麗動人，還當著衆人的面抱她吻她，使妻甜蜜在心。當妻進去廚房時，他向衆解釋說：「這樣可使夫妻重溫新婚的美夢。」

女主角的丈夫受到感染，回家如法泡製，誇讚擁吻，卻反引起女主角的懷疑：「你今天喝醉了嗎？還是作了什麼虧心事，欲求補償？」

另一次夫妻同去參加舞會，回家的途中，女主角問：「曾否有人說過你英俊，會使女人一見傾心嗎？」

「從前有。」丈夫回答：「最近沒有。」

「那又爲什麼剛才跳舞的時候，你擺出一副自以爲很性感的樣子，你是要作給誰看呢？」

以上可以列爲主幹的加料，以下再找出一些低級笑材作輔佐。

（甲）夫妻閒聊中，丈夫提到「現在的男人需要有三妻，一是管家婆，照顧丈夫孩子的飲食起居，掌理家務；另一是護士，負責維護家人的健康；還有一位是花瓶，美麗大方，可隨丈夫發展公關。老婆，如果任你選，你想擔任哪一角？」

妻聽後，鼓掌叫絕，等丈夫感到自得時，她笑道：「你知道嗎？新時代女性也需要有三個丈夫：一是體貼入微、永遠沈醉在戀情中的雅士；一是具有企業頭腦的賺錢專家；另一是豪壯勤奮的雜役工，家事不用老婆動手。老公，你說說看，你要擔任其中的哪一個角色？」

「我想…」丈夫故作大方的說：「老婆，如果這個女人是你，三個丈夫我一人兼了。——你呢？」

「你那三個老婆都不適合我。」妻臉一繃：「我要作你的生殖終結者！」

——這一段笑材如適合，不妨整修後加揷在女主角的夫妻生活檔案中。

(乙)姐訂婚，指定要妹妹替他挨戶分送喜餅到親友家。妹有些不樂：「爲什麼一定要派我去呢？」

「這是一種推銷術啊？」

「你要推銷什麼？」妹仍是那份莫名其妙的樣子。

「附送樣品，推銷下一位。這樣說，你總該懂了吧？」

——假設女主角在娘家有姊妹三人，老大是「多疑」的女主角，早已出嫁。現在老二也名花有主了，只剩下老三，把這段笑料編進去，使老三被當作樣品。藉著送喜餅，挨家逐戶去展示，希望被人相中。

（丙）接下來，女主角的三妹分送喜餅的結果，沒有遇上最佳搭擋，卻被女主角任職公司董事長的老爸看中了。他已經八十八歲，竟然找女主角，向他要求允許他娶她的三妹爲妻。他自譽身心健壯，體力充沛，足夠應付青春少女。女主角啼笑皆非，又不敢直接回絕他，乃與二妹研商，再邀約這位老翁會面。二妹講述一件鄰村發生的趣事給老翁聽：

年近九十的老人，娶了一名少女爲妻，不久，老人去找醫生，問他信不信我妻有孕了？醫生檢查後說：「懷孕是眞的，至於信不信，我先講一個故事給你聽。獵人拿獵槍去打獵，無意拿錯了傘。當獅子撲過來時，他用傘對獅子開了一槍，把獅子打死了。」

「不可能！」老人聽到這裡，不由吼起來。

「可是事實上是有一顆子彈打中了獅子要害，獅子才會死啊！」醫生說。

「那開槍的一定另有其人！」老人辯稱。

「對了。」醫生笑著說：「我現在答覆你，我相信，那一定是別人開的槍。」

董事長的老爸聽完二妹的故事，一言不發，默默的走了，從此不再提求婚之事。

以上（甲）（乙）（丙）三段笑料，就笑的標準而言，都屬於低級喜劇，但若裝飾得體，確有助於高級喜劇的笑量，和劇場聲勢。

二、標準的特徵

我們介紹過笑的標準跨越精神、物質，內容涵蓋廣泛，進一步得研究專屬的特徵。以下分作六項析釋：

(一)共通性

人類有太多的共同，就生活上來看：吃飯、穿衣、睡眠、洗澡、刷牙⋯雖然中西方的民族在語言上、習慣上差異很大，但數據觀念卻是一致的。自古以來，未經溝通，中西就同樣以「從一到十」爲數目的基數。足見人類基因遺傳密碼有其共通性。

(1)人類有太多的共同

家家都有電話，家家也都會遭遇到同樣的電話疙瘩事件，像你正在吃飯，一通電話把你拎出飯桌，一直講到飯菜都涼了爲止。大哥大更麻煩，他跟定你到每個場合，常會像不定時炸彈，震人心弦的撕裂現場嚴肅的氛圍。結果接聽到的卻只是芝麻菉豆小事，期待的大條傳告反而未到。

當你在浴室，擦得滿身皀沫的時候，門鈴響了，而家裡只你一個人在，勉強圍個大毛巾，還得小心腳下滑。開下門來更叫你生氣，原來是想推銷產品的人。

一則簡短的笑話：

甲女：「這男人什麼都有，你還能給他什麼？」

乙女：「我的電話號碼。」

這就是現在男女交往上最易惹出麻煩的焦點。

有了生活上的共同點，就產生了笑的共通標準。例如：

小邢狠下心花大錢買了一雙新產品名牌襪，親自洗滌，親自晾曬。他把兩隻襪分晾在兩個不同的地方。

「這是爲什麼？」朋友問他。

他回答說：「我大哥也曾經買一雙名貴襪，就是在晾曬時被人偷走的，所以我想出最好的安全措施，就是把它們分開。」

除了生活上的共同點外，思想上的共同點，也足以凝聚成笑的共通標準。比如我有個朋友的老婆，她要出門赴約會，正逢下雨，她在插著十多把傘的傘筒裡挑了好久，挑出一把最小的傘。

「雨下得這麼大，小傘不夠擋，爲什麼不換把大傘？」她老公說。

「這把傘跟我的衣服花色相配。」她走了出去。

傘是用來遮雨的，她爲了「愛漂亮」，寧願被雨淋濕，豈不是本末倒置。

電視劇中曾見有人訓勉兒女要知父母養育恩情，及時孝順，而自己卻忤逆長上，作了惡劣的示範。另有以「賭博沒有好下場」告誡兒子，指斥兒子，自己卻背著兒子參加聚賭，凸顯出「己不正，焉能正人」的標準。

(2)有共同標準才會一起笑

唐朝有個馬屁精宇文士，見太宗李世民站在巨樹下，欣賞其雄姿，遂對此樹大加讚美。李世民把臉一沉，直截了當的對他說：「魏徵常勸我要遠離小人。我對你早就起疑，今天果然證實了你是個馬屁精。」宇文士叩頭領罪。

我們都認爲「馬屁精」不恥，對他的言行，視爲低下卑賤。就因大家的標準一致，才會在同一標準下被激起同聲一笑。

再就「愛錢」來說，愛錢是全世界人共通的，「有錢能使鬼推磨」嘛。

大陸有個歌謠：「抬頭向前看，低頭向錢看；唯有向錢看，才能向前看。」雖是「台灣錢，淹腳目。」照樣有人會把父親殺死，去領保險金。美國人也不例外，有一部美國影片「大兒子小爸爸」。父親捐錢建商學院，而換得以中年進大學與兒子同校當學生，導致校內一再破格瘋狂。

一次，他在校園裡舉辦瘋狂舞會，院長不准，而教務長批准。

夜晚來臨，同學們齊集大禮堂，燈火通明，舞樂喧天。院長拉住一位女老師靠在大禮堂外的樹下，聽一陣陣刺耳的歡叫聲傳來，十分不滿，批評這位中年學生違反傳統，破壞校規，警方必會前來取締。

正說間，警車鳴笛由遠而近，院長嗤之以鼻的自詡言必中的。不料事非所料，迨警車駛至，並未取締，警察反由車內搬出一箱箱的飲料，爲他們送入舞場。「錢能通神」，連警察也站在錢的那一邊，中西一致。

雖然錢爲人所愛，愛錢的人卻都會說：「錢不是萬能，但沒有錢就萬萬不能。」這句話把「貪錢」作了一個中和。

「君子愛財，取之有道。」這句話樹立了人對錢的道德標準，越出這一道德標準的，便成爲了笑的對象。

㈡行業性

各行各業都有他各自的專用語言、行話術語、以及各自的禮節規矩、生活習慣，所以也就標準各異。別行別業的人，胸無其成規，自然笑不出來。

四個工程師同乘一車，車中途故障。

「聽聲音，可能是齒輪壞了。」機械工程師說。

「是不是汽油的成分出了問題？」化學工程師表達了他的意見。

「也許是電瓶沒電了。」電機工程師也提出異議。

電腦工程師說：「我們何不出去一下再進來，看看是否有效。」

在電腦操作上，若是無法順利啓動，最好的辦法，就是離開一下，再進來。如果不懂電腦操作的人，對電腦工程師的這項提議，就不會產生趣味。

四位工程師各申己見，呈現出「三句不離本行」的行業本位性。

⑴專屬的禮節

記得在我當兵的年代，偶爾在報章上發表了一篇「戲劇與人生」文稿，贏得長官的欣賞，派我上軍官講堂演講，並限定要穿軍裝上場。

我的天哪！那時我才是個上尉隨軍記者，而講台下面坐的多是校級長官，近兩百人。我因未曾受過軍訓，在部隊裡被稱作「死老百姓」，所以在上課前一日，就有專人來教我上講台的禮節。

從走道上開始，就挺胸貼肚，昂首闊步，等聽到值日官叫「起立」時，我就取下頭上的大盤帽，夾在腋下，跨進教室，步上講台，立正站直，等候值日官報告學員到課人數後，開始上課。——爲了這，我花費很多時間練習，怕的是臨場出洋相。

那時的軍禮規定：舉手行禮，手指要觸及帽沿，未戴帽時，不可行舉手禮，而以微躬其身回禮。教官上堂戴大盤帽是對的，但到室內必須脫下，軟便帽是可以在室內戴的。

我進行的禮節都很順利，直到我站定在講台上，值日官在報告人數之前，先向我行了一個舉手禮，因爲他戴著軟便帽；而我受到他的傳染，也以舉手答禮。苦的是手舉上去，摸不到帽沿，因爲帽已夾在左腋下了。這使我窘迫萬分，手足無措，引起哄堂大笑。

假如這二百多學員不是軍人，根本不懂這個禮節，自必無法認定我是失禮，當然就不會笑了。

(2) 獨家的規則

蘇格蘭前世界輕量級拳王詹姆瓦特，生前爲自己先立好墓碑文：

「你盡量數吧！這回我絕不起來。」

他引用的是拳擊比賽規則中決定勝負的重要條目。當參戰者倒在地上，裁判爲他數到十，還沒有起來，那就決定了他是輸家。詹姆瓦特以拳擊這一行業獨家的規則幽默的爲自己預立碑文，博人一笑。

(3)特殊的性質

（甲）成洋住院體檢，他看上了美麗溫柔的護士小姐純菁，決心追求她。私下先編好了求愛詞，經過演練，覺得太長，刪減又刪減，剩下最精彩的一句。等純菁入病房來要帶他去心電室時，他卯足了勇氣，綻放出誠篤的表情，向她表明心跡：

「我把一顆赤裸裸的心呈獻給你。」

「眞的嗎？」純菁認眞的說：「跟我來。」

純菁把他帶到一個門口，敲門求入。成洋看到門上的牌子：「器官捐贈室」。

成洋瞿然變色，返身逃逸。

（乙）有人問：「你們搞透明秀、穿幫秀，是以怎樣的心境來經營呢？」

「買空賣空。」

─護士小姐把他的求愛扯上病患迫切祈求的「器官捐贈」，可謂是應對性騷擾的高招，和「買空賣空」一樣，描摹出行業的性質。

(4)本行的術語

我們在拍片現場，對表情作不好的演員，常以「少根筋」譏訕他。電影起拍叫「開鏡」，拍完叫「殺青」。編、導、演是「上線」；攝影、錄音、沖印等是「下線」……這都是所謂的行業專用語言，又稱之爲行業術語。

某海灣建造防風港，各方人士紛紛前來應徵求職。主考官問：「什麼風最可怕？」

甲說：「颱風。」

乙說：「龍捲風。」

丙說：「失風。」

「你是幹那一行的？」主考官問丙。

「三隻手。」

㈢地域性

日本有個「桃太郎」，韓國有個「阿里郎」，中國有個「薄情郎」。每個地方都有他本位的泥土芳香，這種芳香，就是我們探索的「標準」。

抗戰前，一位福建人行商到了南京，接受友人的家庭招待。南京人的茶杯較大，即使是淺淺一杯茶，也有兩百西西以上。他感到十分怪異，因爲他在福州的習慣，多以老人茶接待客人，而老人茶的陶器小杯，與江蘇人用的大杯相比，傾杯入口，尚不足潤喉。

到了上桌飲酒時，完全翻轉過來，酒杯小的與老人茶杯不相上下，他在福建飲酒，用的杯子，與江南人喝茶用的杯子一般大。這大茶杯、小酒杯的江蘇佬，和小茶杯、大酒杯的福建佬，在標準上正好相反，令人發笑。

⑴ 不同的風習

標準常因各個地域、各個社會而異。就說嫁女兒吧，農業社會要收取男方的聘金，沒有聘金認爲是一樁丟臉而遭人笑議的事；相反的，在工商業社會裡，對開價要聘金，把婚姻當買賣，也看做可笑的行爲。但這在農業社會裡的看法是共通的，在工業社會裡的看法也是共通的。雖有少數的例外，那例外的人，便成爲這個社會裡被笑的人物。

緬甸早年，在人來人往的大街上，可見到婦女相罵。情到激昂處，竟然自褪其裙，裸露私處正面向敵，以示折辱，對方也以同樣方式還以顏色。

風俗習慣是「標準」的一項根據，侯孝賢導演的影片「童年往事」中，有台灣早年「家有喪事」一種特具的地方色彩；陳坤厚導演的影片「結婚」，描寫台灣活人與死人結婚的奇風異俗。民視的台語電視連續劇「親戚不計較」也把迎娶死人牌位成親的風習，以喜趣的手法呈現。按今日的婚姻標準來權衡，那是可笑的。

⑵ 差距的道德觀

我國有位赴美留學生，租屋住在一家大百貨超市的樓上。他隔壁住著一個沒有固定工作的白人窮老頭，與這位留學生交談，甚爲投機。

一日，留學生得悉這樓下百貨超市的大老闆是他隔壁這位窮老頭的親生兒子。他幾乎不能相信會有這種事。

他問老頭：「你兒子那麼多錢，你那麼窮，你爲什麼不向你兒子拿些錢用呢？」

「那怎麼行，我已經很對不起他了。」老頭愧赧的說。

「難不成他不是你養大的？」

「他是我養大的。」

「那你是什麼事對不起他呢？」

「老弟。」老頭嘆了一口氣說：「我已經三個月沒付他房租了。」

留學生聽了頗覺好笑，但當他與美國朋友們談起此事時，沒有人認爲好笑。等他返國後，向國人說這件「窮老子住富兒子的一間小房還要付租金」事時，聞者均付諸一笑，感到奇聞。因爲我們中國人的傳統道德標準，「兒子要奉養父母」；而美國的道德標準是「兒子不用奉養父母」。兩種不同的道德標準，就是笑的藝術創作者感知的要件。

(3)社會環境的異象

人活著很難擺脫現實大環境先已形成的桎梏。像我們華人族群，在台灣的，開車不守規則；而他到了美國，就自動收斂，改邪歸正，遵守當地的交通規則行駛。新加坡有百分之七十五的華人，他們都能恪遵國法，保持治安最佳標準。爲什麼？因爲大環境已勾勒出一個輪廓，身在其中，在同一標準的光罩下納入同步動線。

有若干生活的浮標，可提供我們笑的創作資源，如像：

（甲）男女相愛已久，男每次求婚，都遭到女推託。男遂託女之老師出馬，代爲徵詢女的本意。

「每次我和他見面，都是約在咖啡廳裡。」女向老師說其推託的原由。

「有什麼不妥嗎？」師問。

「而且每次他都叫一杯咖啡，端在手上仔細品嚐，十分陶醉。」

「那有什麼妨礙呢？」師說：「你知道你對他有多麼重要嗎？他認爲你是世界上最好的女人。」

「問題就發生在這。」她道出了心思：「我擔心他會『好東西與好朋友分享』。」

——這正是孫越在台灣電視上連續放映過三年的廣告：「好東西要和好朋友分享」是孫越推銷咖啡的廣告詞，幾乎是耳熟能詳。因爲有這段廣告，才會有這段笑話，也才能笑得起來，如果把它用在電影上、電視劇上、漫畫上、相聲上，在台灣是有其「笑」果的。這就是笑的創作之社會資源。

(乙)某學生寫作文，思念遙遠的萬里故鄉。老師問他：

「你的故鄉在哪裡，怎會有萬里之遙？」

「就是台北縣的萬里鄉啊。」

(丙)兩名一年級新生，被配住在宿舍的同一間房，一見面互通名姓，說到籍貫：

「我是澎湖馬公人。」

「我比你長一輩，我是馬祖人。」

露。

——這兩則笑話，均含趣在地名上。

大陸有一部影片「無人喝采」，寫一對夫妻因事業不順心，時常爭吵而離婚，又因妻無屋可遷，遂仍與夫同住一屋。其實雙方內心都還愛著對方，只是顧全自尊，不願吐露。

雙方都想找個異性來氣氣對方，試探對方。妻找到一個從小學就開始暗戀著她的男同學，夫找到一名四十多歲的老姑娘。四人相會，互妒互諷，笑話百出。

在一次四人同餐席上，老姑娘坦白道出她的心聲：我並非是愛上他，是因爲看上他有屋可住。我從軍方退職後，住在我哥家，從前我父母在世時，也曾與兄嫂共住，感到非常擁擠，而今父母不在，更覺諸多不便。有時我太晚回家，兄嫂正在做愛，聞門外有聲，立即停止。嫂常發牢騷：「我們是明媒正娶，到像是通姦偷情，心驚肉跳。」等到開了門，見我蹲縮在牆角，又於心不忍，拉著我入門。

哥爲了想把我推銷出去，每天趁空在公園裡找單身漢，什麼要求都沒有，只要有屋。我就是這樣軋進我們這四人幫來的。

這一席話點穿了本片蘊藏的社會環境異象——在大陸開放初期，人口膨脹，住屋奇缺，本片圍繞著缺屋問題進展劇情。

一般俗眼的編導可能湊合其夫妻重圓，抑以一對拆拼成兩對，或於夫妻復合之外，再使另對男女併合，扯出笑趣不斷。而導演夏剛放棄四人交往的結果詮釋，維持了含有地方色彩的「問題」疏濬。

㈣隱蔽性

笑所依據的標準，並不存在於條文，發笑的人不必像法官似的根據條文判決罪行。他雖是出發於理智，但他的標準往往已經分外明朗。如我台灣電視上搞笑，常用男人裝女性姿態、或耍仙人跳、洗錢、神棍騙財騙色有術、設計陷害別人反害到自己等，其笑點都直截了當，不用費「心」。

婦女邁向中年，常會擔心發胖，以笑話爲例：

「我的腰是否比以前細了一點？」一名三十多歲的婦人，邂逅一年來未曾謀面的男士，這樣問他。

那男士認眞的端詳了他一會才說：「不，胖了一點兒。」

「眞不會說話！」婦人露出不悅的表情。

「呃，我以爲……」男士連忙滿含歉疚的陪笑說：「我以爲像你這麼大年紀的女人會不在乎這一點呢。」

(1)耳熟能詳的標準是流露的

人類的慣性行爲，其標準蟄居於下意識，在發笑之前，毋須經過思考，一觸即發。以兩則笑話爲例：

（甲）父親由書房出來，問女兒：「你媽媽呢？怎麼好久沒聽到她聲音了。」

「媽在院門口跟那邊大樓的王媽媽聊天呢。」女兒回答。

「站著聊天多累啊。」

「她們已經站了一個多小時了。」

「怎麼不請王媽媽進來坐呢？」

「我已經請過她一次了。」女兒禁不住一笑：「王媽媽說她沒空。」

（乙）小任應徵某公司職員，老闆面試滿意，但經審閱他的履歷表後，立即批核「不錄用」三字。小任不服，問他原由。老闆說：「你曾經撕票在萬張以上不是嗎？」

「那是因爲我擔任電影院入場的撕票員啊。」

甲項的標準是「既沒空，爲何站著聊了一個多小時，自相矛盾。」乙項是「誤解撕票萬張的內涵。」兩者均屬耳熟能詳、標準是流露性。

再從喜劇來看，羅馬時代喜劇家普勞特斯（Maceius Titus Plautus）的「金罐子」（A pot of Gold），描寫一個守財如命的老人，在睡覺的時候不願讓自己的呼吸浪費，而把風箱掛在脖子上。這種把金錢看得比生命更重要的人，其所違反的標準，已隨他的行爲流露而毋須再經理智去權衡了。

(2) 曚昧不明的標準是隱蔽的

有時一句喜劇的台詞，在演員剛講完的當時，並沒有立刻激起觀衆的笑聲，而稍停以後，觀衆卻或先或後的笑了起來。那就是因爲劇中角色的言行，其所觸犯的社會標準，不甚明朗，必需當場經過理智的判斷，然後方付諸一笑。例如一位衣冠楚楚的紳士，說起對方的哥哥爲「你家兄」。又有人說：「我太太昨天分晚了。」猛聽起來未能覺察究竟，但感覺有些不對，於是付諸理智。經研判後，發現其前者乃係「自稱」，而錯用「他稱」；後者之「分晚」，乃是「分娩」讀音之錯誤，於是一笑識之。

且以兩則隱蔽性的笑話爲例：

（甲）楊某出身黑道，現雖富甲一方，卻仍爲鄉里以市儈視之。

其秘書爲他出主意：重金敦聘當代名畫家爲楊畫像，然後邀宴文藝界學者名流，即席評畫，畫中人自可水漲船高。同時延請記者到場，擴大宣傳效果。

宴客之日，貴賓盈門，酒酣間抬出畫像。衆文士洞其心意，不願發言。

在主人堅邀下，大家公推一位大老代言。

大老走到畫像前，手指楊身邊的空白說：「救主在這裡。」

全堂文士皆楞了一下，繼而哄然大笑，熱烈鼓掌。

楊某甚表滿意，認爲大老乃是暗示「楊某與救主同在。」

誰知翌日報紙刊出，詮釋大老所指，是救主耶穌受難之日，與兩名強盜並列，同釘在十字架上。楊某意圖借重名人之畫、名家之言，擢升其地位，孰不知雖與救主同釘十字架，救主仍是救主，強盜仍是強盜。

——在大老發言後，衆文士皆楞了一下，然後才大笑鼓掌。這就是標準不明朗，需要經過一番思考，等想通了，才覺好笑。當然聽的人必須對耶穌受難事件有所認知，倘使在他的意識檔案中，沒有這份儲存，也就是對他來說，沒有這份標準，自必笑不起來。

至於報紙上的詮釋，旨在揭曉標準的底案，使笑話能夠笑得出來。

（乙）孔夫子率衆弟子周遊列國，到達荒涼地帶，乾糧已盡，衆皆飢腸轆轆，遙見一村莊，乃派子路前往覓食。

子路打聽到莊上大戶，叩門求助。主人聞是一代尊師，立允殺豬宰羊，饗宴師生，但有一先決條件，必須認對一個字，否則免談。

這位主人寫的一個字，是「眞」字，子路隨即讀出「眞」，怎奈主人搖頭說他認錯了字。子路無奈，趕回向夫子報告，夫子遂改派顏回前往。

主人照舊寫了個「眞」字，顏回讀作「直八」，主人點頭，這一頓盛宴總算敲定了。子路不服：「這明明是個『眞』字，我唸眞就不對，而顏回唸直八就算對了，是什麼道理？」

「唉呀，老兄。」顏回含笑說：「這年頭認眞就沒飯吃啦！」

「認眞沒飯吃」含雙層意義：外層是「認這個字爲『眞』，所以沒飯吃」；內層是「爲人處事不要太認眞，認眞會失敗。」其標準在譏笑「認眞」。立論是否正確，姑且不談，而它的標準，也是略帶隱蔽的。

（丙）台灣自製國片「我們都是這樣長大的」中有一個橋段：

徐老師被頑皮學童臭頭、弄條蛇放在抽屜中嚇哭了，爲了調節受創的身心，校方准他休假半月，請來一位男老師代課。後來徐老師假滿返校，與代課老師在課堂交班，代課老師臨行前向徐老師說：「有機會我再來代你。」

此片在電影院映到這裡時，停了一下，觀衆才笑出聲來，因爲這句話內含著「學生惡作劇陷害老師的事件還會再發生。」

(3)歸本求元動用理智

隱蔽性笑的標準，是要動用理智的。笑的基本流程，原就是出發於理智。不過一般標準在意識中已經通透，不用煩勞理智來裁判。一旦碰上瞑矇不透的標準，就不得不歸本求元，交由理智來運作了。以三則笑話分析如下：

(甲)夫妻要離婚，妻的友人指責她老公說：「你眞沒良心，你老婆苦苦等你十年，還爲你帶兩個孩子，你怎麼忍心要跟她離婚呢？」

「你知道嗎？」老公輕描淡寫的說：「這兩個孩子，一個五歲，一個七歲。」

那友人愕然，無言以對。

——聽者要把「等待十年」和「一孩五歲，一孩七歲。」歸在一起，計算看看，才會笑起來。

(乙)某鄉紳娶細姨，弄得家庭吵鬧不休，遭鄰人議論：

「他對待大、小老婆的待遇，是『打』『抱』不平。」

——「打抱不平」原是一個成語，被挪移至對待大小老婆事件上，內容是說「打」大老婆、「抱」小老婆，使人感到不平。這過程也得先擱在心裡整合一下。

（丙）某商店門口掛著一塊牌子，寫「狗不准入」。一名婦人牽狗而來，見此牌乃將狗拴在門外，有店員匆匆趕到門口，對那婦人說：

「你可以把狗牽進去，這塊牌，禁的是無人帶的狗。」

——無人帶的狗？狗認得字嗎？掛這塊牌子有什麼意義呢？想通這一點便會笑。

㈤悖謬性

《韓非子》說難篇，述鄭武公有心伐胡，卻設計先把自己的女兒嫁給胡君。其後他又徵求群臣意見：「我想用兵，攻打哪一國好？」大夫關其思說：「胡國可以攻伐。」武公大怒說：「胡和我國是兄弟之邦，你竟說要進攻他！」遂把關其思殺了。消息傳到胡君耳中，以爲鄭國果以胡國爲親己，遂不防備於鄭；鄭卻突然出兵襲擊，把胡國吞滅了。

另敘宋國有富人，天降驟雨把牆沖壞了。他兒子說：「若不把牆修復，必遭小偷。」他家鄰人之父也是這樣說。果然這天夜裡有賊侵入，偷去很多東西，這富人一家很稱讚兒子的聰敏，而懷疑到鄰人之父。

這兩人說的話都是對的，可是關其思竟因此而被戮，鄰人之父也惹上了嫌疑。這證明並非對的話都能說，要看社會標準站在那一邊。

(1)標準常會站在錯的一邊

標準應該是屬於社會認同的，眞實的、合乎情理法的；可是往往又不盡然。標準常又會站在反方向、錯誤的那一邊。

有一句俗諺「逢人需減壽，遇物則添錢。」這的確是爲人處事的指南，目的是正的，行爲卻是歪的。因爲它是教人要講假話，反認爲講眞話是錯誤的。

有一位忠厚的男士，他不知人際語言的忌諱，直接了當問一個女人的年齡，那女人沒正面回答，笑著反問他：「你看我像幾歲？」

忠厚人仔細端詳他一番後誠懇地說：「我猜妳有三十多歲了。」

他猜的很準，可是卻不懂「三十歲」是女人最不願闖的一大關卡。

「咳，你眞不會看人！」女人臉上掛滿了怨責。

忠厚的傢伙自知說錯話，連忙愧歉的笑著補充一句：「你總不會有四十歲吧？」

——這則笑話的違反標準者是那位忠厚的男士，他不知做人的道理在於「逢人需減壽」，完全照實說，才構成了笑話。倘若他按「減壽」回答說：「唔，你看起來，大約在二十五、六歲的樣子，我看得很準吧？」這樣必然是一場快樂的交談。

說眞話是錯的，標準站在錯誤的那一邊，這就是做人的花招，歪道。

(2)坦誠相對反被笑謔

再講到下一句「遇物則添錢」。倘如你遇到有人叫你猜猜他剛買來東西的價錢，尤其是長一輩的最喜歡這樣。通常會做人的人總是把估價提高一些，讓對方感覺他買到的東西「物超所值」，心裡舒服。如若你的猜價低於他的購價，會引起不悅，可能會遭到他的搶白：「我看你好像根本不知道行情，你自己去買買看！」，豈不冤哉！

其實他原先要你猜價錢，大多是為了想探測一下他買的是否吃虧，照理說他應該希望你說實話才對，可是當你說出的話使他失望時，他本當自認上當，可是人的心裡很奇怪，在他感到不滿時倒把氣出在你的頭上。

咳！坦誠相對會漏氣，邪門。

這與前面所說的「需減壽」頗爲類似，不過天下事不是一理可以概全，還是得因人因事制宜。如「減壽」不能減到孩子身上，猜人家孩子的年紀，要反其道而行，採取「增齡」的悖謬說法。比方某個朋友的男孩看來大約八歲，我們要猜他十歲，爸媽必然很爽：「哦，沒有耶，他才八歲，他就是比人家孩子長得高，長得大。」

假使你用「減壽」，猜他六歲，其爸媽一定會擺出憎惡的臉色，不想跟你再說下去。

(3)正常人說反常話

初次見到朋友的妻子總是要誇讚她的「美麗」，這是由西方輸入的舶來品，已成爲現代人的禮貌。實際上被誇讚的女人她美麗嗎？不見得，這不也是在說謊嗎？有人就說這是善意的謊言。如果有人反其道而行，見到友人的妻子，當面說他醜陋，這不也會惹人譏笑嗎？

正常人偶爾也會爲了「做人」而說反常話。

我三十五歲那年，頭髮已全白如霜，看上去超齡很多。

有一天，初結識一位老學人，請我到他家去吃飯，席間他問我：「老大哥，你不會有我大吧？」

聽他的語氣，是認爲我比他老，說我沒他大，是一種客套，爲我減齡。

我很尷尬，抬頭看到壁上梁寒操先生爲他提書的一副條軸，上有祝他「六十有六大慶」字樣，條軸已發黃，還不知是多少年前的。倘若我照實報歲，他會有一種說錯話的愧歉感，那恐怕這頓飯就得在窘澀中熬過了。我一時不知該怎麼樣回答。

「我想你最多衹是六十幾歲。」他已看出我的心意，連忙爲我削齡。

這回他把我定位在六十以上，我衹好順水推舟，答覆他一句：「六十五囉。」

「哇！你精神眞好！」他讚美我。

─精神能不好嗎？我離六十五，還差三十年吶！

這段笑料產生於友人的錯估，和我將錯就錯的自貶，正常人說了反常話。

㈥演進性

窮人家的女兒待字閨中，有人來說媒，對象是富家大少爺，其父母及女兒皆滿心歡喜。

「對方有一個缺點，要你們包涵，就是貴……」媒人說到這，就住口了，沒說下去。

父親猜：「是費錢嗎？」媒人回答：「他家反正有錢，費錢不是問題，當然不是。」

母親作第二猜：「是廢話多嗎？」媒人又說：「不是，廢話多總比成天悶聲不吭氣好哇。」

第三猜是女兒：「難道他是個廢人？」媒人解答說：「廢人還需要娶妻嗎？他……他只不過是臉白白、喉癢癢、手熱熱、胸響響。」

父母及女兒把媒人的話盤算了許久，突然一同大叫起來：「肺病！」

—在四十多年前，肺病是絕症，得了肺病，連朋友都遠離，因爲傳染性很高，怎麼可以嫁他呢？時代演變，今天肺病已有特效藥，可怕的病症，已轉移到愛滋、癌症，而這則笑話也就不能成立了。

(1)標準隨時間演化

二十世紀初葉，一個裝束入時的少婦，光著腳穿鞋在街上行走，便被一大群孩子追在身後大笑大嚷：「你們來看哪，沒有穿襪子的女人！」引起滿街人指指點點，那婦人羞得無地自容，僱著一輛人力車逃之夭夭。

事至今日，不穿襪子的女人，早已不是笑的對象了。社會對於女人的審美標準，已從臉蛋笑渦，擴大到遍體，強調身體的曲線。瞧那些不斷花樣翻新的服裝展示會吧，俊俏的模特兒一個個誘人的胴體，顫胸扭臀魚貫走出伸展台，走入群衆核心。再加上熱褲、露背裝、中空裝、上空裝的閧行，甚至男女老幼一絲不掛的天體營。法國男女更進一步爲了保護動物集體脫光屁股上街遊行。

標準就在大衆耳濡目染的侵蝕下逐步演化，女人的裝束，由儘量遮蓋而進展到大膽暴露了。

柴松林教授談「老人國與青年國」的人口問題時，曾以我國人生活水準的節節上升，作層次說明：「我們的祖父那一代，可謂是終生辛勞，還吃不飽；到我們父親一代，終生辛勞，可以吃飽；我們這一代，不必辛勞，一定吃飽；至於我們下一代，也是不必辛勞，而他們卻不願吃飽。」

的確，從前人見面都問「吃飽了嗎？」因爲當年生活中最重要的課題，就是三餐溫飽。現在我們有錢了，考究生活品質、休閒活動，吃飯所佔的開支比例已是微乎其微。

這顯示社會在演進，標準在漸變。

(2)人際關係改變標準

人與人的親切關係隨著文明進化而褪色。師生關係，原先一日爲師，終生爲父的觀念，到今日已演變爲學生毆打老師。男女關係，從情有獨鍾、永浴愛河，到今日已成一觸即發，發罷遂告終結。朋友間的道義，也變得功利爲先。

勞資糾紛製造老闆與夥計的對立；群衆抗爭形成官與民的對立；權與利的爭奪，演成族群的對立。有人調侃說：「這是個民主對立的時代。」其實與前不同，正是吐露標準演進的痕跡。

這裡不研究對不對的問題，而是要揭示標準急遽蛻變，對製造笑料的前軌探察。

抗戰以前，父母管束兒女採強勢作風，對兒女的意志行爲、婚姻，一切都在掌控之下。所謂「父命難違」，兒女只有唯命是從；今日的父母已失去了權威，不但對兒女無法管束，即連父母的行動、意願，往往得順從兒女的支配。有人把這種現象戲稱爲「孝子」。

（甲）女兒想帶同學到家裡來開舞會，請爸出門逛街。爸說：「我上午已走過大段的路，不想再走，你們開舞會，我在房裡不出來就好。」

「不行啦，爸，我們會很吵耶。」女兒說。

「我不怕吵都不行嗎？」

「可是……可是我們會有顧忌，就玩得不痛快啊！」

爸無可奈何地拿了手杖走出去。

（乙）「你別瞎說好不好？」女兒指責父親：「搞不清楚，先問問我嘛！」

父親嘆口氣說：「你一定要用這種的態度跟爸說話嗎？」

女兒這才笑起來回答：「爸，你生氣啦？其實我是把你當朋友哇……」她想想又修正一句：「爸爸也可以做朋友嘛，是不是？」

她見爸爸在無奈地搖頭，再提出比照：「我們同學她們在家都時常找老爸吵架呢！」

以上兩則不是杜撰的笑話，是眞實事件。

民國初年，媒婆撮合婚姻，多向女家誇耀新婿「白面書生」、「溫文爾雅」。到了五十年代，女性心目中的美男子，多受美國西部開發期影片中的槍手影響。不愛「白面」，而愛粗壯；不愛「文雅」，而愛豪勇。後來又摘取文藝片中帥哥的形象，而將美男的標準調整爲一種粗豪而帶些文人氣質。

演變到今天，由於功利社會的共同生存標準和民主自由放任思想的崛起，外加同性戀的解放觀念擴大，帥哥的定義，幾乎已混濁不清，全由女孩子各自塑造了。

(3)「代溝」是因標準不同

柴教授說：老一代的人認爲年輕人不懂得知恩報答是不道德的；而年輕的一代根本沒有「報恩」這個觀念，他們不覺得那是不道德的。換言之，兩代人的道德標準有差異，因而產生「代溝」現象。

往後推衍，這些年輕人將來老了，是否會在接棒當長輩後，也認爲他們的下一代不懂得知恩報答呢？我想不會，因爲標準像海浪一樣，一波一波向前推進，儘管會經過大力倡導道德復古，實施後的成果，也不是照古復原，多多少少會羼雜些時代脈搏的新風流雲。雖然「代溝」依然存在，但其所代之溝，已寫成了另一部遊戲規則—新的道德標準。

以前的媳婦要受婆婆的氣，小姑的氣，大男人主義的老公也不見得很好應付；現在的新女性有自己的一片天。在各國都提倡拔擢女性銜位的今天，我台灣也不落伍，已擾下副總統的寶座了。而且台灣社會女強人舉目可見，想跟她們耍大牌，端婆母的架子，她才不甩你呢。

局面改變了，做婆婆的當然也會見風使舵，爲了不失去兒子，便得遷就媳婦，倒過來討好她、拉攏她。你看不順眼嗎？那是因爲你對婆媳相處的道德標準，還停留在舊有的檔案裡，尙未隨時代演進啊。

第三節　笑的溯源

《呂氏春秋》有載：楚人渡江，他的劍不小心掉落江中，他立即在船邊刻了一個記號，說：「我的劍是從這裡落下去的。」等船停了，他才根據船邊的記號下水尋劍。卻不知船在水面行了一程，而劍沉在水底未行，這樣尋劍，他能尋得著嗎？

「刻舟求劍」是古人用作比喻的一個笑話；那楚人只計算落劍時的狀況，並未把時空變遷計算進去。我們要探討的「笑的溯源」，就是要溯本求源，從落劍的位置潛水搜索。

清朝的笑話大師陳皋謨曾說：「大地一笑場也。」笑雖然如此普及，但笑是怎樣產生的呢？就被笑的人來說，是從「錯失」中產生；就發笑的人來說，是從「裁判」中產生；就笑的本身來說，是從「標準」中產生。這些答案，祇是一個籠統的概說，以下就各項不同的起因與各家的說法，分類引伸，爲笑尋根，俾供搞笑者、喜劇創作者參考。

一、乖訛說

乖訛（Incongruity），是由十八世紀德國哲學家康德（Immanuel Kant）所創。他認爲笑是由不倫不類的配合所引起。

㈠不倫不類的配合

胖人穿瘦衣、八十歲的老翁想結婚、把襪子套在臂膀上；或是把兩句不相稱的話連在一起。如「家兄眞能幹」，「內子今臨盆」；又如報紙上的廣告，上面一塊「某某女子中學招生」，緊連著的下一塊是「專治花柳、楊梅病毒」。都令人有不倫不類的配合之感。以下舉兩則笑話爲例。

（甲）兩個愛好尋花問柳的男士結爲好友，相約到咖啡廳交換心得。隔著落地玻璃窗看到對街有兩位美貌少婦並肩同行。甲男引以爲傲地向乙男自詡：「那兩個美豔的女人，一個是我老婆，一個是我情婦。」

乙男驚訝地回答：「怎麼會那麼巧，我和你一樣，這兩個美女，一個是我情婦，一個是我老婆。」

兩人都不禁張大了眼睛，愕然相對。

（乙）有一位就讀國小六年級的天才兒童，大人們常用數據來考他，他從來沒被難倒過。一天，有位讀書不多、年逾四十的鄉巴佬親戚到他家來做客。在大家圍坐桌邊進餐時，鄉巴佬出了一個最淺的問題考他。

「一加一等於多少？」

天才兒童不屑地一笑，沒有回答。

「你不回答最好，因爲我要問的難題是：如果一加一不等於二，那會是什麼？」

天才兒童思考了一陣子，大家都在期待著他的答案。他始終理不出頭緒，頗感沒面子。他帶著不和諧的語氣辯駁說：「一加一等於二，是不容置疑的答案。如果你硬要說一加一不等於二，就好比你不承認任何數目的平方都應該是正數，而你偏要說它是負數……老實告訴你，你這個問題是沒有答案的！」

「你沒有答案，我有。」鄉巴佬不慌不忙地說：「一十（加）一、三個字加起來，是個『王』字。」

眞個是陰溝裡翻船。

㈡原先的期待改道

到十九世紀，英國哲學家斯賓塞（Herbert Spencer）把康德的乖訛之說，引伸爲「下降的乖訛」（Descending incongruity），「緊張的期待，突然消失」，如威風八面的大元帥，被一隻狗突然竄過來狂吠，嚇得拔腳就逃，群衆對他原有的崇敬，一落千丈，失口而笑。牛肉場內一名嬌豔女郎，婀娜多姿，當她脫衣露體時，方知他是個男的。一個身高體壯的大力士舉不起石頭，反被一名矮小的瘦皮猴輕易舉起，這些都屬「下降的乖訛」。

（甲）一個牢騷滿腹的男人向朋友訴苦：「我老婆每天都向我要錢，要錢要錢要錢，眞煩，眞討厭！」

「她要那麼多錢做什麼？」友人表同情地問。

「誰知道呢？」

「你怎麼不問問她？」

「何必問她，橫豎我從來沒給過她。」

（乙）荷蘭影片「軍官與男孩」是寫第二次世界大戰，德軍佔領了荷蘭，造成荷蘭民不聊生。一九四五年德軍戰敗投降，美軍即將進駐荷蘭，協助重建。荷蘭人興奮地聚集等候歡迎，而美軍遲遲不見蹤影。終於歡呼聲起，有二輛美軍吉甫車駛至，僅此而已。

「這就是美軍部隊？」歡迎的群衆談論著。

觀衆原以爲是大軍部隊，想不到卻小到只有兩輛小車，於是笑了。

㈢答案離題

以上牢騷的丈夫和美軍入駐荷蘭這兩則笑話，都是答案就原題加以下降，以大變小；而「答案離題」則是答案與前面提出的問題，不是同出一轍。

（甲）某雜誌要促銷花招，選舉今年度銀幕上最乾淨的女明星。結果選出來的是一位最肯曝露玉體的脫星，雜誌上有註解：

「因爲她今年度在銀幕上洗澡鏡頭最多。」

——讀者們原本以爲他所說的「最乾淨」是性行爲，答案卻是「身體清潔」。

（乙）老師叫一名好動、不用功的學生站起來，問他：「牛頓見蘋果落下而發明了地心引力，你有何感想？」

「如果牛頓的老師像你一樣，要學生永遠待在教室裡，這『地心引力』就永遠不會發現了。」學生說。

（丙）一少女站在路邊等人，一少男想找她搭訕：「小姐，你在等什麼？」

「管我！」少女繃著臉說。

少男見事不逮，乃向少女說聲：「那我走了。」

「管你！」少女仍是那付冷漠的樣子。

少男剛走開，少女等待的女友來了，見狀，問她：「他是誰？」

「管他！」

綜上所說，乖訛，可解讀爲「反常的走向」。

此說後來也受到若干爭議，有人認爲「期待的消失」，不能概括笑的根源。

二、錯誤說

錯誤（Error）是構成笑料的基本原素。戲劇家常用若干錯失與誤解，糾纏在一起，交錯干擾（Interference of series）。例如二十世紀德國劇作家凱撒（George Kaiser）的「珊瑚石」（The Coral），寫富翁與他的秘書，長像完全相似，沒有人能分辨。富翁佩戴著珊瑚石，以示區別。後來其中一人打死了另一人，而活著的人身上佩有珊瑚石。法官、偵探、家人皆辨認不出他究竟是富翁、抑或是秘書打死富翁後取用了他的珊瑚石？懸疑加喜劇，頗具劇場效果。

㈠形貌的誤導

莎翁的劇作「皆大歡喜」（As You Like It），也運用了形貌的錯誤導向，製造喜樂。長兄獨佔家財，虐待三弟鄂蘭陀，挑唆蠻力大拳師查爾斯與鄂比武，想趁機把他打死。

公主羅瑟琳勸鄂放棄比武，以免喪命。不料鄂反而擊垮了大拳師。羅瑟琳與鄂蘭陀卻因此而相互愛慕鍾情。

不久，羅被叔王放逐，往亞登森林尋訪早先被逐的父王，基於安全的理由，她女扮男裝與堂妹同行。恰巧鄂也爲逃避長兄的迫害而遠走他鄉，雙方在森林中不期而遇。鄂並未認出她就是羅瑟琳，但與她交往甚密。

兩個眞假男人的戀愛：一個是終日痴情吟詩，對著假男士猛叫羅瑟琳，一個是內柔外剛，甜在心底。終於羅瑟琳趁著父王要爲他人主持婚禮時，把自己變回女裝，與鄂蘭陀婚配。劇情甚爲活潑，充滿笑趣、歡樂。

我國明朝大文豪吳承恩的名著《西遊記》中也有一段形貌錯誤導向的除妖事蹟。一個神通廣大的猴妖，僞裝成孫悟空模樣，另僞造唐僧、豬八戒、沙和尙，欲冒充東土大唐聖僧往西方取經。

眞假孫悟空一交手，不相上下，沙僧無法出手幫忙，因爲兩猴長得一模一樣，分不出誰是行者，誰是妖孽。

二人打到南海落伽山，連觀音菩薩也無法分辨。唸起緊箍咒，兩猴同時痛得滿地打滾。

遂改道南天門，直趨靈霄寶殿，玉皇大帝找來托塔天王李靖使用照妖鏡。怎奈同是猴精，無法指認。

因而二猴去找師父，唐三藏雖與悟空相處日久，也照樣望著兩名猢猻嘆息。

再打到陰司森羅寶殿，十殿陰王齊集，卻只能搖頭無法置言。倒是地藏王菩薩飭其伏在他經案下的一個怪獸，伏地諦聽，找出根源。牠的結論是此妖與悟空有同等神通，如揭穿他的身份，只怕陰司無人能制得住他，後果嚴重。最後牠提醒了一句：「佛法無邊」。

於是二人繼續邊打邊行，往大西天靈鷲仙山雷音寶剎，謁見釋迦如來。如來一見，就認出假悟空是六耳獼猴。妖猴企圖逃走，被如來投缽蓋住。妖猴模倣悟空的動作、語言、甚至性格、長相，使觀音、玉帝、唐僧、陰王均無法分辨，直到至高無上的無邊佛法，方得終結。眞是取經途中一場變怪的妖蹟，令讀者情趣橫生。

㈡聲響的誤導

用音響錯誤的導向，所構成的笑料。

（甲）國際籃球賽最後拉鋸戰來回進球得分緊要關頭，某國手遠投失誤未能進網，激起觀球群衆一片「噓」聲。

觀衆席上有一名婦人抱著一個一歲多的孩子，孩子突然撒尿，尿濕了母子兩人的褲子。婦人生氣地責備孩子說：「你怎麼撒尿在褲子裡呢？媽媽是怎麼跟你說的？」

「不要責備他。」旁邊的觀客說：「他這麼小，看球賽就會如此激動。」

「不是啦。」婦人不以爲然地回答：「是你們這麼多人用力在『噓』，他怎麼會不撒尿呢？」

因爲大人們要孩子撒尿，都是用「噓」的氣聲誘導的。

（乙）一名自助旅遊的單身男士，住宿客店。夜裡起來小便，由於白天爬山涉水，身心疲累，迷迷糊糊地站在馬桶前，聽得尿聲嘩嘩作響，經久不止。他似睡似醒地站著等候尿聲終了。直到天亮，他發現身旁的自來水沒關，才知自己的尿早已結束了。

㈢語意的誤導

由於語言的誤解，而令人發笑。

（甲）一個小男孩常跟人說：「我是朱院長的兒子。」他媽媽認為你要介紹自己，應該以自己為中心，說「我是朱小弟」才對。

後來，再有人問他：「你是朱院長的兒子嗎？」

「我自己認為是。」朱小弟委屈地說：「可是我媽說不是。」

「嗄？不是……」

（乙）一名新進職員葉福禮，被安排在高姓同仁的鄰座辦公。葉聽到科長叫他「高司機」。

「高先生，你替誰開車啊？」葉福禮問：「怎麼司機還要兼辦公文呢？」

高笑一笑，掏出名片遞給他。葉看了恍悟，引以為趣地說：「哦，原來你不是司機，你是高思基啊！」

「我也覺得奇怪。」高說：「副理，你怎麼跟我們坐在一塊兒辦公呢？」

「對不起。」葉也掏出自己的名片遞給他，高不禁噗嗤地一笑，學著他的口吻說：「哦，原來你不是副理，你是葉福禮啊！」

（丙）男女同學結夥到郊外露營，某女生在臨時搭設的野外浴室洗澡時，高唱「看看我，聽聽我……」

一男生猛然闖入浴室。女驚訝遮蔽，痛斥他不該。那男生不甘受責地說：「不是你大唱著要我們來看看你的嗎？」

（丁）女教師們集會檢討學童在校營養午餐的執行利弊。大會請她們試吃菜餚，加以評鑑，並贈送每人一盒煮熟的鴨蛋。有女老師希望改贈未煮的生鴨蛋。

在大會結束時，生蛋才送達，主事人在廣播中通告大家：「要生蛋的女老師，請到休息室來。」

「是誰要生蛋啦？」

㈣心路的誤導

心路的誤導是指內心的思路有了錯誤的導向。晉朝的第一任皇帝司馬炎（晉武帝）在接見體弱怕風的滿奮時，要他坐在有琉璃屏風的北窗下，琉璃看起來似乎疏落透風，滿奮感到不安。武帝看出他的毛病，忍不住哈哈大笑。

滿奮只好自我解嘲說：「臣好比吳牛，見月也喘。」

這就是「吳牛喘月」成語的起源，形容過分的懼怕。是指生長在江淮間的水牛，江淮古屬吳地，故稱吳牛。南方多暑氣，吳牛畏熱而喘，見了月亮以為是太陽，所以也會喘。出自《世說新語》

有兩則心路誤導的笑話——

（甲）國小四年級國文老師批改作文，見辛小文的一篇作文這樣寫著：

「我睡到半夜，作了一個惡夢，怕得要命。爬起來跑進爸媽臥房，跳上床，鑽進被子裡，才發現睡在被子裡的不是我媽媽，是對門張小明的媽媽。好奇怪！」

老師把小文叫到辦公室來，指斥他作文不可亂寫。

小文不服，回家求父親去見老師，證明他是個不說謊的孩子。

「小文確實很誠懇，他從來不說謊話。」父親爲他證明。

老師說：「請你先看看他這篇作文再說，辛先生。」

「不用看，我信得過我的孩子。」

三個月後，學期終了，父親在檢視小文課程作業時，才看到了那篇作文，他急著去找小文的老師。

「辛先生，」老師搶先說話：「你現在不信任你的孩子了嗎？」

「不，我還是信任他。」

「那就是你承認有那回事咯？」

「呃，不，那是個誤會。那一天夜裡，是因爲我太太腹痛要生產，我必須送她到醫院去，家裡有三個孩子沒人看管，所以請對門張太太過來……」

「夠了，辛先生。」老師擺出一付嚴正的面孔喃喃地說：「理由很充份，不過爲什麼要拖延這麼久才找到答案呢？」

（乙）有部電影「美國俏女生」中的一個橋段，也採用了心路誤導的手法：天堂旅館的男侍應生爲女主角找失去的錢袋，潛入老板娘的房裡，被圍著大毛巾由浴室走出的老闆娘撞見，指斥侍應生不該。恰巧老闆回來，誤認二人通姦，不聽解釋，硬逼妻回到浴室。而他反低聲要求侍應生助我擺脫歪妻。

老闆空開兩槍，二人慘叫倒地裝死。老闆娘聞聲探視，然後打開浴室門，拉出一位赤膊男士，欣喜若狂地談論接收老闆遺產的計劃。老闆忍受不住，由地上一躍而起，認爲以獲得足資離婚的條件。老闆娘辯駁說：「我們講的話，並未留下證據。」老闆哈哈大笑，叫侍應生站起來。

「他就是人證。」老闆志得意滿地笑著說。

三、報復說

「報復」亦可產生笑料，人與人的互損互貶，手段乖張，言詞刻薄，是笑源的佳賓。戲劇家們慣用「以牙還牙」爲製笑的素材。

例如成龍電影「奇蹟」中的一個情節：梅豔芳與午馬談得不愉快，梅豔芳把高根鞋脫下，往午馬的桌前狠狠地一放。午馬裝著無所謂，把手中的香煙灰彈入鞋內。激起觀眾一笑。

㈠同向互貶

（甲）男校建國高中與女校台北第一女中，同是台灣公立名校，大家都以讀這兩所學校為榮。

一日，天降暴雨，路人都擠在騎樓下暫避。其中一名穿著建中制服的帥哥對穿著北一女制服的辣妹發生心電感應，頻頻注目；而辣妹用十分高傲的態度回應，引起帥哥不滿。

「哼！跩什麼跩，監獄裡放出來的！」帥哥兀自嘀咕。

「動物園裡溜出來的，跩什麼跩，咳！」辣妹不甘示弱，予以還擊。

一名路人好奇，向帥哥發問：「她怎麼會是監獄放出來的？」

「北一女對門是法院，而與法院相對的應該是監獄啊。」帥哥回答。

有人問辣妹：「他怎麼是動物園裡溜出來的？」

辣妹說：「建中的對門是植物園，與植物園相對的應該是動物園啊！」

這則笑話，語競偏鋒，乖忤諧謔，是屬同向的互貶。再以兩則用語言針鋒相對的笑話為例：

（乙）牧師：「你們大喊著要保護面臨絕種的犀牛；如今僅剩的犀牛都是長在非洲，你們應該到非洲去保護牠們哪！」

犀牛保護者：「你們牧師都大喊著要解救靈魂；迷失的靈魂都在地獄，你們應該下地獄去救他們哪！」

(丙)師：「我像你這麼大的時候，已經能說兩國的語言了；你還在小學四年級留級再留級，你不覺得慚愧嗎？」

生：「林肯像你這麼大的時候，已經當上美國總統了，你才做了一個小學教員，你不覺得慚愧嗎？」

(丁)在語言以外，羼雜事件：

半夜三更，某甲猛按鄰家某乙的門鈴，某乙睡眼朦朧地起來開門。滿心不悅地問他：「有什麼緊要的事嗎？」

「你睡得好嗎？」某甲問。

「就這樣一句話嗎？」乙幾乎要翻臉罵人了：「三更半夜，你知道這是睡眠時間嗎？」

某甲帶著報復得逞的笑容說：「你既然知道這是睡眠時間，爲什麼放任你的狗狂吠不休呢？」

(二)逆向報復

逆向報復是報復者從反方向的抨擊。

(甲)計程車司機牙痛，找牙醫治療。牙醫檢視後，告訴他病牙有蛀蟲，必須要拔除。

「要多少時間？」

「大約三分鐘。」牙醫回答。

「醫療費要收我多少?」

「四千元。」

「嗄?」計程車司機非常不平地叫起來:「三分鐘要收四千元?」

醫生輕鬆地一笑說:「如果你覺得時間太短,我可以給你延長。」

(乙)顧七生了五個兒子,只有老大長得不像他,他懷疑老大不是他的種。有一天他老婆發生車禍,傷重不治,顧七趕在她斷氣之前,追問她:「老大究竟是誰的兒子?」

「老大確實是你的兒子。」老婆撐著最後一口氣,愧疚地告訴他:「很對不起,也只有他,其餘的四個孩子都不是你的。」

㈢拐彎報復

(甲)一個小職員阿勁,當衆挨長官斥罵,等長官走開,同仁們都來安慰他。他似乎並未氣惱,含笑給大家講一則故事:

女媧娘娘過壽,飭老甲魚守在樓梯口,規定凡超過午時才來拜壽的客人,便不准上樓。

關公因爲半路救人而遲到,老甲魚不肯通融。另見小兔子帶著靈芝草來獻給甲魚公公,還有一隻小烏龜也帶著她祖母生的蛋作爲禮物。老甲魚眉開眼笑,都准他們上去了。關公十分震怒,指著老甲魚大罵……

阿勁說到這，把臉一繃，手指長官去的方向，扮演著關公罵道：「兔崽子送你靈芝草，龜孫子送你王八蛋，你都可以放他們上去，就我關二爺不能上去？老甲魚，看你趴在女媧娘娘大腿下面，還能跩幾時。」

阿勁借衆所崇敬的武聖關公拐彎罵長官，可謂是一種別緻的報復。杜撰這類笑話，點子難求，一旦發表，容易吸引讀者喜好，如若內容簡短，容易記憶，也就容易傳播了。

(乙)小廉不乖，被祖父責打，父親不捨，在一旁揮打自己。祖父問他幹啥？他說：「你打我兒子，我就打你兒子。」

(丙)投稿被退，心中頗不舒坦，拿著原稿去找編輯理論。

「這篇稿你看都不看，就把它退了，你們還配稱大衆園地嗎？」

「你怎麼知道我們沒看？每一篇稿都要經過編審小組評鑑的。」編輯回答。

「哈！」作者抖著那篇文稿反駁道：「白七賊！我就知道你們靠不住，所以我在投稿之前，把這兩頁用膠水輕輕黏住一小塊，稿子退回來，這兩頁還黏在一起，你還敢說你們看過嗎？」

編輯被逼得啞口無言，副編輯上來插言：「別衝動，我給你打個比方：我買了一簍子雞蛋，我並不需要把它一個一個都吃下去。你知道爲什麼嗎？因爲這裡面有壞蛋！」

㈣非笑的報復

報復雖是笑的源頭之一，但它也內含異數，在某種情況下，報復也可能成爲悲劇。

倘使報復事件僅僅是語言上、行動上的反訐，使對方受點挫折、消耗些體力，或是受些榮譽上的損害、時間上的延宕，且其進行的態度又是俏皮的，其結果無重大災害的，那便是喜劇，是可笑的。

假如報復事件過予沉重，手段狠毒，結果流血、產生嚴重災禍，那便會激發起人類的憐憫心、恐懼心、同情心，不走笑道，而是悲劇了。

唐朝蔣防的小說《霍小玉》：媒婆撮合通詩書音樂的美貌佳人霍小玉與文采風流的青年名士李益成爲夫婦。恩愛相伴短短數月，李益要遠出赴任。臨別，小玉泣求他別棄我不歸，李益立下書面誓言。

李益的母親已爲他訂婚表妹盧氏，李益不敢違拗，便恣意想斷了小玉的念頭，不通音信。而小玉痴心守候，典當維生。等聽到李益已另聘新娘，悲痛欲絕，不吃不喝，病魔纏身。

李益被見義勇爲的青年挾持去見小玉。小玉面對薄情郎，愛恨交織，誓言死後必化爲厲鬼，使你妻妾終日不安。她死在李益懷中。

李益與盧氏婚後，見有男子在閨房出現，卻又追捉不到，疑妻不貞，而生勃谿。繼施暴力，終致休妻。嗣後他又娶了營十一娘，因怕她紅杏出牆，在他出門時，用木澡盆把十一娘蓋在床上，四周加封條，眞是千古奇譚。他的三次婚姻都在他疑心生暗鬼的脅迫中，走上惡劣的下場。

這篇小說，從李益一去不返，造成小玉的悽慘下場起，到小玉變厲鬼報復，製造李益的疑竇，而形成李益連續婚姻的破碎，都在悲苦的氛圍中進行。

四、機智說

機智（Wit）是人物運用智慧，應對面臨的壓力或企圖達成願望，事態蹊蹺，爆出笑柄。港片「老虎出差」，周潤發正與女人在沙發上準備做愛，女人的丈夫突然返家，親眼見到周潤發趴在他老婆身上，兩人的嘴緊貼，看來戰火立將爆發。周潤發穩住陣腳，告訴她丈夫我是在爲她作人工呼吸，救了她一命，丈夫反而連聲感謝。

周潤發的臨時機變，避過歹勢，這就是機智。

㈠規避危機

（甲）某大飯店召募男侍應生，口試問答，題爲：「你若無意推開客房的門，見一名女士光著全身，你如何處理？」應徵者甲回答說：「我說對不起，小姐，迅速把門帶上。」

「我抱歉地說，對不起，小姐，我什麼也沒看見！於是把門關上。」應徵者乙的答案。

「我快速地一邊關門，一面搶說，對不起，先生。」應徵者丙的回答。

丙被錄取了。

（乙）法國大喜劇家莫利哀的劇作「逼做醫生」（Le Medecin malgre lui）。斯加拉哈醉後韃妻，妻圖報復，趁富家要請醫生，介紹其夫是名醫。說他從不承認，非痛毆後始肯答應行醫。如此害得斯加拉哈挨了一頓狠打，只好承認，被帶進富人齊洪特家中，爲其女兒治病。他不得已，祇好將錯就錯，當起醫生來。恰逢這位病小姐因係父親不允她與愛侶成婚而假裝變啞。斯加拉哈乃串通她的愛侶，使他們一對情人相偕逃走。齊洪特大發雷霆，要把斯加拉哈弔死，幸小姐的情侶獲致遺產而成富翁，齊洪特遂予允婚，也放走了斯加拉哈。從此他再也不敢韃妻了。

斯加拉哈的妻子設計報復丈夫，目的是制止他的暴行重演；齊洪特的女兒裝啞病，是逃免父親對她自主婚姻的迫害；以及斯加拉哈權充醫生，都是運用機智、規避危機。

㈡有所企圖

莎翁的一部劇本「無事煩惱」（Much Ado About Nothing）寫貴族裴尼迪克和女子琵特麗絲皆抱獨身，不擬嫁娶，二人之間常用刻薄言詞相譏。後經親王彼特羅有意促成二敵爲友，破除獨身囿限。乃夥同琵之叔父，及另一紳士，設計由三人編詞談議「琵如何愛慕裴，衷心苦戀著裴」，故意使裴在暗處聽到。又以同樣方式利用琵的堂妹及其侍女交談「裴如何暗戀琵，渴望能得到琵的愛情」，也設計讓琵偷聽到。

琵和裴在衆人設計扮演下，果然聞之心動，而違背自己抱獨身的初衷，進教堂求神父爲之證婚。

琵特麗絲與裴尼狄克從獨身相斥、到相愛，從獨身主義到走向紅地毯末端，是彼特羅有企圖的機智主導。另以兩則笑話爲例：

（甲）某鞋廠工人要求加薪，老闆不允，且因上次加薪時，工人們曾發誓五年內不再以罷工抗爭手段要求加薪。於是工人們想到另一個和平方式，大家一致只製左腳的鞋，使老闆無法出貨。當全廠堆滿只左無右的鞋萬隻以上時，老闆只好加薪了。

（乙）阿全要上電梯，遇到陌生人說要找阿均，送給他一百萬元。阿全乃放棄電梯，帶他回辦公室見同事阿均。事後阿全問阿均：「爲什麼人家送來一百萬，你都不說一聲謝謝？」

阿均但笑不答。阿全好奇，想用計策使阿均說出原因，遂請阿均上館子，連吃三次。阿均見他從未付過錢，吃完就走，沒有人追著要他算帳，也因好奇而問阿全：「誒，我怎麼從來沒見你付錢哪，你憑什麼可以白吃啊？」

阿全也故作玄虛，笑而不答。經阿均逼問，阿全說：「你先把上回送一百萬來不用說謝的秘密告訴我，我就告訴你。」

「好，我告訴你。」阿均說：「我借給他一百萬，不收利息，我還用謝他嗎？就這麼簡單。」

「哦！」阿全恍然大悟，笑著說：「我的更簡單，因爲我每次都先把錢付給櫃檯了。」

㈢存心損人

「存心損人」是人類惡劣的行爲，把聰明智慧用在使人難堪的目標上，以別人受窘被貶爲樂事。今日社會此一品種的角色大有人在。

（甲）妻由命相館回來，夫問她命相師怎麼說？她說：「他說我到現在仍可算是二八佳人。」

「他說的二八，不是二八一十六，大概是二十八歲吧？」夫帶著譏嘲的口吻說。

「他說我八字上看起來，還缺少一八。」

「哦，二八加一八，那不是三八嗎？對，他算得很準，你確實是不折不扣的三八。」夫說完放聲大笑。

妻忍下一口氣，反問他：「你不是去找姓名學大師研究你的名字嗎？怎麼講？」

「他說我的姓名筆劃，天格、地格都是最佳，唯有人格欠缺一點。」

「對！」妻樂不可支地一拍掌說：「他算得很準，你就是欠缺人格！」

（乙）大學校園中，美麗的校花與中文系的同學相戀三年，詎料情愛倏瞬變位，她宣佈與一位財團家族的少東、土木工程系的同學結婚。舊男友感到萬般無奈，遂送他們一付賀聯，上寫「行將就木情去也，入土爲安愛長留。」

㈣表現智謀

人遇事能發揮智謀，也是一種機智行爲。

（甲）現在的孩子，四、五歲就開始學電腦，按鍵比大人還靈活。一天，網路上在討論「犯錯要勇於承認」，父親抓住機會教育，問孩子：「如果你犯了錯，應該怎樣？」孩子毫不猶豫地回答：「按消除鍵。」

（乙）景氣不佳，公司要裁員。企劃控制室連主管共四人，要裁除其中一人，主管試問各人的感覺。

甲員說：「上下不安。」

乙員說：「滿腔正中。」

丙員說：「非分周長。」

主管聽不懂，請甲解釋。甲說：「公司要裁員，我們都亂了方寸，失去『心』，如果把我們三人用字丟掉的心，都裝回去，你就能懂了。」甲是忐忑不安，乙是滿腔怔忡，丙是悲忿惆悵。

（丙）妻飭夫上街頭去買傳眞紙，而夫有易忘症，這次出街，卻並未誤事，他順利地購回傳眞紙。因爲沿途都有路人提醒他：「別忘記，你是出來買傳眞紙的喔。」原來是妻寫好一張字條貼在夫的背上，拜託路人提醒易忘的人。（改編自馬克吐溫短篇小說）

㈤機智的另一觀

此外諸如諸葛亮的空城計：他分明西城縣內只剩下二千五百名士兵，卻把四門大開，任由敵人大軍進城。司馬懿愼重，怕中埋伏，未敢擅入，錯過活捉諸葛亮的大好機會。

林廣守城，先用老弱殘兵在城頭射箭抗敵。敵軍見箭出無力，乃衝鋒攻城，不防到達近城邊，強弓突出，不及逃散，死傷慘重，火速退卻。

契丹軍攻遂城，楊延昭飭部下於寒夜在城牆上潑水，至天亮結冰，契丹兵爬城，冰滑，不能上，遂撤回。

我歷史上在軍事行動方面，擅用機智獲勝的事件甚夥，雖然聽起來也略具笑意，但畢竟戰爭場面充斥著莊嚴肅殺之氣，笑被沖淡了。

五、重複說

重複（Repetition），二十世紀法國哲學家柏格森（Henri Bergson）創「機械說」（Physical Automatism）。他認爲「把有生氣的人，變成無生氣的機械」，是笑的根源。柏格森強調他的「生命機械化」，曾舉述兩個趣例：

（甲）有一艘船駛抵法國海域沉沒了，法國海關派出官吏去搭救那些乘客，那官吏見面的第一句話就說：「你們可有什麼物品要報關的嗎？」

（乙）一名退役軍人改任餐廳跑堂，有人故意耍他，大喊一聲「立正」！他立即垂下雙臂，把捧在手中的杯盤打破在地下。

這海關官吏和退役軍人都是職業上的舊習，重複在不當的場合，這就是柏格森所謂的「有生氣的人，表現出無生氣的機械動作。」

人是靈活的，機械是刻板的；人如機械，不知靈活運用，但循舊習重複其事，以致惹人發笑。如首次進西餐的華人，不知刀叉如何運用，於是模倣其他坐席上客人使用刀叉的動作，是爲模倣的重複；又如舊小說中有惡僕謀害了主人，而冒其名前往投親，終難隱其下人之動作與言談，是爲習慣的重複，如像前說的退役軍人。戲劇家常利用人物的口頭禪、三句不離本行、重複表現，以穿揷劇情的趣味，如像前說的海關官吏。

無論你要寫戲，或講笑話，運用到重複，主要能使前後的重複相關連，相呼應，即可製造笑點。

㈠原味承接的重複

（甲）股票族散戶老邢經營失利，極圖轉運。他在家畜店見到一取名「好運」的狗，就把牠買回家飼養，寵愛有加。兩個月下來，手氣更差，並未轉成好運。他想不通原由，悶在心裡苦惱。

一天，他又信了某蒙古分析師的語音熱線，賠上不少鈔票。回家時在門口遇見鄰居老辜，問起近況。老邢大吐苦水。並懊惱地說：「不知爲何『好運』來了，仍無好運？」

老辜家的菲傭阿仙娜在旁用不純熟的國語揷言：「邢先生，我看見你每天早晨去上班，總是在門口對你的狗說：『好運再見』，所以你的好運就和你再見了。」

（乙）有一部香港寰亞電影公司出品的「鐵衣衛」影片，劇中描寫男橫抱起女友想找地方做愛。抱到廚房，女說：「我不要在廚房。」再把她抱到客廳，她又說：「我不要在沙發。」男只好把她抱入臥房，她卻說：「我不要在床上。」連易三地，皆重複說同樣的話「不要」，觀衆就被逗笑了。

㈡曲解變怪的重複

（甲）法官甯審案，見到庭的證人涂、是頗熟的老面孔。疑他是職業證人，乃當庭勸諭他「別再蓄意出庭作證了，否則法官對你的證詞不會採信。」

第二天，法官甯發生了擦撞車禍，下車與對方爭辯肇事責任。不想有一隻手伸過來拍拍法官甯的肩說：「我是目擊證人，你應該可以證明我是可以採信的人證吧？」原來他就是那位證人涂。

（乙）「我兒子昨天周歲，當眾作抓周測驗，很理想，他抓的是算盤。在場的賓客都爲他鼓掌，說他將來一定是個會打算盤的好商人、企業家。」

「不一定，也許是跪算盤。」

（丙）「昨天你帶來的那個女孩子，不像你以前那個嘛。」

「以前那個，在我當兵的時候被別人釣走了。」

「那現在這個呢？」

「她原來的男朋友去當兵啦。」

㈢集體合一的重複

用一群人做一致的動作，而且不是行使命令，是一種自動自發的行爲，同時這一致的動作，重複顯現，引起哄笑。這在電影、電視上頗易表達。香港導演徐克最愛使用。他的影片「倩女幽魂」中，張國榮向村人們問路，說他要去相國寺。村人雖已指點了他的方向，但對相國寺這個淒涼恐怖、危機四伏的所在，懷有懼怯心，大家紛紛談議。張國榮走出不遠，似有所感，回頭看，衆村人立即放棄談議，裝作無事的樣子。等到張國榮轉頭要走，村人們又再度迅速湊堆談議。張國榮再回頭看，村人們再休議，裝出無事。如此來回三次，即引起觀衆大笑。

同樣的，徐克的另一部片「刀馬旦」中，軍閥部隊搜捕革命黨，滿院看戲的人，都嚇得站起來。軍閥們舉槍向衆人，衆人連忙趴到桌下避難。軍閥們的槍口移向桌下，桌下的衆人快捷地鑽出，跳到桌上。槍口再轉向桌上，衆人再避入桌下。連續三次，動作用減格加速法，也是笑趣十足。

不過，這種笑趣是屬動作的、節奏掌控的、視覺的，如若把它變成笑話來口述，單憑聽覺就會感到淡而無味了。

(四)前後呼應的重複

用事件或語言的重複表現，前後呼應也是製笑可取的途徑。

港片「富貴逼人」：姜大衛來兄嫂家，說：「我的左腿患了癌症，只有半年生命了。」大家都很關心，兄勸他鋸掉左腿，保全生命。他的姪女講了一個相關的故事，給他參考：

「有一個人患了腿癌。開刀後，醫生告訴他兩個消息，一好一壞。病人要他先說壞消息。醫生滿含歉疚地說，對不起，我們鋸下了你的右腿，才發現這是一隻好腿。病人憤怒地跳起來責罵，你們不是說我的癌是患在左腿嗎？醫生撫慰著說，別著急，還有一個好消息可以彌補你，就是你的左腿不是癌，是我們診斷錯誤。」

半年後，姜大衛又來兄嫂家，報告大家兩個消息，也是一好一壞。大家要他先說好消息。他說：「我的腿並非癌症，是診斷錯誤。」大家爲他高興鼓掌，於是他說出那個壞消息：「兄嫂存款一千萬的銀行倒了。」

另一個笑例，比較寫實：

早年我寫劇本都是越到半夜，文思越蜂擁，因爲會吵的孩子們都睡著了，雖非萬籟俱寂，倒也耳根清淨。

十歲的老二在入睡後，習慣翹腿踢掉蓋在身上的毯子，而且她又是經不起冷、常上診所的孩子。所以我很敏感，只要聽到有腿敲到床板的聲音就知道她的毯子已不蓋在身上了。隔著一個客廳，得跑去爲她重新蓋好。

寫劇本的人，得先把自己投入劇情中，與每個劇中人交心，才能如入其境。一旦遇上干擾，思維中斷，跳出劇情，再回來，又得花時間使自己忘掉自己，煞費苦心。所以一個夜晚要我跑三四趟去爲她蓋毯，實在很煩。因此常會打她兩巴掌，她苦起臉，自己拉毯蓋好，但她並沒有醒。

逐漸演變，我只要聽到她腳搥床板聲，就在桌前先大聲下令：「自己蓋好！」初不放心，跑去看看，她已蓋好，大概是怕打吧。其後，我就不用跑這一趟了。我這裡只要大聲一吼，她那兒就會自動蓋好。人眞的變成了機械。

繼續下去，我不必中斷文思，也能大聲喝令她「蓋好」，她也就蓋好了。

更進一步，我到深夜四點鐘，已在昏睡狀態中，也能一聽床板被敲，便大聲喝斥，她也能蓋好，而我們這一呼一應的兩個行爲人都沒有醒。

不久，我爲出書，請一位畫家設計封面。那天，我和他住在招待所的同一房內，兩張大床。到半夜，他因睡生床不習慣，翻來翻去睡不著，我卻是呼呼大睡。大概是他的腿在床板上敲得重了點，我於夢中慣性地大聲喝斥：「蓋好！」

「你怎麼啦，老徐？」

「我叫你蓋好，不會聽啊？」

我被他叫醒，才知道我在「重複」我管教孩子的吼聲誤用在朋友身上了。

重複再重複，日久養成習慣，潛入下意識，故能在睡眠時重複呈現，這不就是柏格森的機械說嗎？

六、欺騙說

欺騙也是笑槽中起眼的角色，笑的藝術創作者常以「捉弄」、「哄騙」爲主軸，編撰欺騙者的巧妙花招，與被欺騙者受愚受耍的事蹟，以迎合觀衆的興趣。

（甲）一位滷味食品店的老闆標榜他能提供致人聰敏的食品，並說不是千篇一律，是因人而異，經過他的評鑑，百發百中，因此他的生意奇佳。

有阿廣者前來求教，老闆教他多吃魚頭，可變聰敏。他當即購魚頭十個，每個一百元。過了三天，又來購十個，連續一個月下來，他吃下一百個魚頭，化費了一萬元，卻未見頭腦有所改善，遂指斥老闆騙人。而且他發現有人買同樣的整條魚才二十元，不禁火大了，責問老闆：「怎麼會這樣呢？你一條魚才二十元，單買一條魚的頭，反而要一百元，這分明是敲詐，我要告你！」

「你瞧。」老闆笑著回答說：「你變聰明了不是？」

(一)懲　警

（甲）小睿住院，愛上了護士佩佩。出院後一直想約她見面，總是湊合不上，遂趁下班後跑到醫院護理室去找她。她不在，想往別處找，被護士長叫住。

「你找誰啊？」護士長問。

「我找佩佩。」

「你是她什麼人？」

小睿見護士長滿臉嚴正，一絲不苟，嚇得不敢直言：「我……我是她哥哥。」

「那就巧了，我是她媽媽。」護士長說：「你不要走，我叫她來問問，她從哪搞來這個哥哥。」

小睿慌得連說抱歉，拔腳逃走。

莎士比亞的一部喜劇「溫莎的風流娘兒們」（The Merry Wives of Windsor），寫一個自作多情的胖子，調戲村婦。村婦乃與丈夫商妥，故意約他幽會，而丈夫及時出現，把他藏在臭衣籃裡，推下河去，弄尿布套在他身上，並且使他化妝巫婆，打他一頓。非但沒有吃到甜頭，還受夠了折磨。

(二)捉　弄

（甲）孿生姊妹倆長得一模一樣，只靠著妹妹眉心長的一顆痣可以區分。一天，姊姊在自己眉心仿照妹妹畫了一顆痣，到處去試探人家會不會分辨出她不是妹妹，結果沒有人否定她不是妹妹。最後她遇見了母親，她說：「媽，姊居然教我把這顆痣拿掉，你說行嗎？」

「那你就拿掉啊！」母親輕描淡寫地說。

「拿掉以後你還能認得出我們誰是老大，誰是老二嗎？」

「認得出，我是你們的媽耶。」

「好，現在你說我是老大，還是老二？」姊姊調皮地想考驗一下媽媽的評斷力。

「你當然是老二囉。」

「不對。」姊姊立即用面紙拭去那顆假痣：「你瞧，我是老大！」

莎翁的另一部劇作「第十二夜」（Twelfth Night）中，有莊嚴的管家，受侍女的捉弄，冒小姐的筆跡寫信給他，暗示其愛情，教他見了小姐要笑。管家樂極，果然見著小姐便笑。莎翁用「捉弄」構成這部戲的笑趣。

㈢耍　壞

（甲）「爸，給我二十塊錢好不好？」八歲的孩子說。

「你要錢做什麼用？」爸問。

「有個伯伯，在馬路上叫得好苦嗷。」

「你要錢是給他的嗎？」

「是啊。」

「你這孩子不錯，有憐憫心。」於是爸給了他二十元，又追問他一句：「那個伯伯在叫什麼？」

孩子學著叫賣的聲音說：「賣冰淇淋喔！」

（乙）社會學老師提出問題：「你們誰能舉例說明：因爲誤會而結合，因爲瞭解而分開。」

一學生很快站起來回答：「我騙我的女朋友我家很有錢，她就投入我的懷抱；後來知道了眞相，就棄我而去。」

（丙）有訪客來按門鈴，很久才由女傭來開門。訪客說：「我是來找你家小姐的。」

「對不起，小姐教我告訴你，她不在家。」女傭說。

「不要緊，請你告訴她，我沒來過。」

四陰　謀

（甲）麻面人溫廷，一直想找到一個不嫌棄他的對象結婚，卻是比登天還難。

一天，朋友告訴他，在某村村頭有一塊心青石，心青二字拼起來就是「情」字，誰要是想求偶，就坐在這塊石上等，會有奇蹟出現。

溫廷去嘗試。不久，果有一女子走來，衝著他笑，他立即以笑回應。那女子十分溫和地對他說：「你有空嗎？到我家去坐坐可以嗎？」

溫廷喜出望外，哪有不允的道理，立刻跟她走了。

到達她家，她請溫廷在客廳稍待，自己進入後屋。少時，牽著一個五歲的小男孩出來。他指著溫廷的麻臉，對小男孩說：「你看這位叔叔好不好看？」

「不好看。」小男孩說。

「以後我帶你去種牛痘，你可要乖乖地種喔，要不就會像他一樣，變成滿臉麻子沒人要喔！」

小男孩懼怯地說：「好，我要種牛痘，我不要像他一樣，難看死了！」

至此，溫廷方知上當，被她利用作教育工具，氣得疾步離去。

（乙）早年，李翰祥在台灣拍過一部電影「騙術奇談」，全片分七段詐騙事件，其中一段是搶銀行。一群搶匪在銀行門口冒充拍「搶銀行」電影，警察過來爲他們維持秩序。當搶匪衝入銀行內去行搶時，警察阻止圍觀的群衆跟進銀行去，等到搶匪得手後奔出銀行大門，警察還不准群衆追看。直到搶匪上車開走，銀行裡的職員衝出來叫「搶劫」時，警察方知是假拍片、眞搶劫，可是搶匪們已攜贓款逃遠了。

這部片很賣座。

「欺騙」其實也是機智的一種，可以合併研究。因爲欺騙在笑的列車中已載滿一節車廂，量和質的膨脹，不容忽視，所以在此讓它獨立門戶。

㈤非笑的欺騙

欺騙和重複、機智一樣，有變位而脫笑出走的跡象。美國作家馬克吐溫的短篇小說：一個九十九歲、瞎了眼的老太太寫書，託熟悉的律師介紹出版，並先付她一百元，供她維生。書在她死前出版，她手摸精裝封面上凹凸的書名，十分滿足。死後她的孫女趕來，見書內全是白紙，因爲老太太的打字機已經損壞了。

律師基於人道精神，善意欺騙，並不違反道德標準，故而是非笑的、變位的。

馬克吐溫的另一部短篇，說一位老婦人要出售一幢地窖積水、木樑生白蟻的破屋子，價值最多一萬，而她卻討價十五萬，應該是乏人問津，但卻有人來洽購，而且頗有誠意，即付定金。

原因是這樣的：老婦的兒子，五年前與黑道老大同搶銀行，得手千萬，當時因追緝甚嚴，不敢露面，鉅款交給老婦之子帶回這幢破屋內埋藏於地下。

由於聽信家人勸告，老婦之子打算出面自首，交還鉅款，老大聞風將他殺死。

老婦預計願以十五萬購此破屋者非老大莫屬，因爲他要來挖取那千萬鉅款。老婦雖未見過老大，付款即可證實。老婦以和善可親的面目，用一杯檸檬水將他毒死。

這雖也是使用欺騙手段，但懷有嚴重的報仇目的，喜感被淡化了。

七、比較說

戲劇常運用同類的或相反的對白與事件作比較式的挑起笑點：如大塊頭配瘦皮猴、八十歲老翁娶十八歲少女爲妻，目前更流行年輕小伙子與大他二十歲以上的女人同居、結婚。美產「麻雀變鳳凰」影片中，以貴爲財團的大董事長與賤到站在街頭拉客的妓女相愛。因爲有比較才能凸顯其差距，以差距強調人世間存在的趣象，供人笑謔。

㈠戲弄式

（甲）太太因故大罵了女傭一頓，先生見女傭心理不平衡，趁著太太不在，勸慰她、說：「別放在心裡，太太的脾氣就是這樣；你看我吧，她還不是常對我兇巴巴的。」

「你不夠看。」女傭說：「我不幹了，你敢嗎？」

（乙）夫妻參加應酬宴會回來，妻帶著幾分醋意說：「你每次見了漂亮的女人，就忘了你已經結過婚了。」

「哈，剛好相反。」夫故作輕鬆地說：「我每次見到了美女，耿耿於懷的，就是我已經結過婚了。」

（丙）「我開的車，價值三百多萬。」

「喝，有什麼稀奇，我開的車價值一千多萬！」

「嗄？你、你開的是什麼車啊？」

「國光號。」

㈡勁敵式

（甲）對日抗戰初期，上海英租界境外邊區牆壁上出現藥品廣告「中將湯」，乃日本產品。由於當時中日戰爭熾烈進行，日本人志在亡我國家，我國人都很敏感，意味到中將湯，是日本用來咒罵中國將要湯了。上海話「湯了」，就是垮了。

我愛國的抗日份子爲此也創了一種藥品，名爲「日快丸」，意指日本快要完蛋了。並且在英國租界邊緣，做成同樣大小的廣告，與中將湯緊緊並列在一垛牆上。因爲英租界是英國政府管轄，在日本沒有與歐美國家宣戰前，日本軍是不能侵入租界的。所以這兩幅貼近對立的廣告，一在英轄區、一在日佔領區，針鋒相對，各不相讓。

有很多人爲了看這兩幅充滿敵意的廣告，不惜長途跋涉，賺取一笑。

——倘使中將湯與日快丸不是並列在一起、倘使不是在那個中日火拼的時代、倘使沒有那個租界做掩護，就不會構成這樣的結果。

（乙）母女倆時常冤家作對，後經雙方同意，好好協商。

女兒說：「媽，你要體諒我，我正當青春期，叛逆性重，所以你應該多讓著我啊！」

「女兒啊，你這樣說就不對了。」母親說：「你應該知道，我正當更年期，情緒不穩，你要多讓著我才對呀！」

㈢排比式

歐洲片「春江花月夜」，描寫幾個老頭圍坐門口飲茶。這樣還嫌不夠舒暢，遂在路中間放一塊石頭，用一頂高筒帽蓋在石上，觀察路人對這頂沒人要的帽子作何反應。

第一個路人的反應是，停步在帽前，蹲下去，拿起帽子試戴一下，笑笑又放回原位，走開了。另一個路人則是不問青紅皂白，猛向帽子踢一腳，石頭的阻力很大，帽子沒有移動，他的腳疼得要命。幾個老頭樂得悶笑不止。

又一個路人走過帽邊，俯首看一看，就走開了。最後一位，拿起帽子往頭上一戴，大搖大擺地走了。

作者用排比的方式，借這幾名老頑童的惡作劇，表現各種人的不同習性，是頗能贏取劇場效果的。

（甲）有人受公司差遣，當街攔下路人問卷，題目是：「哪一種人或是哪一種物能夠提醒你節食？」

「醫生。」一名胖子這樣回答。

「帳單。」一名商人的答案。

「穿不下的衣服。」一名年逾三十的婦人說。

(乙)妻待產，遵醫囑，夫每天陪妻走路。超過了預產期的第十五天，還沒有動靜。

「眞他媽的難過！」夫承不住氣了。

「他媽眞的難過！」妻指腹感嘆。

「他媽的，眞難過！」胎中的孩子也不爽。

(丙)三個窮困潦倒的青年，飢寒交迫，縮在人家門口。門內老人家心慈，把掛在衣架上的三件外套，給他們披上。過後，方知這些衣服都是客人的，而且袋裡都有證件和錢。

這三名窮青年在得錢後的處理都不一樣。一個是把錢拿去花，把證件丟掉；一個是把錢花掉，把證件寄給原主；另一個是立即把錢和證件、衣服送還原主，他因此被主人錄用了。

㈣相對式

(甲)一名口吃者迷路，他看見一名青年剛從門內走出，就上前向他請教，那青年搖頭不答。過後有人問那青年：「你爲何不指點他一下？」

「因爲我也是口吃的殘缺者，如果我開口說話，他會以爲我是故意學他、譏笑他的殘缺。」

這個笑料產生在兩個口吃者相對的考量。

（乙）富人選婿，標準是「耐力」和「穩重」。入選者可繼承龐大的財產，應徵者眾多。富人的司機要他的兒子也來參加。他在雞尾酒中下了藥，飲此酒後，如瘋如狂，大跳大唱，把油漆塗在臉上身上，全場大亂。獨司機的兒子遵父命未飲，故能「眾人皆醉我獨醒」，符合入選的條件。

不意富人見到這樣混亂的場面，怕被殃及，連忙拉著女兒和家人避開了。同時瘋狂的青年們，反而認爲司機的兒子是瘋子，大家要把瘋子趕出去。司機見狀況不妙，連忙取了一杯下過藥的雞尾酒給兒子喝下。他立刻也變成了瘋子，與青年們打成了一片。

這笑話的哲理基礎，是「身在染缸，不染不行，由不得你不同流合污」、「在壞人群中，好人反而被視作壞人」、「設陷阱的人，往往也會自陷」。

（丙）明末張岱的雜記《陶庵夢憶》中有一段「夢與眞」：一名腳伕，替人挑酒，失足跌跤，甕破酒灑！無力賠償，痴坐苦思，希望「這若是一場夢就好了。」

另一貧寒的讀書人到省城參加三年一次的鄉試，考中了舉人，要去應朝廷派來的考官鹿鳴宴，一時不敢自信，疑是在作夢，試著自己咬臂。

以上這兩個人，一個唯恐非夢，一個唯恐是夢。相對比較之下，才有笑機。

八、倒置說

倒置（Inversion）根據我們的共同標準，加以顛倒，便可引人發笑。英國劇作家巴蕾（Sir James Barrie）有一劇作「可敬的克萊吞」（The Admirable Crichton）：克萊吞原是僕人，隨主人全家出遊。艇失事，飄至一荒島。家中多女性，主人又不願吃苦，全賴克萊吞安頓生活。於是他掌握了主人的權力，而支配一切。同時也成爲女性們追求的對象。及至遇救返家後，克萊吞又恢復了僕役的身份，失去在島上一切的權威與榮耀。

全劇由於其主僕身份的倒置再倒置，笑料頗豐，正吻合了巴蕾所訂的編劇公式：「九分糖（即『笑』）加一分醋（即『感傷』）。」

㈠規範倒置

關於兩性之間的地位爭議，多少年來都是說「男女平等」，這已形成了口語傳誦的成語。有某婦女會主席在演講時，她以「女男平等」，強調婦女抬頭，女權升值。引起笑聲，是因爲她將大衆心目中既訂的規範倒置了。

（甲）一則古話說今的笑料：孔夫子歐洲講學，在餐席上，夫子說個不停。事後，顏回問老師：「您不是要求我們寢不言、食不語嗎？」

夫子笑答：「你這麼聰穎，怎麼想不到呢？中餐是共食，不宜說話，否則菜會被搶光；西餐是分食，不怕搶吶！」

（乙）父子倆都在籌辦婚禮，父近中年與一少女相戀，兒子雖青年，愛上的卻是一位風韻猶存、頗有女人味的半老徐娘。

那天，父子相約各帶其準新娘一同見面。餐敘之下，才發現這兩個準新娘原來是失散多年的母女。這場約會帶來一份親情重圓的溫馨和歡欣，但也給這對父子婚娶帶來倫常關係遭到重組的亂象：母親當了女兒的媳婦，女兒反當了母親的婆婆。

而且日後生了孩子問題更大：母親生的孩子應該是女兒的弟、妹，卻反要叫女兒祖母；女兒生孩子呢，應該叫母親外婆，現在倒要叫母親嫂嫂。呃呀，眞會把人搞糊塗了。如何規劃這倒置的難題，就要看他們自己了。

（丙）老闆接待貴賓，一名新進的貼身服務員，忽然大聲地說：「老闆，你頭上有虱子！」

老闆感到很失體面，乃低聲責斥他：「這種話不可以大聲叫的，你都不懂嗎？」少停了一會兒，他就老闆的耳邊，低聲地說：「我現在看清楚了，不是虱子，只是一粒灰塵。」

該大聲時，他用小聲，該小聲時，他反而大聲。

㈡外形倒置

有一首打油詩是這樣寫的：

「三尺郎君七尺妻，要親老婆先架梯；
睡在床上分長短，湊得頭齊腳不齊。」

一般夫妻，多半是男高女低；如果倒置，女高男低，差距太大，就有了笑機。

港片「義蓋雲天」，秦沛是警官，應母親的吩咐，把小他十多歲的小舅帶進警圈，當他的部下。舅舅犯了錯，被秦沛叫進來訓斥，恰巧母親有電話來，叮囑他要善待小舅舅。舅舅聽出端倪，仗姊的庇護，反責秦沛過份。值秦沛的另一部屬周潤發進來，見狀指責舅：「不可對長官無禮！」

「我們是甥舅！」舅說。

「哇！」周潤發火更大：「那你更不應該這樣對待你舅舅啊！」

舅說：「我是他的舅舅啊！」

㈢主從倒置

（甲）徑賽教練爭取獎勵，田徑協會派員前往考察，以鑑定其成效。鑑員臨行，教練請其評語。鑑員說：「你調教出來的跑手，個個都氣質高，涵養高，人品高，風度也一流。」

「謝謝誇獎。」教練樂透，連連鞠躬。

鑑員最後又補上一句：「可惜速度不夠快。」

跑手主在速度，其他的那些誇獎，對跑手的專業而言，是無用的。

（乙）有人來借宿，沒空床，只好睡沙發，而沙發又老舊，彈簧扭曲不平。到天亮，主人問他：「睡得還好嗎？」

「還算好。」友人回答：「我每隔一小時就起來休息一下。」

他睡覺不算休息，反倒是「起來」算休息，證明他睡得好苦。眞是主從倒置。

（丙）成語「買櫝還珠」，是出自《韓非子》：楚王問墨子的弟子田鳩：「墨子的學說只注重身體力行，而不注重修辭美，是何緣故？」

田鳩舉了兩個例子：第一例是秦伯嫁女給晉，隨嫁婢妾七十人，個個錦衣玉飾。晉國人愛婢妾而輕忽了秦伯的女兒。這只能說他會嫁妾，不能算是會嫁女兒。

第二例是楚國人賣明珠給鄭國人，先用珍貴的木蘭爲明珠製一個匣子，薰上香料，還鑲上珠、玉和玫瑰石、翡翠石。詎料，鄭國人喜歡上漂亮的匣子，而退還明珠。然後田鳩解釋說：「墨子不注重修辭的美，是怕讀者祇注意他的文采而忘卻內容所要傳佈的道理，疏忽了實用價值。」

這嫁女飾妾、以及買匣退珠，都是主從倒置所造成，至最後田鳩的說明重實用，而不是重文采，是不願喧賓奪主，流於主從倒置之失也。

有時我們參加婚禮，往往見到男儐相是個身高體健的大帥哥，對比之下，顯出新郎的渺小；女儐相如果太美艷奪目，也會搶了新娘的光彩。大家爭看的不是新娘，而是對女儐相評頭論足了。

九、訝異說

「里普斯認爲：笑的情境都生於『大』『小』的懸殊，注意力正集中於『大』時，猛然跳出『小』來……先是愕然大驚，後是恍然大悟。」——節錄自佴榮本教授的「笑與喜劇美學」。

事情的發生，大家推料其結果，答案卻在意想之外，令人驚訝。戲劇常用它，說相聲、講笑話、電視綜藝節目、網際網路佈趣、設計漫畫都會使用它。

㈠意　外

（甲）一艘遠洋客運輪船，行駛在海上，遠處出現小島，在久不見陸地的情況下，旅客們皆踴上甲板來觀賞。忽然間，聞有大喊聲：「不好啦，有人掉下水去啦！」大家都張惶失措，船長即令停航，放下救生艇。繼而又有人大叫：「一個老先生跳下水去救人啦！」大家都鼓掌讚揚。

經過救生員諸君的努力，終於完成救援任務。船長爲此在大餐廳舉行慶功感恩大會，首先請年邁英勇、下水救人的老先生上台致詞。

在一片熱烈的鼓掌中，他步上講台。他說：「我祇想問大家一句話，那天到底是誰把我推下水去的？」

（乙）孕婦趕往醫院生產，等不及在電梯內分娩。

「你不算最快的。」護士告訴她說：「兩年前，有一位孕婦，剛到達我們醫院門口，孩子就出世了。」

「那個婦人就是我。」這位孕婦說。

㈡脫　軌

（甲）有位專吃白食的傢伙到餐廳坐下，先叫了一客豬排，當豬排送上來時，他要求換牛排。店員遇上這種難纏的客人也只好順從，就爲他換上牛排。

他吃完牛排，起身便走，店員追上，向他討帳。他擺出一副訝異的神情問店員：「你向我討什麼錢？」

「咦？你吃了一客牛排，應該付錢吶。」店員說。

「你忘啦？牛排我是用豬排跟你換的呀。」白食專家回答。

「可是你豬排也沒有付錢呀！」

「奇怪了，豬排我根本沒有吃，看了一下就拿走了，這樣也要算錢嗎？」

店員語塞，於是這位白食專家理直氣壯地走出了餐廳大門。

白食專家耍賴脫了軌，但若想駁倒他，還眞得花點腦筋。

（乙）衛生課，老師在講解：「躁鬱循環症的病人，常會不安地跑來跑去，大聲喊叫，然後坐下來，獨自煩躁，甚至悲戚。」

一個學生接應老師的話說：「我們足球教練就是這樣。」

這位學生找到一些共同點，立刻接應，卻不知答案已越出軌外。

㈢變　奏

西片「紅粉佳人」，一場舞台演奏的戲，鏡頭先介紹舞台正面的全幅佈景，是大樂隊演奏的大場面的大照片，鏡頭後拉，帶出台上只有兩名樂手在演奏，觀衆忍不住一笑。

（甲）《世說新語》有載：太丘長陳實約好一位朋友中午在家見面，過了中午朋友未到，陳實便走了。

陳實走後，那朋友來了，陳實有七歲的兒子元方在門口遊戲。那人問元方：「令尊在家嗎？」

「他等你很久，你一直沒來，他就走了。」元方回答。

「眞無理！」那客人憤怒地說：「旣約我來，又不等我！」

元方頗不以爲然地反駁他說：「哎，你跟我父親約的是中午，你過了中午才來，是你不講信用；你又在我面前罵我父親，更是沒有禮貌。」

那客人沒料到七歲的孩子嘴巴這樣厲害，自覺無顏，下車想與他拉手，卻被他拒絕了。

這陳元方後來也成爲了一位名學者。

（乙）公寓建築，樓上陽台式的走道和大門，住戶常會隔著天井相對相望。一日，夫妻站在走道上閒聊，見對面那戶人家老公下班回家，老婆開了門，老公就抱她親吻。

這邊，妻很羨慕這種甜蜜的感覺，乃問夫：「你怎麼不學學人家？」

夫說：「我認識她還不久，正在下功夫呢。」

妻要她學對面老公吻妻，而夫卻扯到他正努力想吻對面那女人，這與大樂隊配二人小場面、及大人被小孩駁倒，都是一種變奏的訝異。

十、巧妙說

巧人巧智、妙語妙事，妝點得生活多采多姿，豐富歡愉的人生。

有一則清朝故事：某鄉發生命案，縣令傳命案現場的鄰人問話。那時的鄉人怕見官，乃推一名老儒代表前往。他先去買了一頂藍頂珠官帽戴上。縣令一見他便問：「你有何功名？」

「沒有」老儒回答。

「那你爲何頭帶四品官帽？」

「我隔壁住了一個捐貲的四品官，我跟他借來戴的。」

縣令怒斥道：「鄰人職銜干你什麼事？」

老儒連忙脫下官帽，跪伏於地。

縣令語氣較緩：「這件命案你知不知道兇手是誰？」

老儒仰面回答說：「鄰人職銜既不干小的事，鄰人命案又何干小的事呢？」

縣令無言駁斥，只好放老儒回去了。

老儒巧妙地應對，順利過關。（取材於殷登國的「古今奇譚」）

㈠巧　智

英國十八世紀劇作家雪瑞登（Richard Brinsley Sheridan）有感於當時的英國社會，充滿外表溫雅有禮，內藏奸詐的假紳士，而著作劇本「造謠學校」（The School for Scandal）是描寫一名僞君子約瑟賽費斯與好友的妻子私通。劇中第四幕有一段所謂的「屏風場面」，頗有喜感。

妻與姘夫幽會，夫突然來了，妻藏身屏後，讓夫與姘夫交談。夫拜託姘夫約瑟調查其妻不貞之事。他懷疑自己的弟弟是妻的姘夫。適其弟至，夫乃藏入另一屏風後，任約瑟盤問乃弟。而弟對嫂與約瑟間的姦情早有知悉，在妙語如珠的對白中終於拆穿了姦情，拉下屏風，四人相對，萬分窘迫。

作者對四人互相關係之運用，姘夫的奸詭，本夫之愚昧，以及夫與妻各藏一處，不時伸頭窺視，其時間前後之湊合，處理得均甚巧妙。

（甲）一中年人與一青年交友。中年人談到一個人性問題，發表言論說：「幸福如果爲你附帶來不幸，人往往寧願以所得的幸福，抵銷附來的不幸，二者皆零。」

青年人卻不以爲然，他認爲：「我會留下幸福，排除不幸；縱然無法排除不幸，也不要二者皆零。」

二人各持己見，辯論不休，互不相讓。

過不久，青年接到中年人的遺書，叫他到律師樓去洽受爲數甚巨的遺產。青年驚喜之餘，問律師「中年授予巨額遺產的原由」？

「這是他懷著贖罪的心情，求得補償而已。」

「贖什麼罪？他跟我之間，有什麼罪要贖？」青年緊迫地逼問。

律師吞吞吐吐，欲言又止地說：「因爲他與你的……老婆……有一夜之緣……不過那都已經過去了，反正他人已經死了，你還計較什麼……」

青年不等他說完，便滿腔憤慨地大聲叫道：「怎麼會這樣呢？我情願不要遺產，也不願受到這種侮辱！」

中年人驀由門內走出接詞：「對，言論正確，現在你的幸福與不幸已經抵銷了，二者皆零。」

㈡妙　言

英國劇作家蕭伯納（George Bernard Shaw）的作品「回到瑪安撒拉」（Back to Methuselah）五幕劇，於一九二二年二月在百老匯上演時，其演出者虧損二萬元。蕭伯納反賀其賺了一萬。他說：「我估計你要虧三萬，現僅虧二萬，等於賺了一萬。」言詞巧妙，博人一笑。

（甲）老吳參加賭牌九，輪到做莊，莊家每檔底款二萬元，連續通吃五把，莊家已達一百六十萬元。這是難見的現象。有關心他的人，低聲耳語，叫他滿莊。可是他還不滿足，想再通吃一把，就可達四百萬之譜。不想這回發牌後，莊家全賠，一百六十萬元蕩然無存。老吳有心臟病，受不住這遽然發生的刺激，癱坐桌下而死，舉座震驚。大家擔心的是誰能把這一噩耗報知老吳血壓高的老婆，於是公推能嘴小覃。

小覃來到吳宅，含笑地報告吳妻一個好消息：「吳大哥今天推牌九，可贏多了，一連通吃五把，從兩萬塊一莊，滿到一百六十萬，眞是一本萬利呀！」

「那就應該滿莊啦，滿了莊才算贏到哇！」吳妻爲之興奮，但也爲之擔心：「讓我去叫他！」

吳妻即欲走出，小覃急忙制止：「大嫂，不必去了，他堅持要再推一把，結果通賠，全賠光了！」

吳妻氣急敗壞地跺足大罵：「這可惡的老吳！他就該死在那張賭桌底下！」

「對！」小覃順著吳妻的口氣說下去：「他已經死在那張賭桌底下了！」

(乙) 阿抗愛小俐，但不敢啓齒。一天，他想出了主意。

「小俐，你若是男的，我就把我妹妹介紹給你。」

「那你把你弟弟介紹給我好咯。」小俐說。

「我沒有弟弟啊。」阿抗笑著說：「不過我妹妹倒有一個哥哥，你中意嗎？」

(三) 妙　詩

近代大畫家齊白石於抗戰期間因不滿投降日本軍閥作僞官的漢奸賣國求榮，曾畫了一幅「不倒翁」，影射漢奸，並提詩諷之：

「圓領烏紗儼然官，細看原來泥半團；有朝將它來打破，渾身何處有心肝？」

讀之者必誇「損得妙」。

（甲）有一則打油詩的趣談：一對新婚夫婦，按風習三朝回門。女方家長設宴款待女婿。不想這位新婿在酒宴上第一次見到小姨，驚爲天人，深悔配錯對。因而多喝了兩杯，感到頭暈，岳家乃安排他提前離席，到房中休息。

小姨吃完飯，禮貌上到房中探望酒醉的姊夫。姊夫存心不良，故意把枕頭丟在地上，等小姨過來爲他拾回枕頭時，便倚酒三分醉，拉住小姨，企圖非禮。幸未構成大錯。

小姨掙脫後，內心頗難平復，乃提筆於牆上寫了一首詩發洩：

「好意拾你枕，有心脫我衣；一母生兩女，豈做一人妻。」

新婿一覺醒來，發現牆上有字，擔心事態擴大，很不體面，於是也在牆上提了一首詩，爲自己的劣行辯護：

「酒醉如土泥，夢中當我妻；睜開昏花眼，那知是小姨。」

身爲新娘子的妻也於飯罷入房看夫，而先見到的卻是牆上的兩首詩，不免心頭酸酸，在牆上也塗了一首詩：

「白紙糊紗窗，裡外亮堂堂；二人皆心動，不必賴光光。」

第四首詩是小舅子提的：

「人有兩隻手，只能抱一個；姊妹本一樣，大的是你的。」

第五首詩是老岳父寫的：

「不該拾他枕，不該脫她衣；兩下都不好，下回不可提。」

老岳母在看了五首詩後，以輕鬆的筆調，提出一首若無其事的詩句，令人莞爾：

「年輕不知事，牆上亂塗字；都是一家人，那有這回事。」

這雖是六首短短的諧趣詩，不拘於平仄對偶，但其內容均符合各個角色的身份立場，表露各自不同的性格，同時掌握到適當的笑趣，可謂拿捏得宜。

（乙）還有一種變型的縮腳詩，不是完整的四句，而是三句半。

清末年代，一名善吟縮腳詩的少年，走在街上，見到一名未裹小腳的天足婦人，他一時詩興大發，吟詩諷之：

「前面一婆娘，金蓮三寸長；請君仔細看，橫量。」

婦人被譏，十分生氣，告到官裡。

衙役拘他到庭，縣太爺叫他即席以現場爲題吟一首詩，吟得好就可免罪。於是他便以縣太爺的名字西坡爲題，吟道：

「昔日有東坡，今日有西坡；東坡比西坡，差多。」

縣太爺受辱大怒，判他充軍遼陽。他唯一的親人母舅趕去見他，甥舅淚下如雨。他看到瞎了一隻眼的母舅，下淚只流一行，不禁又湧出了靈感吟詩道：

「充軍到遼陽，見舅如見娘，二人雙流淚，三行。」

㈣巧　合

自古及今，巧合事件層出不窮，有的因巧合而幸運獲利，有的卻因巧合而受損、受災，甚或喪了性命。

明神宗萬曆年間，有個浙江慈谿人馮益，字損之，原是隴西塾師，因犯法流放邊疆，不久逃回京師，投靠曹欽。曹欽圖謀造反，馮益爲之參謀。未幾，曹欽伏法，曹的愛妾賀氏供出馮益。

馮益被通緝，在京師捉到了馮益，卻是另一個同名之人。正巧他也是浙江人，官府不管他的故鄉是鄞縣，不是慈谿，也不管他字謙之，不是損之，他的職業是行醫，不是塾師，就把他定成死刑，一直到拉上法場時他還大喊冤枉。

等到馮損之被捕，馮謙之已回天無術了。

另一個因巧合而登榮的事例：明世宗嘉靖年間，新科狀元秦夢雷，不是因爲他的文章寫得第一好，而是頭一天晚上，世宗皇帝夢到雷聲，第二天當那些複選入圍的試卷送到皇案上來批示時，皇上看到秦夢雷的名字，與他昨晚的夢境相契合，乃御筆圈點了他，眞是鴻運全在巧合中。

現在人搞笑，常以巧合襯出好運。

（甲）小倩愛在課堂上打瞌睡。一天，老師要每個同學說出兩個代名詞，從前排往後輪流，一個個站起來作答，輪到小倩時，她被身邊的同學暗暗用手指戳醒，猛然往起一站，糊里糊塗向左右問：「誰？」

身旁同學暗暗指她。

「我……」小倩仍是莫名其妙。

「唔。」老師點頭說：「答得好，你請坐。」

（乙）阿丙調差，遠去赴任，到了目的地，發一封電子信給老婆，搞錯了郵號，送達一位剛死去丈夫的婦人手中。其內容是：「親愛的，我到達目的地了，這裡與故鄉有太多的不同，我好想念故鄉，好想念你，希望你能早日來與我會合。」

嚇得這位可憐的孀婦全身發抖。

㈤妙　招

（甲）婦人替丈夫去買啤酒，店員按規定要先看身份證，政府有規定，未成年的不賣給他。

「我都是兩個孩子的媽了，看起來還會是未成年嗎？」那婦人說。

「你外表看不出，還是要看證件。」店員堅持。

婦人未帶身份證，拿駕駛執照給她看過，於是決定賣給她。價格是一罐四塊二角五，婦人付了她五元說：「不用找了。」

「多謝。」店員把應找的零錢放入小費盒內，自言自語說：「這倒是每試皆靈。」

婦人楞了一下，終於想通了她「每試皆靈」的意義，一笑而去。

（乙）西片「生活是甜蜜的」（Life is Sweet）其中一個情節：老夫妻同眠，夫打鼾很吵，妻乃以一個橡皮製品玩具唐老鴨在夫的耳邊揑了幾下，響起呱咕呱咕的聲音，把他吵醒。觀衆激起歡笑。

十一、鄙夷說

鄙夷（Degradation），是十七世紀英國哲學家霍布斯（Thomas Hobbes）所創。他說：「笑是在見到旁人的弱點，想到自身的優越所引起的『突然榮耀』（Sudden Glory）」—這已成爲了舉世名言。班瓊生也說過：「凡是邪惡和不正的人和事，皆可激發觀衆鄙夷的反應，而引起笑謔。」

一位名嘴，以演說著稱，不意他竟有口吃之癖。我們笑他是因爲他是憑口才起家的，而病毒卻偏偏濾過侵蝕到他的口舌上，聽衆面對他時會自認如果我是演說家會比他好。

有一個笨拙的傢伙睡覺到半夜感到腿癢，遂用指甲去抓，越抓越癢，越癢越用力抓，抓到流血，仍是奇癢難熬。直到同床的朋友大叫著醒來：「疼死我啦！」他才知道抓到別人腿上去了。

我們笑他，是鄙夷他的愚蠢，也就是一種貶低。貶低劇中人，使其發生「語言的殘陋」（Deformed Words）。如出言期期艾艾、怪腔怪調、結結巴巴、張口結舌、不知從何說起；或使其發生「外貌的殘陋」（Deformity），如奇胖如筒、奇瘦如竿、高而不穩、矮行如滾、嘴大通腮、額凸過鼻……相形之下，觀衆自感升高，而樂得啓齒大笑。

㈠笨　拙

二十世紀初葉風靡世界的英國電影滑稽明星卓別林（Chaplin, Charles Spencer），他爲自己塑造成獨特風格，戴高帽子，著長禮服，寬褲子，大鞋子，還有鼻下的一撮小鬍子。看他的眼神、說話、舉止動作，都是傻傻呆呆。而精彩的表演「笨拙」，恰是他藝術天才的展現。

默片「摩登世界」中，他在工廠做工，用工具扳手扳緊一個個由機器帶動、從他面前滑過的螺絲，老闆要他加快，使他變成了習慣。下班後，他仍是拿著一支扳手到處去扳。遇上女人穿的裙子腰後有鈕釦的，他便把它們當作機器上的螺絲去扳。一次，居然扳到女人胸前凸起的乳峰，而挨上了耳光。

「笨拙」爲卓別林帶來了榮耀，也爲他帶來了財富。

（甲）醫生在檢查完畢後，對受檢的少女說：「你有孕了。」

「你搞錯了吧。」少女說：「我還沒有結婚吶！」

「科學鑑定，保證沒錯。」

「該死的阿狂！」少女突然想到。

「你被他強暴了？」

「他是來救火的，可是火滅了，他說他要給我做人工呼吸，誰知道會這麼嚴重。」

（乙）兒子遠渡重洋去求學，父親連寫了十封信，才收到兒子的回函。函中說：「爸爸，用電腦發電子郵件，既省錢、又方便，請充份利用吧！」

父親兩眼看著案上的電腦發楞：「電子郵件信箱在哪裡啊？」

各種低智能、低品德的行爲都是被人鄙夷嗤笑的對象。

㈡粗　心

（甲）一個生過十五個孩子的母親，帶著剛滿十歲的孩子去看牙醫。牙醫檢查這孩子的牙，從裡到外都找不到毛病。再問這孩子，孩子也說牙齒沒痛過。

「糟糕！」母親懷著歉疚地對醫生說：「是我另外一個孩子牙痛，我牽錯人了。」

（乙）小姜受托往醫院去探望朋友的老奶奶，告訴她一些有關她孫子正在加緊讀書應考的情形。當他到達病房，老奶奶正在熟睡，不敢吵她，就坐著等。等得實在無聊，見茶几上的一個碟子裡，裝著一些花生米，這是小姜最喜歡吃的堅果。於是他便取一粒嚐嚐，覺得香中帶甜，十分對味，於是不管三七二十一，一口氣把那碟子裡的花生米全部掃光。

老奶奶醒來後，小姜向她示歉：「對不起，奶奶，我把你的花生吃掉了。」

「哦……」老奶奶解釋道：「我沒牙了，嚼不動花生，這些是我從巧克力裡面吐出來的。」

（丙）淑惠接到電話，急著要回娘家，從床上抱起孩子便走。

她慌慌張張地趕路，不小心在西瓜田裡絆了一跤，連忙抱起孩子疾走。

到了娘家，她先把孩子放在床上睡覺，才去與母親連絡。辦完了事，打算回夫家去。誰知原先放著睡覺的孩子不見了，床上倒出現了一個大西瓜。她想了想，認爲一定是她在西瓜田裡摔跤時，抱錯了西瓜，而把孩子丟在瓜田裡了。「那多危險呐，會不會被野狼叼走！」

淑惠急得幾乎要瘋了，匆匆忙忙趕往西瓜田找她的孩子。可是沒有，找遍了整個西瓜園也沒有找到，卻發現了一個枕頭。

原來她從夫家出發的時候，要抱的孩子沒有抱，竟然抱錯了枕頭。當她奔回家，果然看見她的孩子還安然躺在床上呢。

如此粗心的媽媽，夠誇張吧？

㈢易　忘

隋文帝時有劉臻者，與同僚劉訥交情深厚。有一次劉臻從官衙要到劉訥家去，上車前他問車伕：「你可知劉儀同家？」儀同是官名，劉臻和劉訥都是官拜儀同，而且二人皆姓劉。所以車伕誤解，把他拉到劉臻自己家去。

到了自家門口，他居然以爲到了劉訥家，敲門進去，坐在大廳上叫劉訥出來，等見到自己的兒子跑出來，還問他：「你怎麼也到這裡來了？」經兒子指出「這是我們自己的家呀！」他才左顧右盼老半天，大罵車伕糊塗，帶錯路了！

莫非劉臻得了老年癡呆症？其實這段故事筆者倒能接受。記得台灣普遍貧寒的年代，我有機會搭乘空軍運輸機從台北到高雄去。上午我送我個人資料至空軍某承辦單位去，下午那位承辦人親自把登機證送到我家來。

我一開門，對他的形貌竟然很陌生，問他：「先生，你找誰呀？」他想我們上午才見面的，而且說了不少話，不可能不認識他，以爲我是開玩笑。

「喂，徐老師，你的戲演得眞好耶！」他笑著說。

「你在哪看過我演的戲，我是在教戲，沒演戲呀。」

我倆扯來扯去，直到他拿出登機證，我才恍然大悟，羞愧加道歉，不知怎樣才能撫平這場糊塗的過失，時至今日仍感餘歉猶存。何止這一樁記錄，我身上累積的「餘歉、餘愧」，蒐蒐覔覔，誠如一江春水向東流哇！

一回，我老婆要回娘家，她說這趟她要多住些時日才回來。我就提醒她說：「你知道我是個健忘的人喔，太久回來，你謹防我一開門會問你：『小姐，你找誰呀？』」

她也用打趣的口吻回答我說：「很簡單，我給你一個耳光，你便會醒悟：哦，我老婆回來了！」

㈣吝　嗇

「吝嗇」在近年的台灣已逐漸疏離，道上的朋友不吝嗇，因爲他的錢得之容易；搶匪不吝嗇，因爲他的命不算是命，不花白不花；設局騙錢和欠錢不還的人也不吝嗇，因爲用人家錢不心疼；暴發戶更不吝嗇，因爲他們得意忘形，用花錢兌換威風……而這幾票人，這些年，在這塊土地上暴增暴漲，帶動年輕人有樣學樣。不管有錢沒錢，花錢不落人後，花到沒錢花的時候，再打歪主意。所以大家都不知「吝嗇」這傢伙姓甚名誰了。

翻開報章雜誌的解頤逗笑篇，很難看到取材自吝嗇的趣事，文章反映社會嘛。

雖然如此，但吝嗇還是存在的。放眼看世界，舉凡兒子揮霍的，老子多較吝嗇；老公吝嗇的，往往有個愛花錢的老婆；貪污的公務員污了錢不敢張揚，裝出吝嗇的外表；而睜一眼、閉一眼的官吏多懷寬人也是寬己的大方心胸，不加追究。

吝嗇雖屬人性之一害，但倘使整個社會都與它走著反方向，卻也會令人憂心。

舉幾個古人吝嗇的笑例：

北齊人夏候彪，家財萬貫，卻小器得令人不齒。他爲了家奴偷吃一塊肉，懲罰很過份，捉隻蒼蠅硬逼家奴吞下，非把他那塊肉嘔出來不可。

另一位大將軍庫狄伏連，金銀布帛滿庫，卻不准家人動用。到他死了，身上穿的是一條破褲，而家庫裡的絹綢多達兩萬疋。到頭來全被充公歸入官庫，眞是何苦來哉。

《笑林廣記》載某富翁吝嗇成性，捨不得吃，營養不良。醫生說他是脈氣虛弱，要用人蔘進補。富翁嫌人蔘太貴，醫生便叫他改用地黃，富翁仍嫌貴；醫生故意糗他，說可改用乾狗屎調黑砂糖。富翁欣然抓住醫生的手問：「不知光吃狗屎行嗎？」

(五) 沒分寸

（甲）家裡來了客人，十歲的兒子跑到爸面前，想用耳語與老爸溝通。

「有話就說。」老爸嚴肅地糾正兒子的行動：「有客人在，用耳語是不禮貌的，懂嗎？」

「懂了，不過……媽說，不要留客人吃飯，家裡沒菜。」

(乙)小俊去游泳，在沙灘上撿到神燈，擦一擦果有精靈出現，精靈表示可爲他達成三個願望。於是小俊說：「第一願，想要十億美金的存款。」精靈叫他伸出手，果有一本瑞士銀行的存摺在他的手中，存款十億。

小俊的第二願，是要法拉利跑車一輛。沒問題，他的眼睛一閉一張，法拉利已停在他的面前。

第三願，小俊的要求是「天下所有的女孩子，對我都是一見傾心。」

精靈考慮有頃，以臂一揮，把小俊變成了大塊的「巧克力糖」。

十二、自貶說

「自貶」也是一項重頭的笑源，小丑、說相聲的，綜藝節目主持人，都會針對自身的缺點，譏誚損傷，以取悅觀眾。如張帝常說自己醜，胡瓜常用「矮」來諷謔自己，澎恰恰常說自己鼻子仰得怕灌進雨水。京劇「徐九經升官記」，有一首自貶的打油詩：「分明棟樑材，零落路旁栽；如何被小看，祇因脖子歪。」因爲他是個歪脖子又瘸腿的人。

(一)自貶醜笨

小丑自糗娛人，走路撞到樹，頭碰到弔懸在半空的盆花，或是怕撞頭，先把盆花推開，不想盆花盪回來時，仍舊撞到他的頭。觀衆見到小丑大出洋相，笑不釋口。

（甲）卜者：「從你的手掌紋看來，你是富貴手，將來必大富大貴。」

「對了，醫生也說我是富貴手。」被卜者說。

（乙）王：「以前我也留像你這樣的大鬍子，太難看，我把它剃了。」

李：「以前我也像你這樣的光臉，太難看，才留起大鬍子。」

（丙）友人：「這輛車是你的嗎？」

阿契：「是，也不是。」

友人：「這怎麼講？」

阿契：「當我太太要去購物時，這車就是太太的；當我女兒要上卡拉ＯＫ時，這車就是女兒的；當兒子要去看足球賽時，這車就是兒子的。」

友人：「那什麼時候才是你的呢？」

阿契：「該加油的時候，這車才是我的。」

㈡自貶有因

據說卓別林（Chaplin）的年輕時代，素來莊嚴肅穆的英國上層社會與貧寒的下層社會流行嘻笑輕狂的面貌截然有別。例如當時倫敦街頭小販，就用諧趣的語言自貶自侮來爭取顧客。曾有這樣一則廣告詞：「請別相信我！我是世界上罕見的大騙子！我從小就是個騙人的傢伙，衹要忘記撒謊，我媽就會給我一巴掌；我爸就給我一彈腿。所以你們不要聽我的話，老實告訴你們，我的貨都是賒欠來的，而且我欠債是不會還的，因此我的東西是最便宜的。我的話全都是假的，只有這一句『最便宜』是眞的。」——卓別林的幽默感就是在這種環境下薰陶而成的吧？

（甲）明朝有個陳全很會說笑話。一天他誤闖禁地，被執事的太監捉住，要送去治罪。陳全求免。太監要他說一字笑話，能逗我笑，便放了你。陳全說出一個字：「屁。」

太監問他這是什麼意思。

「放也由公公，不放也由公公。」

太監笑了，於是放了陳全。

（乙）港片「雙星趕月」，其中有兩名警察在車站逮到一個知名的毒梟，當時搜他隨身拎著的皮箱。箱內只有十萬元現款，卻沒有毒品。搜不到證據不能逮捕，可是又不甘心放過他，遂大喊這毒梟有十萬元現款。引起若干失業流浪的窮漢圍上來要砍他搶錢，毒梟爲保命，請求警察逮捕他。

警察問他要我逮捕是什麼理由。他自認是毒梟，於是警察銬起了他。

（丙）小周：「你太太身體保養得很健康。」

小方：「才不，她常說她自己瞎了眼。」

——小販自貶是藉以吸引顧客；陳全自貶爲屁，是要太監放了他；毒梟用自貶保全了性命・，太太自貶瞎了眼是自怨嫁錯郎。

十三、譏諷說

「譏諷」是一種語文的損傷，是一種掀人底牌的促狹行爲。它是人類的專利，用爲製笑的資本，所以也是喜劇家、相聲家、笑話家、漫畫家、綜藝專才們的寵兒。

㈠譏才能

（甲）荒荒埋頭捉筆，苦苦寫了三天，完成了一篇散文，誦讀了三遍，自我陶醉，打算拿出去發表，又怕編輯不採用。他想先找一位知名老作家替他在文稿上批示一些意見，機會較大。

大作家王漫看完荒荒的文稿，在文末寫了四個字：「已通六竅」。

荒荒千恩萬謝，拜辭王漫，得意洋洋地回到家中。正待把文稿寄往門二雜誌，驀有好友戕戕前來串門。荒荒向他炫耀大作，戕戕看了，連連搖頭。

荒荒不服說：「王漫的評語你都不信？」

「信，我很信，我太信了。」戕戕說：「人有七竅，你通了六竅，還有幾竅未通？」

「一竅哇。」

「對呀！他就是說你一竅不通啊！」

（乙）一個年輕人阿秋最愛中國成語，可惜他運用得多不恰當，常引起親友反感。

一次，有人海釣，不幸被瘋狗浪捲走，下落不明，大家都在海邊焦急。阿秋說：「他以四海爲家去了」。大家認爲他用詞不當，把他罵了一頓。

又一次朋友嫁女兒，當新娘坐上新娘車離去時，新娘的母親忍不住眼中沁出淚水。阿秋在旁感嘆地說：「不知花落誰家！」

另一次，他在岳父家，忽有消息傳來，阿秋的小舅子酒後駕車出了車禍。阿秋讚揚說：「酒能壯膽」。當大家都趕到車禍現場，見已車毀人亡，阿秋又讚揚說：眞是「一鳴驚人」。

到下葬的那天，在棺木入土時，阿秋又說了一句：「希望你死去活來」。引起十目同瞪，十手同指，十口同斥。

老爸知道了，把阿秋叫到面前，指點他用成語要選擇適合的。爸說：「以我爲例，我老了，你若形容我，要挑美好的字眼，如『笑』……」

阿秋立即搶接道：「含笑九泉」。

老爸又說：「如『樂』……」

阿秋又搶接詞：「樂極生悲」。

老爸再說：「如『福』……」

阿秋仍是快接說：「福無雙至，禍不單行」。

老爸實在受不了他，氣得乾脆說了個「苦」字。

阿秋接說：「苦盡甘來」。

老爸笑了：「總算聽到你說一句人話了。」

二 譏品格

「裝腔作勢」（Les Precieuses Ridicules）是法國喜劇大師莫利哀（Moliere）的劇作。寫某鄉紳帶著女兒和姪女到巴黎，想爲她們物色終身伴侶。不料當兩名談吐文雅、穿著儉樸的青年貴族出現時，二女反予輕視，拒絕交往。二貴族青年乃派兩個侍僕裝成浮華時髦的貴族模樣去向二女求婚。

爲了要與一般平民不同，標新立異，兩名假貴族把言行變得怪怪的。如鏡子不說鏡子，而說「我樣子的顧問」；凳子不叫凳子，而叫「撐起我身子的東西」；鞋的價錢，分成一隻一隻說。逗得二村姑瘋狂崇拜。正當熱情沸騰之際，二青年貴族猝然而至，拆穿了主僕身份，使二女羞愧到無地自容。

愛慕虛榮，是影劇常用作譏諷的材料。

（甲）長官勗勉部屬，爲公家辦事，要有三和土中、水的精神。起初三和土是靠水，才能凝結而發生效力，等到大功告成，建築物聳立時，水就不見了。這種默默耕耘、不表功的態度，才是眞英雄。

一名部屬舉手發言：「那麼你呢？長官，你是三和土中的沙，當初很賤，如今你已將大家的功勞集中在你一人身上，成爲建物的主體了。」

（乙）甲：「她一直是女主角，我想她的身手一定不平凡。」
乙：「呣，的確是，她有身段，也有手段，身手不凡。」

㈢識呆板

（甲）屋主為了風水，門前砌了一垛罩壁，用白石灰塗牆，希望永遠保持這樣的白淨。只怕有人在牆上寫字，因此他在牆下角寫了一行字：「此壁不可寫」。過了兩天，他發現壁上被人寫了另一行字「為何你先寫？」屋主不甘認輸，再寫一行上牆：「我是應該寫」。繼而牆上又出現了第四行字「要寫大家寫」。

接下來，壁上的字一行一行增加：「想寫我就寫」、「不寫白不寫」、「除非你不會」、「好漢不怕寫」……屋主一火，想駭阻他們，乃在下面寫了一行「再寫命就沒」！

誰知壁戰並未就此終止，不怕死的都來參戰：「還是照樣寫」、「要寫誰怕誰？」、「不死照樣寫」、「變鬼也能寫」、「看誰嚇倒誰」……

（乙）台灣流行一則深含哲理的笑話：一位虔誠信奉上帝的教徒，把自己的一切得失生死全盤委之於上帝。

水土保持不良，造成山洪爆發，大水淹進村落，淹及膝蓋，村民紛紛逃走，里長派人通知這位信徒即速隨大家撤離災區。他說：「你們先走吧，上帝會來救我的。」

水越漲越高，淹到了腰，縣裡派人划船來接尚未脫困的災民，那信徒還是信仰堅定地說：「不用你們操心，上帝會來救我的。」

等水位滿到他的脖子，危在旦夕了，省府派出汽艇來搜救，而這位信徒卻照舊堅持他的信心：「上帝會來救我。」

就這樣，他被淹死了。

信徒的靈魂不服，去見上帝，問上帝爲何捨我不救？上帝惋惜地搖搖頭說：「孩子，我派出三次人來接你，你都堅持不走，我怎麼救得了你。」

——人必自救，神才救得了你。

㈣揭隱私

國片「桂花巷」，陳坤厚導演，陸小芬主演。小芬懷了孕，想吃酸的，女傭人打下樹上未熟的青芒果，切成條，用碟子裝著送到小芬面前。

其後，丈夫死了，小芬叫男傭爬上她的床趕蚊子，逗他而成姦。這男傭小他十多歲，不懂厲害，把姦情當作炫耀。小芬怕醜事外洩，遂栽贓他偷鐲，把男傭捉進警局。

小芬發現自己已懷了男傭的孩子，偷偷打主意解決，不敢聲張，以爲沒人知道。霍然那名貼心的女僕人又給她送來一碟切成條狀的青芒果。觀衆於此同聲一笑，笑的是她已揭穿了小芬的隱私。

《笑林廣記》有幾條以提字揭人隱私的笑話：

（甲）清朝有個王皮匠（皮匠是釘鞋、修鞋的工匠），原住太倉東門，後來發了財，砌新屋，央請鄉紳學士吳梅村提字製匾，以光門庭。

吳梅村乃爲他寫了三個字「閬玻樓」。匾製好，掛上大廳正堂，識者看出「閬玻」二字，拆開是「東門王皮」四字，分明是揭人隱私。

（乙）某奴才中年發達，建造新居，要求讀書人提匾。讀書人爲他提字「旦堂」。某甚爲高興，卻不知內中藏有玄機：優伶旦角常於劇中自稱奴家，提字人藉此譏笑此屋是「奴才之家」。

（丙）某塾師見滿堂學生皆非可造之才，便把學塾提名爲「竹苞堂」，意指這些學生「個個是草包」。

㈤譏行業

（甲）飯後，妻要夫清理飯桌，夫收拾好碗筷，用抹布把桌上菜屑果皮都掃到地下。妻頗表不滿，問他這是從哪裡學來？

「這是政府的掃黃模式啊。」夫說。

「怎麼講？」

「強勢掃黃，把黃掃到地下，看不見就算了。」

（乙）八十一歲的老人去函人壽保險公司：「我又多活了一年。」保險公司覆函老人：「我又多賺你一年保費。」

（丙）父親帶兒子去吃飯，在即將進入餐廳時，兒子突然拉住父親：「爸，換一家餐廳好不好？」

他指著餐廳門外的橫寫字牌讓父親看，他說：「他家的菜裡飯裡一定是有沙、有小石子，不然他爲什麼要我們吃小心點？」

「不是啦。」父親忍不住笑起來：「你唸反了，它是『點心小吃』」。

（丁）副導：「爲什麼新進的女演員，總是安排先拍床戲？」

導演：「因爲現在床都有彈簧，彈簧床就是踏上明星寶座的跳板吶。」

十四、誇大說

「誇大」是把事情做過了頭、或說得超越了眞實，因而挑起笑樂。

清朝石成金的作品《笑得好》中有一則笑話。說某死刑犯在綁赴刑場前，獄卒爲他解衣，他恐怕著涼傷風。走在路上，聽到頭頂有烏鴉飛繞啼鳴，認爲將有口舌之禍，連續叩齒三遍，誦咒消災。到了劊子手即將下刀時，他還要求把砍頭刀刀口擦拭乾淨，以免弄髒脖子生瘡。死都死了，還有這多忌諱，眞是夠誇大了。

㈠超越常規

（甲）同學都叫他十八K，因爲他每天要K書十八小時。

（乙）中年男士：「這些脫衣舞孃眞可憐，冬天這麼冷，她們也要脫，受了涼可不是玩的！」

少年男士：「不會的，她們個個都是噴火女郎，不怕冷的。」

（丙）美國片「大兒子小爸爸」，有錢的老爸中年入大學，爲了應考，加強惡補，運用任何時間，找來手下多人幫助他讀書。

當他太累時躺下來讓人按摩，但照樣不放棄讀書，有人爲他張開書頁，字面向下，讓他默讀。

當他翻身趴伏時，下面也有人爲他捧著書向上給他閱覽。

他做腰部活動時，身體上下左右擺幌，也有人緊執著書本隨著他的視線轉移，一刻也不放鬆。

有錢人這樣讀書，豈有此人？誇大得新鮮有趣，劇場效果奇佳，哄笑陣陣。

(二)故作渲染

（甲）某女士告到法院，要求離婚。法官要她說理由。她說：

「現任的丈夫用我第一任丈夫留下的畫筆，在我第二任丈夫留下的畫板上，畫我第三任丈夫的肖像。」

「這有什麼不對嗎？」法官問。

女士理直氣壯地說：「喀，這就是我和第四任丈夫離婚的理由啊！」

（乙）捷運車廂內，一男士打了某女士一巴掌，女士哭了。恰巧一名警察上車，詢問這男士因何打她？這男士說：「警察先生，你說說看，年輕人是不是應該讓座給老年人？」

「爲了這樣，你就打人了嗎？」警察語帶指責地說。

「這只是開頭，下面還有呢。」

「如果說不出正當理由，你得受到審判！」警察警告他。

「有正當理由：她坐在椅上，有一位白髮老太太站在她的面前。我見義勇爲，教她讓座。她就站起來，老太太正要坐下，她說等一下。她從行李架上取下皮包，重新坐下，把皮包放在腿上，打開皮包，拿出一個較小的皮包，再從較小的皮包中，拿出一個更小的皮包，從更小的皮包裡拿出一個口含錠的鐵盒，再由鐵盒裡取出一粒口含錠，放進口中。然後又把口含錠鐵盒蓋好，放回更小的皮包，再把更小的皮包放回較小的皮包，再把較小的皮包放回皮包，再站起來，把皮包放回行李架，自己重新坐下。我催促她讓座，她指一指自己的嘴，我猜她是要等口含錠溶化。過了一會兒，她站起來，老太太想接班，她又說等一下，她從行李架上取下皮包，重新坐下，把皮包放在腿上，打開皮包，拿出一個較小的皮包，再從較小的皮包中拿出一個更小的皮包，從更小的皮包中拿出一個口含錠的鐵盒，再由鐵盒裡取出一粒口含錠，放進口中。然後又把口含錠鐵盒蓋好，放回更小的皮包，再把更小的皮包放回較小的皮包，再把較小的皮包放回皮包，再站起來，把皮包放回行李架上，自己重新坐下。我催促她讓座，她指一指自己的嘴，我猜她是要等口含錠溶化。過了一會兒，她又站起來，老太太想接班，她又說等一下……」那男士循環敘述，週而復始，沒完沒了。

「好了好了！」警察聽得不耐煩了，大聲制止了他：「車已經過好幾站，被你打的人也下車了，馬上就到終點。以後別再亂打人了知道嗎？」

就這樣，他沒事了。

㈢吹牛離譜

（甲）一名學聲樂的婦人，最愛在夜靜更深時彈著鋼琴練唱，歌喉嘹亮，撕破沉寂的夜膜，使鄰人無法安睡。

鄰婦氣不過，顧不得面子，起來到她家按門鈴。

「半夜三更，你唱這麼大聲，不僅是吵到我，連我兩個兒子都被你吵醒了！」

「你兩個兒子？」聲樂婦說：「我怎麼沒有見過你的兩個兒子啊？」

鄰婦說：「他們一個在台南，一個在花蓮！」

（乙）某高中規定，畢業考試，成績好的可以直升他們的大學。於是同學們都全力以赴，拼命加油，人人都考得很累。

考試過後，同學們又見面了。

「這次考試眞是累死人了，我好像老了十年！」甲生很誇張地說。

「我更差，好像只剩下十年的壽命了！」乙生更誇張。

丙生誇張到離了譜：「我才慘，好像已經死了十年！」

十五、遊戲說

「遊戲」（Play），是美國哲學家杜威（Melvil Dewey）所主張。他認爲人類有遊戲的本能，笑是從遊戲中產生。例如諷刺喜劇的作家，都是以遊戲的形式，指摘人性的弱點，取笑於觀衆。古希臘的喜劇大師亞里斯多芬尼斯的「鳥」（The Birds）：以兩個雅典公民爲主角。因惱於國政不振、訴訟不斷，遂偕赴群鳥之邦。勸鳥衆築城，建立「雲中鵓鴣國」於天地之間，阻隔了人間祭神的通衢，引起諸神的恐慌，而派員前往談判，兩主角之一趁機娶得美貌天使爲妻。此劇以輕鬆的筆法，藉以嘲笑社會上超越現實的思想，提出改革社會政治的願望。

其進行的方式，是採似同非同的文字，或模稜兩可的詞意，或可以扯上關係的人與事，從趣味的途徑，做另類的詮釋，以混淆其辨識，而構成笑樂。

㈠意　辨

（甲）某醫院受健保局之委託，派心臟專科醫師率領醫護人員及儀器車往社區爲民衆做預防及檢查心臟疾病。有兩位婦人於排隊受檢時，互相吹噓老公偉大。

「我老公膽大心細。」甲婦說。

「我老公面硬心軟，心地寬厚。」乙婦說。

醫生聞之，立即對甲婦說：「快帶你老公到醫院來接受開刀手術，這是嚴重的心臟病喔！」

乙婦幸災樂禍地笑著說：「可不是嗎？要開刀嘍。」

醫生指著乙婦說：「你也是，趕緊帶你老公到醫院心臟科接受檢查，否則會有生命危險呶！」

甲婦報復地笑著說：「聽見了嗎？有生命危險吶！」

（乙）小屯找到一份工作「愛滋病特效藥宣傳員」，他得到處去尋找宣傳創意良機。一天，他走過教堂門前，見牆上有「如何可以得救」一行字，因此激發了他的靈感。他用油漆在牆上寫了第二行字：「請用愛滋病特效藥」。過了幾天，小屯再到教堂門前去檢查其宣傳效果，卻見牆上又增加了第三行字：「一定上天堂。」

（丙）老闆在別墅庭園中邀請員工享宴，阿陶就坐，見桌前正在烤乳豬，他十分興奮地說：「我居然坐在豬的旁邊。」

說完後，他才發現他的身邊坐著一個胖妞，她正很不友善地瞪著阿陶。阿陶自知說話傷害到她，立即改口對她說：「喔，不是不是你這一隻，是正在烤的那一隻。」

（丁）明朝謝在杭說：「落地舉子笑是哭，上轎新娘哭是笑。」

㈡趣辨

（甲）阿剛指責小眉：「爲什麼你要跟那個廣東人接吻？」

小眉辯白說：「是他主動拉住我接吻的。」

阿剛生氣地說：「那你爲什麼不拒絕他呢？」

「我又不會說廣東話，怎麼拒絕他呀。」

（乙）卜者：「哇，你印堂發黑，即將有災難臨頭，要不要我幫你破解厄運？」

路人搖頭。

卜者：「你不相信我們命相專家？」

路人：「我非常相信，不過，昨天有一位卜者告訴我，說我今天會遇見一個瘋子。」

（丙）電影正在放映中，有兩個婦人並坐，喋喋不休地聊天說地。她們身後的一個男士向兩婦人提出抗議：「你們一直在說話，弄得我一句都聽不見了。」

一婦人回答他說：「奇怪咯，我們又不是說給你聽的，你要聽見幹什麼？」

（丁）立法院傳喚長庚醫院的院長到會應詢。

「長庚醫院位在桃園龜山鄉，爲什麼偏要把醫院定名爲『林口長庚』？」立委提出質詢。

「龜山的龜字筆劃多，有很多人不會寫。」院長溫和地詮釋著：「要來求診的病人，尤其是急診，撐著個虛弱的身子，懷著慌亂的心情，在匆忙之下來塡寫診單，遇上這樣難寫的字，你忍心見到他們寫不出那個龜字而焦急煩惱嗎？」

立委們都啞口無言。

㈢字　辨

（甲）某短期訓練班，分配二人同住一室。有孫某入室後，與室友交言：「貴姓？」「我姓祖。」孫聽了不敢報姓，乃遞上名片。祖看了名片之後，笑一笑，說：「在這兩個月之內，我希望我們祖孫倆相處愉快。」

（乙）傳教士按門鈴。門開，教士想入屋內傳道。

「對不起。」開門的主婦婉拒說：「我信佛。」

「佛太太，你好。」傳教士說：「我可以進去嗎？」

（丙）父帶孩子去吃牛肉麵，孩子看到牆上的字，不禁大叫起來：「爸，牛大便可以吃嗎？」

原來牆上是橫寫排列整齊的三行字：「牛肉麵、大鹵麵、便當」，從上往下看，第一行變成了「牛大便」三字。

（丁）弟：「姐，快與你男朋友分手。」

姐：「爲什麼？」

弟：「他姓吳，我們姓賴，你們結婚，就成了無賴夫妻。」

十六、解除說

「解除」（Liberation）是奧地利心理學家佛洛依德（Sigmund Freud）所主張，認爲笑是一種壓抑而獲解除的快感。英國赫茲力特也認爲笑的主要源泉，是企圖得到鬆綁的快慰。例如在一次肅穆莊嚴、僻靜無聲的典禮中，忽然一人入睡、鼾聲突起，解除了莊重的壓抑。又如一個道貌岸然的獨身主義者，到處作專題演講，宣揚獨身之樂，當選爲單身貴族協會理事長。後來他遇上喜愛的對象，竟然下跪求婚，原有的執著與尊嚴，突然解除，使得崇拜他的群衆，一百八十度的大轉變，感嘆人性善變。觀劇至此，能不大笑呼？

㈠霍然放棄

（甲）某少女閒逛服裝公司，偶見穿在模特兒身上的一件洋裝十分起眼，無論是花色和樣式，都使她非常滿意，而價錢卻也夠辣，一萬五仟五。她想想，自己從來沒有穿過三千元以上的衣服，打開自己的衣櫥，就沒有一件出色的衣服，少女時代稍縱即逝，難道要等到人老珠黃，才來打扮自己嗎？

於是她決定買下這件昂貴的衣服，可是皮包裡沒有這麼多現金，只好回去再說吧。

爲了湊錢買這套洋裝，她足足等了三個禮拜，直到發薪水的那天，她不顧生活上全月的預算，先把那件洋裝買回來再說。

她興匆匆地走向那間服裝公司，一路上耽心那件漂亮的洋裝會不會已經被人買走了，好東西是留不住的。

她一跨進服裝公司的門，就看見那套亮眼的洋裝仍舊端端正正地穿在那個模特兒的身上。她鬆了一口氣，同時也洩了一口氣，把三週以來對它的牽掛排出體外。

她猶豫不前，心想：「三個星期，有二十一天的時日，曾經有多少個女人在這裡進進出出，爲什麼都沒人看上它，這已經證實了此套洋裝不是最漂亮的。那，我爲什麼要頑固到非買到它不可呢？」

臨時決定，她放棄了。

(乙)男與女同時衝上公車，男搶到唯一的空座，女落空，失望地站在一邊。男反而起身含笑說：「讓給你坐吧。」

「既然拚命搶到座位，又何必要讓。」女說。

「搶座是我的權利，讓座是我的義務。」男說。

「坐是我的義務，不坐是我的權利。」女坐下了。

(二)截然轉變

(甲)「刑事司法」一課，老師問學生：「你們有誰曾經超速駕駛？要誠實反應。」滿堂學生只有一個女生沒有舉手。老師對她極表讚揚：「有守法精神、有責任感、有判斷力。」

同學們都爲她鼓掌。

「你是怎樣保持你不超速的心情，而且能夠始終如一呢？」老師問。

「其實很簡單。」那女生說。

女兒的反彈。

「說出來，讓同學們都學一學。」

「因爲我沒有駕照。」

（乙）爸、媽、女兒，一家三口夥同去看電影，因時間迫促，女兒在車上塗口紅。「你媽看電影從來不化妝的。」老爸原本想教女兒學老媽看電影不必化妝，卻引來女兒的反彈。

「我老媽根本不用化妝。」

媽媽聽了很高興，說：「小芬現在很懂得說話藝術。」

「噯！」女兒正正經經地說：「因爲沒有人會看你呀。」

十七、幸災樂禍說

幸人之災，樂人之禍，是人類醜陋的本性之一，也就是筆者在扉頁開宗明義所說笑的本質是邪惡的。而且幸災樂禍說是笑的源頭、各家各派的總匯。各說雖各有專註，但萬變不離其宗，都可以環節在幸災樂禍的樞紐上。換句話說，「幸災樂禍」是喜劇的笑的發動機。例如：

醫生問護士：「你怎麼把溫度計插在耳朵上？」

護士驚訝地從耳朵上取下溫度計，焦急不安地說：「呃呀，遭透了，我又把原子筆插進病人的肛門裡了。」

——我們笑這名護士粗心，看來是屬鄙夷說的範圍，但也是幸災樂禍，因為她在護士的職責上已經肇下了小災禍。

㈠天折騰

(甲)母：「你上班這麼久了，有什麼新的體驗嗎？」

女：「辦公室的生活，有樂有苦。」

母：「有什麼樂，說來讓媽聽聽。」

女：「老闆規定，辦公時間不准聊天，而我就從未聊過天。」

母：「好，那你的苦呢？」

女：「我第一次聊天，就被老闆撞見了。」

(乙)妹：「今年夏季又流行迷你裙了。」

兄：「那我得把眼鏡度數重新調整一下了。」

妹：「你等著瞧吧，整個夏天都是我們女孩子的天下了！」

兄：「你先別高興，問問看有沒有流行蘿蔔腿。」

(丙)子：「老師說紙也可以保暖。」

父：「對，一張借據，使我流汗十八年！」

㈡人折騰

(甲)一男人行路間，尿急，找到一間公廁。當他站定在尿池前，見迎面白牆上寫著「向左看」，於是他向左看。見左牆上寫著「向右看」，於是他又向右看。右牆上寫著「向上看」，於是他再仰面上視。見頂頭寫著：「你小便就小便，東張西望做什麼！」

（乙）醫學教授帶著實習醫生們，以一名病婦爲解說對象：「你們來仔細看。」教授指著病婦分析：「她這佈滿皺紋的額，狹長哀怨的雙眼，瘦削微曲的鷹鉤鼻，粗糙枯黃的臉皮，灰紫乾澀的唇……」

病婦忍無可忍，用力把教授的手揮開，憤怒地反斥他：「你也不看看你自己，那付乾癟顫抖的手，衰老無力的聲調，加上一張蒼黃慘淡的臉，你還能活多久！」

（丙）港片「福星假期」，曾志偉等六人住在旅社裡，同睡在一張木板通鋪上。由於睡得昏昏沉沉，無論怎麼喊、推打、拉掉棉被，都照舊熟睡不醒，領隊只好用一桶涼水「嘩」的潑在六人身上。果然哇的一聲，六人都跳起來，引起哄堂大笑。

㈢自折騰

（甲）某甲服務在某企業單位，高職高薪高紅利，生活富裕，但他一心嚮往文藝寫作，自認是天才，即欲辭職。有同事勸他：「靠賣文章謀生，日子會很苦的。」他不聽，終於改行當作家了。

過了兩年後，老同事碰到他，問：「怎麼樣？你賣出了些什麼嗎？」「有哇。」他苦笑著回答：「我的汽車、房屋、電視機……都賣出去了。」

（乙）老闆：「小王，什麼事讓你這麼好笑？」

小王：「沒有什麼好笑的事啊。」

老闆：「那你一個人在這裡笑什麼？」

小王：「老闆不是常跟我們員工講笑話嗎？如果我不練習笑，到時候怕笑不出來。」

（丙）老處女打電話向警局求救：「拜託你們幫我選擇一下，把我房裡這兩個男人趕走其中一個。」

警察立即趕到，見她房中果有兩個男人，遂教他們自動離開一個，二人卻都不肯離開。警察十分好奇，問二人：「她眞的還有這麼大的魅力嗎？你們知道她幾歲了？」這兩個男人之一、甲回答：「我怎會不知道，我是來向她推銷人壽保險的。」乙說：「我是爲她來送老人年金的，怎會不知道她的年紀？」

警察又問：「那爲什麼你們都不肯走開呢？」

甲說：「她塡好了人壽要保單，還沒有付頭期款呢。」

乙說：「老人年金她已經收了，我在等著他蓋章哪。」

綜上所述，幸災樂禍雖是人之通性，但在人類的思想標準上，幸災樂禍還是被視爲違反社會道德的行爲，所以誰也不願承認自己是個幸災樂禍之徒。事實上表裡不一，就戲劇中所常見的小災禍情節來看：如被人砸得滿臉蛋糕、背後說老婆兒而被老婆聽見、坐凳子落空跌一跤……觀眾所以會笑，是出於幸災樂禍的心理。觀眾裡面儘管有高級知識份子、讀聖賢書、道德理念正點者，也照樣會笑，他不是背棄道德，而是人之本性使然。

㈣幸災樂禍的免疫層

不要洩氣，人性雖有邪惡面，卻也有善良面。「幸災樂禍」並非是逢災必幸、見禍便樂。它的免疫層，在止於承受災禍的人承受得住這場災禍；倘使受災禍的人承受不住，而面臨崩潰，或是受到流血斷肢的傷害，甚至死亡，則這種幸災樂禍的心情，就會消失。不會笑，反會賦予同情了。像地震、水災、火災、車禍……這些大災大難，災外人不會產生幸災樂禍的心理。

再就小事件來說，一個摩登女郎在馬路上跌跤，四腳朝天，路人們少有去扶持她，反而引為笑謔。倘若跌跤的是一個白髮蒼蒼的老太婆，便會有較多人見義勇為去救護她，而不致有人樂得哈哈大笑。因為少女年輕力足，自應具備健步的能力，竟然失足跌倒，眾人笑她的錯失；而老太婆年事已高，所謂吃飯防噎、走路防跌，跌跤是危及生命的訊號，她無力承受這場災禍。尤其是我國社會有「敬老」的道德標準，若有人在老人滑倒之後縱聲大笑，他便會受到社會的制裁，成為被笑的對象了。

設或是西洋社會，少女跌倒，並不致為路人所笑，反獲救助。因為西方社會有尊重女權和扶助弱勢者的道德標準；而且沒有「男女授受不親」的傳統禮教殘留理念的影響。

美國作家馬克吐溫的短篇小說，寫一個收稅員，他的家住在山野裡。一天，他把收到的鉅額稅款留在家中，跟妻說他要到遠處某小銀行去領款，因那家銀行快要倒了。

深夜，一名傷兵攜槍闖入，妻一人在家，無力對抗，後知他是被人追殺，關上門，不敢出聲。

過不久，聽得有人撬門，判定是小偷，因家中有稅款，非常緊張。傷兵傷口出血，不便活動，乃把槍交給女主人，開槍打死了蒙面賊，不想被打死的竟是自己的丈夫。

原來這是一個監守自盜的故事，他想以偷盜的方式，盜走稅款，然後再以本來的面目回家。這種欺騙行爲，應屬笑料，但妻子打死丈夫，變成了人間慘劇，倒令人惋惜。

第二章　笑與哭的對比

人人都知道，哭是屬於悲劇，笑是屬於喜劇。佴榮本教授的「笑與喜劇美學」引證意大利作家瓜里尼的主張：「打破悲劇與喜劇的界限，二者揉合在一起，可使人享受到悲與喜雙重樂趣。」他舉例說：「馬和驢不同種，而他們交配所生出的，是第三種動物——騾。」其實現代戲劇，已經不必拘泥於悲劇或喜劇的格調了。因爲文學不像科學必須受制於自然律，也不像哲學難脫推理的槽臼；而它卻是永遠的自由，不應受任何規律的限制，才能產生永不褪色的巨著。不過話又說回來，雖然現已鮮見純粹的悲劇或喜劇，但每一齣戲仍不免要借重於「哭」或「笑」來建立劇場效果。因此做一個現代編劇家仍應該花費一些精力，來研究哭和笑。

笑是喜悅，哭是悲傷。凡人都喜歡笑，隨時追逐；不喜歡哭，力加逃避。但二者均已與人類結下不解之緣，無法閃撇。

笑，往往使人放縱無羈，狂妄歡笑，聲震屋宇，如瘋如癲，忘卻自身煩惱，可謂豪放矣。

談到哭，可就更加激昂了。我家鄉有句俗諺「兒子哭娘，驚天動地；女兒哭娘，眞情眞意；媳婦哭娘，假情假意；女婿哭娘，驢子放屁」。我看見過一個做兒子的從外地趕回家奔母喪，一進靈堂，便撲向棺材，嚎啕痛哭，呼天搶地。如水庫洩洪，氣勢萬鈞，無可遏制，在場弔客無不爲之動容抽噎。那種失恃的悲痛，情眞意切，反射出人間至誠和溫馨。

如此說來，人應該常笑偶哭才對，遺憾的是一個操勞於事業的人，能找到放任狂笑的機會不多；痛哭流涕，更是機會難得。因爲這都是自我宣洩的最佳良方，尤其是終日忙碌的人、壓力沈重的人，更需要它們。

前面已把正統的笑，定名爲「喜劇的笑」，也提出若干學理上的分解，至於與笑相背而立的哭，自必也有他的理路。哭笑既是情緒上的兩個極端，立場相背。如笑是理性的，哭是感性的；笑是客觀的，哭是主觀的；笑是憑藉標準的，哭是自我情緒的宣洩；笑是批評改造，哭是賦予同情……

爲了便於辨識，分項對比說明如下：

第一節　出發於理智（笑）——出發於感情（哭）

一、笑是出發於理智的。

在第一章中已有詳盡說明，此處不再重複。謹列舉強調理智的笑話，提供進一步研討：

（甲）姓黃的與姓王的二人十分友好，一日在閒聊中，王怨自己的姓「王」字，上無蓋、下無支撐、中間又架空，沒有充實感；而「黃」姓則頗爲幸運，上有一頂草帽，下有一雙鞋，中間有四面密合的一塊田，眞是完整無缺。

黃笑著回答他說：「如果你喜歡，可以把我的一雙鞋送給你。」

——講這則笑話的人和聽的人，都得經過理智的裁定，講者製造玄機，聽者領悟到「王八」的組合。

（乙）小明從考場出來，哥問他考得如何，小明說：「加減乘除幾乎都沒難倒我，只有那一題三乘以七，那句乘法歌訣，我再也想不起來；後來，我不管三七二十一，寫上了二十一。

——我們看了這一則笑話，送進思考爐中打一轉，立即亮出底牌：「小明竟然沒想到這『三七二十一』的俗語，就是他想不起來的乘法歌訣，二者巧合，被他矇對了。」於是我們笑起來。

（丙）已經三審定讞的死刑犯阿發，不知何日就要槍決。絕望之餘，他以不服和報復的心情寫了一封信，給判決他的主審法官：

「笨蛋：你可以說是世界上最愚蠢的法官，這件凶案分明不是我幹的，你硬要栽在我頭上。我有一個強有力的證人，那天我跟她一直在一起，只恨她是個高貴的女人，不能出面，我也不想害她。

反正我是死定了，我要告訴你一件驚人的祕密：五年前，你判決陳文苦死刑的那件雙屍命案，實際上是我幹的。你這個頭號笨蛋，你殺錯人了！冤魂會來找你！」

信送出後，不久，法警告訴阿發，有一位貴婦出面爲阿發作證，而且已獲院方接受，暫緩執行，重新審理，平反可期。可恨哪……那封信已經送達了「笨蛋」法官的手中了。

眞該他千般搥胸，萬般嘔血。

——阿發的聰明反被聰明誤，眞可謂死不饒人，吃了理智的虧。這故事有可笑的錯失，也有造成遺憾的悲戚。

二、哭是一種感情的流露。

當一個人進入哭的領域，就把心中原有的虛僞、奸詐、野心……一切理智的殘渣暫時摒之於域外。在這個感情激盪的短暫時刻，他是最眞誠、最純眞的，除非他的哭是造作的。

感情，是受到外界的刺激而發生的情緒；相對的是理智，用理性與智識去思考辨別。換言之，哭是受到外界刺激而產生；笑是經智識辨別而產生。所以感情豐富而具組合力的人適合寫悲劇；理智而擅尋思探妙的人宜寫喜劇。

寫一部悲劇，往往從大綱開始，作者就付出了濃烈的感情，自己先哭了又哭。有句名言：「文章如不能感動自己，焉能感動讀者。」同樣的，喜劇也是，自己覺得無趣無味的材料，觀衆怎能笑得起來。

（甲）近代文學家朱自清的一篇文章「背影」，寫他少年時，遠赴北大讀書，父親送他上火車。在車站老人家愛子心切，想到要去買幾個橘子給他在旅途中解渴。他回溯老爸穿過深陷在兩邊月台中間的鐵軌、當時的情景：

「拖著微胖的身軀，先跳下月台，穿過鐵道，靠近另一月台時，用兩手攀在上面，兩腳再往上縮，而後再爬上去，顯出吃力的樣子。」

慈祥老爸的背影已裱貼在他心底深處。

「買好橘子，小心翼翼先將橘子散放地上，自己慢慢爬下月台，再抱起橘子走，穿過鐵道，再度非常吃力地爬上月台。」

朱自清在車內透窗目睹，深感無辭無怨的父愛，人間久遠的至寶，不禁起了疼惜之情，淚下涔涔。

（乙）西片「秋霜花落淚」女主角的膚色類似白人，而她的母親卻是黑人。由於西方社會充斥種族歧視的心理，她從小就排斥母親，認爲母親使她沒有面子，在校中竟對同學說爲她送飯來的母親是她家的傭僕。長大後爲了避開母親，而出外謀生，不願與母親相見。

後來，母親死了，留下很多深愛她的遺跡。當她回來奔喪，看到母親的靈柩，不由親情流露，悔恨自己不該，痛哭失聲，此刻的觀衆也被激動了感情，紛紛下淚。

（丙）在我告別母親，離鄉遠行台灣時，沒有預定歸期。這一別可能是永無相見之日。母親送我到鐵路邊，抓住這生離死別的最後機會，交代我幾句話：

「孩子，以後你在台灣，隔著大海，要怎樣像以前那麼孝順爹娘呢？」

我考慮了一下這個難題，才找到一個連自己也不太滿意的答案：「我每天想念爸媽。」

「不要。」母親神色不安地說：「你想念有什麼用，對爸媽沒有好處，又會傷害身體。」

「那我每天寫信問候，或是寄些補品給你們好不好？」

「只怕做不到。你想想，日本人打來的時候，你哥到了四川，不是有好幾年信都不通嗎？」

「哦！」我想到了好主意：「媽是最信奉觀音菩薩的，我到了台灣，就買一尊觀音像，天天拜祂，求菩薩保佑爸媽平安健康。」

「那也沒用，那邊的觀音菩薩恐怕管不到這邊來，那邊的信徒已經夠多了。」

「那我該怎麼辦呢？媽，你說吧。」

「你要記住媽的這句話：『保重身體，強於孝順父母。』」母親忽然變得十分凝重：

「你的身體是父母給的，不可以隨便糟蹋。你這次出去，不論是過得好、過得壞，媽都不在乎，只盼望你神氣的活著。要是逢到什麼困苦、什麼難處、什麼不如意的地方，都不要傷心，不要擱在心裡難過，是媽不准。你要牢牢記住，不要跟人家作對，有委屈，也要忍下去，媽不准你像以前一樣莽撞。不要忘記，媽還在等著你，天天巴望著你回來。即使媽死了，你也要到我墳前來，讓我看看我的兒子回來了，還是好好的，媽才能閉得上眼睛。」

我們母子就這樣，在淚眼相對中告別了。

慈母最後的叮嚀，卻成了愛兒終身的保障。她教我孝順她，目的卻是在於誘導我保護自己。偉大的母愛，劃破時空，遙遙指引著我：每當我被激怒時、病痛時、受人欺壓時，尤其是那次遭到家變、妻離子散的人間悲劇加身時，都因爲想到母親的期盼，母親的等待，使我從萬念俱灰中堅強地活下去，重新站起來。直到今天，言猶在耳，淚水未乾，一想起來，感情就無法自制。

（丁）我們再從日常生活中去領略人類感情的豁釋。

慧菁生日的那天，收到一張紙條，鬆散歪斜的字跡寫著：「媽媽，我好愛你。」

可來遠行，在飛機上，無意由衣袋中掏出一包他最喜歡閒嚼的核桃仁，封皮上寫著：「掛念你，爲我們保重。」

小平應考，讀到深夜，發現書中夾著一張字條：「冰箱裡有削好的梨，早點睡。」

多窩心，多麼教人難忘的一份情。

筆者的一部影片「娓娓」：小鈞與後父起衝突，母親也護不了他，被逐出家門。當他悲憤哀傷地走出廊外時，和他自小一塊長大的童養媳小金女閃出來抱住他在他唇上親了一下，又怕人看見，即速避開，躲在牆角，眼淚汪汪地目送小鈞逐漸走遠。

其後，小鈞多年在外，一直難忘這一吻之情，終於回家去與小金女團圓。

胡一貫在他的著述「人生哲學」中把理智與感情作了一個解讀：生死恨中有一男子戀上有夫之婦。女要求男和她私奔。男說：「不行，要考慮。」女說：「考慮什麼？走開此地，我們就可結婚了。」男說：「離此，何地能容納我們呢？要考慮。」女說：「我可爲人家當傭僕，謀生不難，我們走吧。」男說：「人地生疏，誰會要你做僕人呢？要考慮。」

「考慮考慮」是走不動的理智；「走吧走吧」是盲動的感情。

印度佛家有三界火宅之說：一幢房子著了火，屋裡有一盲一癱兩人。兩人都急於逃命，可是盲者摸不著門，癱子眼看著大門，卻又不能行動。後來二人合作，盲出足，背負癱而行；癱出眼，指示出路，遂得逃出火宅。

這癱者就是理智，盲者就是感情。所謂「理智無足，感情無眼」。

換句話說，理智是冷靜的觀測，感情是激盪的盲動。

第二節　立於客觀（笑）——立於主觀（哭）

笑是出發於理智，站在事外，冷靜的觀測，所以是立於客觀的；哭是出發於感情，投注事內，激盪的盲動，所以是立於主觀的。

一、笑是立於客觀的

我們看戲，笑劇中人，也常會笑到自己，因爲劇中人的行爲類似自己，等發覺時，就不笑了，下意識地燃起了一些自省作用。就這樣「教化」在無形中侵入了你的意識閾，這就是我們常說的潛移默化。

喜劇的觀衆是客觀的，他站在戲外笑戲、笑劇中人；喜劇的編劇者也是一樣站在客觀的立場，憑藉著標準，運用理智，找尋值得批判的人間百態，冷靜地創作出「笑」，企圖改造社會。

笑話雖然也不外是喜感的運用，但笑話的笑料，只是取材於「點」。喜劇的笑料，則是取材於「面」，而作「線」的處理。例舉笑話兩則：

（甲）早年，台灣尚在經濟落後時代，有一人在腳踏車後加一塊木板，上面綁一竹簍，簍內裝滿雞蛋，在馬路上行駛。爲了閃避行人，無意撞上了電線竿，車翻人跌，數以千計的雞蛋砸破在地上。黃白混雜的蛋汁匯集成流，淌向路邊的水溝。路人們圍過來觀看，其中一人，笑說風涼話：「這麼多雞蛋打在一塊兒，我還從來沒見過，好壯觀，好氣派！」

大家都笑起來，只有蛋主不笑，獨個無可奈何地站在一邊發愁。說風涼話的傢伙越發自鳴得意，又說：「你要教他便宜點兒賣給我們，他一定不肯。嗐，這全部摜破，他倒反而願意了。」

衆人又大笑，他見言出生效，樂不可支，手舞足蹈。不道一腳踩到蛋汁，滑了一跤，白褲子坐在蛋汁上。這回可又激起衆人大笑，連蛋主也忍不住笑了。

蛋主起先不笑，是因爲他是受災人，是主觀的，當然不笑；這回是別人跌倒，他是客觀的，所以他笑了。

那傢伙爬起來，褲上、手上都黏上了蛋汁。他撐起滿臉笑，連說：「沒關係，沒關係。」由於他是受災人，主觀的。他此刻的笑不是眞笑，是爲自己裝面子、是苦笑、是自我解嘲。

（乙）一位剛擠進公車的男士，見衆人環立中還有一空座，他趕緊搶著坐下去，聽得有人笑，才感覺到臀部濕漉漉，立即站起來，原來座上有孩子的尿，已被他的褲子吸乾了。他內心雖窘又惱，外表上力裝笑容，以維持顏面。

車到站，有一位女客下車，那男士才看到她裙子的臀部也是一遍濕。他不禁面露笑容，暗想：「哦，原來她比我更先上當，剛才她還參加笑我呢！這些人好壞，都不提醒我一下。」

可以想像得到，那女客在這位男士以前便被笑過了，而她卻又笑那男士。一來是因爲上當有伴兒，心理會好過些；二來她笑那男士，已是立於客觀了。

二、哭是立於主觀的。

近代英國哲學家羅素（Russell, Bertrand）說：「這個社會，麻煩就出在『愚者萬事不疑，智者無事不疑』。」就是說主觀作怪。

人的主觀常決定一切。有人失去了一隻名錶，疑是某甲偷的，看他行蹤鬼祟、眼神看人閃爍不定、常避開人群，而且近來鈔票頗爲襯手，再再可以證明他偷了錶，已經變賣。後來錶找到了，根本與某甲無關。再回頭看他，他什麼都不像個小偷了。

人的主觀往往是偏激的。

人是隱藏感情的動物，但眼是靈魂之窗，有了這付眼睛，他會把你的主觀意識流露出來。例如你對長官的行爲起了反感、對堂上老師的言論不贊同、對異性產生了愛慕……在你的眼中均會反映出來。雖然你沒有說，但對方已經知道，可以說眼睛是洩漏主觀秘密的內奸，也是宣洩主觀感情的孔道，到了感情奔放不可收拾時還會流淚。

寫悲劇是把自己投入劇中，角色的苦難、委屈、感同身受，主觀承擔，才能哭得出來。第一個為這部悲劇淚灑電腦鍵盤的一定是編劇。

欣賞悲劇也是站在主觀的立場，把劇中人的受苦受難受屈，視同自己的遭遇，把自己的感情投射在他的身上，為他不平、為他叫屈、為他流淚。

第三節　憑藉標準（笑）——自我情緒（哭）

一、笑是憑藉標準的

關於標準，前章已有剖析，這裡略加補充。

孟子與梁惠王討論治國之道時，孟子以作戰為例，曾有「以五十步笑百步」之句。是說在作戰時，當兵刃相接、棄甲而逃者，有逃了五十步然後站住的人，笑那逃了一百步才站住的人，說他們膽小。其實這百步和五十步，都是臨陣脫逃，同是一種膽小的表現。從客觀看來，都是違反了戰士忠勇的標準，同是可笑的對象。

人是不笑自己的，但五十步者恥笑百步者，卻把自己也笑進去了。

人雖是按自我的標準恥笑他人，但也常會自我與自我的標準逆向行駛。比如社會的共通標準是「為人不可好賭」，但「麻將」卻又是在台灣各地、各社區風行的事實。基於人類護短的心理，把明明是賭博的麻將，說成不算賭博，只是消遣。這種自我掩飾之言詞和行動，也是一種違反標準的行爲，其實他已陷入被笑的行列之中了。

十九世紀英國作家王爾德（Oscar Wilde）撇棄他惟美惟情的作風而寫的一齣純粹喜劇「誠懇的重要」（The Importance of Being Earnest），寫一人僞稱自己有弟名「誠懇」，自己卻化成其弟身份，入城與友人之姨妹相戀。後來又自稱其弟已死，末了他的友人竟是他的弟弟，本名即爲「誠懇」。

——不誠懇的人，偏偏自命誠懇，他違反的標準是雙重的。

（甲）某公司招考業務員，負責推銷產品。經理主考，面試時，問一名投考的漂亮小姐：「你會喝酒嗎？」

「會呀！」小姐回答：「不過我有個不好的習慣，每喝下酒後，就會失態。」

「那會做什麼？」主考緊張地問。

小姐害羞地說：「抱住男人親吻。」

「你錄取了。」主考立即宣佈。

——這位主考錄取的標準不正，想利用女色推廣產品。

（乙）有一位塘棲女子，到杭州富戶爲傭。一日，接到家鄉來信，知丈夫暴病，主人准假兩月。假滿，她回來了，穿著一身紅，刻意打扮。主人賀她丈夫病癒，她卻說丈夫死了；主人改容致悼，她又說「已變爲喜事」，搞得主人一頭霧水。

她解釋說：「我夫家原是四兄弟，我亡夫是老四，老大已喪妻多年，我本可配大伯，但年歲差距太大，我不肯。後經族人調停，才決定：把我配給老三，三嫂改配老二，二嫂改配老大，這樣大家都擺平了。」主人訝然久之，忍不住噴笑出來。（本笑話取材自殷登國的古典奇譚）

——這笑話的標準是我們傳統的夫妻觀念，老婆是不可轉讓的。

二、哭是自我情緒

情緒是個體受到刺激而產生的激動狀態。情意多端，如絲有緒。像喜、怒、哀、惡、懼、憂、愧……等。

當悲哀湧上心頭時，由不得你不哭；反之，哀情不足，你想哭也哭不出。這證明情緒是不受自我意識控制的。舉例說明：

一九四九年，我剛到台灣，隨部隊住在西螺。那時我是裝甲汽車兵的指導員。廈門保衛戰，司令部要調一個裝甲汽車連去增援，這分明是個有去無回的犧牲打。由於私人挾怨，臨時把我從第二連調到第一連，整裝待發。

出跋前夕，與家人惜別。首先的考量是我未曾受過軍事訓練，戰場上的操作，一竅不通。此去如不戰死，也會流落廈門，語言不通，難以躲藏；若被遣送還鄉，也必接受審判，縱能保命，返台斷無可能。

妻帶著兩個女兒，一個五歲，一個兩歲，是跟著我由故鄉飄洋過海，千里跋涉而來。

落腳才三個月，就要撇下她們走了。她們倚賴的人是我，而我卻無法安頓她們。能夠留給她們的只有母親臨別贈與的兩枚金戒，其他什麼值錢的東西都沒有。在這陌生的地方，她們眞個是舉目無親，求助無門，茫茫前途，何以生爲？

我有責任維護她們，可是命令已下，不能不走。軍人以服從爲天職，我縱有一萬個不甘，也不能說一個不字，這是人生極端的無奈。

爲了珍惜這最後相聚的一夜，通宵未眠，夫妻四目相望，想到未來殘酷的命運，看看兩張含淚入睡的稚嫩小臉，萬分憐惜，萬分不捨，眼淚流了再流。

隊伍選在黃昏起程，通過市街，我站在第二輛裝甲汽車上，掀開頂蓋，露出半身，以全連第二號人物的身份，高舉軍旗，威風八面地面對夾道熱烈歡呼送行的民衆表示著昂揚的士氣。

當行經我家巷口時，我看到哭紅了雙眼的嬌妻，和站在她身旁的兩個矮不及腰的孩子，三人緊緊依偎在一起，向我揮動著微弱無力的手臂。雖然我還在勉強自己做出微笑的表情，可是，我的心碎了。在那個悲情的時刻，淚如湧泉，眼前一片汪洋。

她送走我，哀哀戚戚地回到家裡，無法成眠，寫了一篇日記。她是從來不寫日記的。

「他就這樣走了，帶走了恩愛，帶走了希望，留下的是我們母女三人要怎麼辦？如果他死了，我們還應該活著嗎？活得下去嗎？活著比死了還要痛苦。上帝爲什麼要把我們送到台灣來？又單獨把他抽走，讓我們站在寒夜中顫抖……」

好淒涼無助的怨嘆。

情急勇至，平素拙於溝通的女人，竟然異想天開，打電話向司令部曾到西螺來考察、僅有一面之緣的陳主任陳述上情。陳主任認爲荒唐，遣派一個完全沒有戰場經驗的去領導作戰，會影響全連安全。遂趁部隊還在台中整修裝備時，派人替換我，因此我又回到了西螺。

闔家重圓，喜出望外，絕地逢生，一家四口，都興奮得涔涔淚下。在那個日子裡，那種夫妻間相互依存密切的感受，恨不能延續到生生世世。

事隔七年，我們在台北離緣。

人與人之間的依存關係，眞的是此一時也，彼一時也。彼時也，她在我心目中的地位，如魚在水，不可片刻疏離；時至今日，一落千丈，猶如枘鑿方圓，無法投合，對她已淡化到沒有感覺的地步了。當初的情緒是內心滿懷歉疚、疼惜和不捨；七年後的情緒，卻是懊惱、哀愁和憤恨。

情緒是受到外界刺激而產生的激動狀態，沒錯吧？

第四節　批評改造（笑）——賦予同情（哭）

一、笑是批評改造

前面說過，笑含有邪惡的成分，幸災樂禍，在他人倒楣中取得快樂。喜劇是笑的加工品，同樣是炫耍諷刺、譏嘲的手段，博取衆笑。所以喜劇的格，總是難以勝過悲劇。不過話說回來，喜劇是宏觀者、批評者，他把裝模作樣、隱藏自我卑劣的人性，透明化地搬上藝術廣場，讓醜態無所遁形，任人笑謔。

你想想，劇中寫的是人，觀劇發笑的也是人，人笑人，自己笑自己，可以促使社會步上改造的坦途。話再說回來，這得歸功於笑，歸功於喜劇。優劣加減，仍屬可取。

（甲）一名留學生回國已兩年，景況平平。有人問他發展如何？他說：「像棲息在玻璃窗上的蒼蠅，眼前一片光明，卻苦無路可通，飛不出去。」

——這是批評今日社會「英雄無用武之地」。

（乙）孫兒到機場去接祖父返國。祖父一向健壯，怎麼這次卻拄著手杖，由空姐攙扶著緩緩走出。孫兒急忙迎過去，十分不捨地問：「爺爺，你怎麼啦？」

祖父笑著說：「如果我不用手杖，就不會有空姐攙扶我了。」

——這是批評老不羞的祖父，心存不逮，貪圖吃豆腐。

（丙）公車上，青年讓座給一位中年婦人，那婦人卻忍不住哭起來。青年驚訝地問：「小姐，你怎麼哭了？」

「你叫我小姐？」那婦人破涕為笑：「原來你讓座給我，不是因為我老了。」

——那位中年婦人因何這般在乎她的老態，我們用笑來批評她。

（丁）甲正在閒話乙的為人：「他魯莽、衝動、容易發火……」恰巧乙從他背後走來，聽到他的批評，頗為生氣。他惡狠狠地衝著甲大吼：「我罵過你嗎？打過你嗎？你什麼時候見過我發脾氣罵人、打人的？」

甲輕描淡寫地說：「我見過啊。」

乙更火：「什麼時候？在什麼地方？你說，你說啊！」

甲說：「就在此地、就是現在，你不是正在發火罵人、想打人嗎？」

——這是批評亂發脾氣的人。

二、哭是賦予同情

悲劇是宣洩悒鬱的良方，宣洩悒鬱最有效的工具是眼淚，而眼淚的產生是出於感情的衝動。其感情衝動而落淚，可分兩方面來看：一是因自身發生了傷心事，一是因見到他人的淒涼遭遇，而一灑同情淚。

觀賞悲劇常會把自己陷於感同身受的主觀境地，為劇中人痛哭一場。同情他人，而抒發了自我儲壓胸臆的愠懟，這是最便宜的買賣不是嗎？

人性除同情而外，還蘊藏著嫉妒、野心、幸災樂禍等自私的暗潮。當這些自私的暗潮在人類社會高張時，天下便將道德廢弛，禍亂頻仍；惟「同情」可以倡天下於太平，同情是人類最可貴的感情。所以悲劇可稱爲人類的恩物，可惜目前悲劇已隱匿其形，不聞其聲。今日我們的社會秩序大亂，禍患疊起，是否該搬出悲劇來滌蕩一番呢？

記得早年新聞界傳聞過一個故事：一個肇事的司機，被解送法院審判，由於被撞傷的是個僅五歲的孤兒，社會對他更多一份同情，特別關懷，因而掀起輿論大嘩，對該司機深加斥責。街頭巷尾，報章、雜誌、電台、一致主張「儘早嚴懲」，「以示公允」。並遷怒於公路局長，斥其目無王法，對肇事司機，尚存姑息之心，不立即開革。

有一天，某報忽刊出一篇訪問司機家庭的報導，說他屋小人多，破漏欲坍。上有七十老母，病臥床第。其妻爲守母病，三夜無眠，司機因不忍妻過份勞累，遂替換她守母病一宿，不意翌日竟以睡眠不足，神智恍惚，闖下車禍。他服務公路局八年之久，從未失事，今遭開革後，罄盡囊空，長女輟學，母病垂危，全家何以度日？

這篇文章一出，輿情完全改變，反而責罵公路局長不知改善員工待遇，不辦員工子弟學校，不建員工眷舍，且對八年服務有成之司機入獄後，非僅不加照拂，反不問青紅皂白，立予開除，「良心何在」？「道德何存」？更有人竟讚揚該肇事司機是偉大的兒子，不顧疲勞，守護母病；同時又讚揚他是偉大的丈夫，不忍愛妻苦累，勉力替換，盡夜不眠；並有讚他是偉大的司機，駕駛八年，若非母病所累，絕無差錯；還誇他是偉大的父親，如此窮困，尚苦心培植長女就學；因此他也是偉大的國民，教育下一代，已盡最大努力。從前「即早嚴懲」的主張，竟致改爲「無罪復職」。各界紛紛解囊，捐款達數萬元。

——顯見「同情」之可貴了，悲劇作家便是人性同情的發揚者。

第五節 眞理取向（笑）——事件取向（哭）

一、眞理取向

此處所說的眞理，是指深嵌在高級喜劇精髓中的幽暗人性，如像奸詐、刻薄、虛僞、多疑、貪心……等，遭受到編者、演者、觀者共同的批判。這批判的依據，就是眞理。一般來說，笑所依據的標準，就是「理」。爲什麼不一概說是「眞理」呢？因爲有些笑的標準會變，而眞理是不變的。

笑的標準中，有不變的「眞理」，就是以上說的批判喜劇，諷刺人性的卑微陰暗面，自古及今這些幾乎沈溷入膏肓的人類病態是不變的。例如嫉妒、吝嗇、膽小、高傲、虛榮等，在眞理的顯微鏡下凸顯出它的微粒。

會變的「理」，如隨地域、族群而變的習俗標準、隨潮流而變的審美標準、隨行業而變的禮節標準等，前面講到笑的標準時，已有分析。

理也好、眞理也好，它都是理，都是盤踞於人們的靈肉間、被喜劇家掏挖出來的。由此觀之，笑的途徑是取向於理、眞理。

（甲）成人進修班舉行測驗，一名孕婦應考，偷看夾帶，被監考老師看見，走過去低語一句，那孕婦立即扔掉夾帶，愧赧地點頭示歉。

考試結束後，她鄰座的同學問她：「老師跟你說了什麼？」

「注意胎教」。

——眞理在「胎教」。

（乙）秀雯去幼稚園接小勤回家，一路上秀雯十分口渴，問小勤：「你水壺裡還有水嗎？」

「沒有了。」小勤說。

「你全喝光啦？你喝得下嗎？」

「拎的太重，我把它倒了。」

「倒了？」秀雯頗表不滿。

回到家裡，秀雯去喝水，小勤書包還掛在身上，就坐在一邊發楞，直到爸爸回來了，他才活躍起來。

爸爸一回來，也是倒水喝，小勤由書包裡取出一個小橘子，遞給爸爸。

「是媽媽買給你的嗎？」爸爸問。

「不是，是老師給的。」

「秀雯。」爸爸很高興地說：「你看這孩子多孝順，一見我口渴，就把他的橘子給我吃。」

「哦，原來你書包裡還有個橘子啊！」秀雯心裡很不是滋味：「剛才在路上，我渴得要死，他都沒有拿出來給我。親的跟晚的，他倒是分得很清楚啊！」（節錄自舞台劇「啼笑良緣」）

——孩子不懂得隱藏，一個小橘子挑起親情與非親情的情結。眞理在親情。

（丙）一部西洋話劇「死神假期」，寫掌管人間死亡的神，向上帝請得三天假期，以致人世間暫停死亡。這原本是件好事，不虞人們反而因此更加瘋狂：夫妻打架，打得頭破血流，卻不會死；開車兩百碼以上，撞山，車毀人重傷，也是死不了；有人跳水自殺，腹中漲滿了混水，照樣不會死……

等到死神銷假，緊急處理這些該死的傢伙。統計起來，這三天未死而集中在一天內死亡的人數，遠超過往常三天的死人量。

——眞理在於「天作孽猶可爲，自作孽不可活。」他採用的是我國傳統的哲學理念。

（丁）有個和尚爲在家人做佛事，原訂要共餐。和尚如廁時，經過廚房，見一個孩子在一大鍋煮好的飯裡撒尿。和尚不願吃那餐飯，就借故告辭而去。

一年後，和尚又路過這裡，順便拜訪他家，家主很高興，用酒釀招待。由談話家常中，和尚才知道他那天沒參加飯局，客人們也都紛紛辭去，剩下這一大鍋飯無法處理，遂把它改製成酒釀，方才和尚吃進肚裡的就是。

——這是出家人講的故事，它的理在於「該你的逃不掉」。

二、事件取向

人不會爲了眞理而動情下淚；哭，總是爲了事件，爲了悲哀悽楚的事件。比如死了父母、離別兒女、被丈夫拋棄、事業失敗等。

能使觀衆哭的戲，大多憑著編劇製造出來的委屈、冤情、生離死別、含污忍辱等事件的刺激，只要安排得宜，有足夠的感情傾瀉，就能打動觀衆的心曲。

（甲）元曲四大家之一的白樸，他僅存的兩部雜劇之一《梧桐雨》，寫唐明皇和楊貴妃的戀情，眞個是「六宮粉黛無顏色」，「三千寵愛在一身」。後因安祿山造反，直逼長安，唐明皇京師兵力不足，只好把江山交給太子，率衆往四川避鋒。

行至馬嵬坡，六軍喧鬧不前，逼明皇處決楊貴妃的哥哥楊國忠，說他是國之姦邪，恃寵誤國。明皇無奈，只好任由軍士們殺了國忠。

軍士們仍未就此罷休，要求將貴妃正法。雖然數不出她有多大罪狀，但「楊國忠已死，貴妃常在陛下左右，怎保她不會伺機進讒，以報兄仇。貴妃不除，將士們不能心安。」

明皇經不起貴妃苦苦哀求，多年恩愛，何忍見其暴卒？貴妃聲聲哭叫：「陛下救我！」明皇委實狠不下心來殺貴妃，可是大軍堅決不饒，雖是貴為皇上，而此時此地已非昔比，自身難保。萬不得已，只好含淚賜她一匹白綾，飭高力士引她入佛堂自絕。

明皇賜死愛妃，眼見軍士們瘋狂地用馬蹄踐踏貴妃的屍體，可憐一個雪膚花容、麗質天生的金玉之身，遭此摧殘，給他內心的衝擊，怎不教人柔腸寸斷。

明皇晚年，升格為太上皇，無權亦無事，倍感孤寂，終日懷念他的最愛：那霓裳羽衣舞，舒緩的歌、曼妙的舞；那七月七日長生殿前相擁同賞牛郎織女鵲橋相會的往日情景；那半夜無人、相向私語「在天願為比翼鳥，在地願為連理枝」的誓言，都已化做雨打梧桐淚，反覆夢魂牽，「此恨綿綿無盡期」。

（乙）當我與前妻辦完離婚手續，我站在淡水河畔，足足待了三個小時，思前想後，幾乎選擇了人生最後的去向。為了終日盼兒歸去的老母，為了四個尚擁有數十年錦繡前程的孩子，我得收斂惡劣的心情，勇敢地活下去。

要活，得估算往後的日子。四個孩子，最小的還不到兩歲，最大的才初一；有一點積蓄，已經在離婚前的冤家期折騰光了。她還給我拖下幾個月月要付的死會，我的薪水本來就不夠養一家人，靠著編劇貼補。如今心落在暗夜中，怎麼也亮不起來，怎麼寫呢？

兩個小的還沒有上學，白天我去上班，把他們留在家裡行嗎？找傭人，負擔不起，誰給他們做飯、洗澡、看管生活？我在無法可施之下，決定把中間兩個出養給人家；老大暫時休學，照顧最小的。好狠，我自己也不原諒我這個狠心的決定；可是不如此，後果更加不堪設想。

也是天從人願，經鄰好的協助，介紹兩戶想要女兒、尚稱富有的人家。養父母先來我家走動，或許是緣分吧？兩個孩子分別被他們一見中意。兩家都表示從內心喜歡，希望即早領養。

問題有了著落，難題是我要如何把這個妻離子散的悲劇向孩子們宣佈？我知道這必然會是父子們抱頭痛哭的場面。

那天晚飯後，我抱著老四，老大、老二、老三用小凳環坐在我的腳前，聽我說出像人類第一顆原子彈投落廣島那麼震驚的家變噩耗。老大、老二、老三似乎早經覺察，張著倉惶無濟的雙眼，恐懼著命運的新判決。

九歲的老二是個機靈的孩子，她的小腦袋會產生聯想，我一說到「出養」，她立即敏感地做出反應：「爸爸，我不要，我不要，我不要送給人家，我會聽話，我會乖！」

我把她拉起，貼在懷中，疼惜地摸著她濕潤的小臉。她不放棄劣運邊緣的掙扎，哀哀地仰視著我乞求：「我不要離開爸爸，不要離開我的家，我好怕，我愛姊姊，也愛弟弟妹妹，我不怕吃苦，我會洗衣服，眞的會洗，我要學做飯，給弟弟洗澡，給爸爸整理書桌……」

我實在無法回答她，把眼淚滴在她的額上，滾在她的臉上。

從這以後，到她養父母來接她，我總想說服她、安慰她，希望能消除一些侵蝕在她小小心靈上的怨懟和悲傷，而她卻不再開口，也不再流淚。使我更添加了自責，我是濫用權威，我是個不慈不愛的父親，我想改變主意，可是弓已在弦，一切的承諾已無法反悔。

她離家的那天，我父女和她養父母一同在富貴樓做最後的午餐。她目無視線、面無表情，把大人夾給她碗中的菜，送在口中緩緩咀嚼，問她什麼，她只是微微地點頭或搖頭作答。

吃完飯，在門前告別。她順從地上了三輪車，夾坐在養父母中間。養母問她有什麼話要跟爸爸說的？她移目看著我好一會兒，未出一聲，我感受到無數的刺針射向我的心坎。

車走了，我目送著她，直到車轉過街頭，她都未曾轉頭再看我一眼。我定在那，有一份濃濃的惆悵、一份深深的悔歉、還有一份密密的想念，湧入我胸臆，沈澱到我心底，永不消逝。

以上兩則都是能使人哭的事件，能哭的事件，並不一定是悲劇結局。中國古老的小說、戲劇故事，多是用大團圓收場，但事件的經過，往往是以「哭」爲主菜。

（丙）延安城內有一兵士，其妻嫌他一生居於人下，從未做過一樁驚人之事，估量他無才無德，永無出頭之日，遂攜幼兒離他而去。十數年他孤苦獨居，每思及妻兒，淚下紛紛。

范雍派守延安後，有賊衆圍城，攻勢凶猛，軍民皆驚慌失措，危在旦夕。這位兵士出面，宣稱自己是延安本地人，已見過多次攻城，比這次的賊衆更多、更凶猛，都未能攻克，因本城易守難攻，似有神明保佑。我敢擔保，這些匪徒，一定會知難而退。如城陷，我願領死。衆聞之，增強了信心，全力護城。不久，賊衆果撤去，這兵士功不可沒，連升三級。

有人向范雍舉發，說他是謊言惑衆，范雍則認爲他是善意的欺騙，有功無過。消息傳出，人人讚揚他的急智和膽識。他老婆突然帶著她十多歲的兒子回來，誇耀他有這樣的貢獻，此生沒有白活了。大家都來恭賀他闔家重圓，他感動得老淚縱橫。

妻問他：「當時你有未想到，倘使城陷，你就會被處斬？」

他說：「如城陷，城內必大亂，誰還會顧到來處死我。」

妻感嘆地說：「到今日我才知道你是個天才。」

這雖不是一則純粹的悲劇，但也是一種悲劇的體制，也是事件的取向。

第六節　演繹法（笑）←—思想方法—→歸納法（哭）

一、演繹法（Deduction）

前面說過，笑是依據標準的，標準就是理。先有了自己的理，才會笑他人不當的行爲。這就是論理學演繹法的推理模式。

喜劇在思想邏輯上，也是基於演繹法的，與悲劇的程序相反：先有眞理，後有事件：「以普遍的眞理，描寫特殊的事件」。作者就現實中發現一項衆人希望維護而又衆人違反的道德標準，於是依據此項標準，蒐取有關素材，編綴成一齣可笑的特殊故事。

現代戲劇之祖易卜生（Ibsen）的「社會棟樑」（The Pillars of Society），劇中主角僞善紳士彼爾尼克，專假公益爲名，暗爲私人牟利，是社會中典型的虛僞份子。易卜生創作此劇，是肇端於眞理，也就是社會共通的道德標準

——「僞善是可恥的，雖然可以欺騙了他人，但卻逃不過自我良心的負疚。」這項眞理確立之後，他按照諷刺「僞善」爲中心，構成了一則特殊的故事。

彼爾尼克暗室欺心，犯了姦情，卻硬拿弟弟去頂替這個罪名，並欲以破船載他弟弟出海，使他沈沒途中以滅口，且可誣賴弟弟是畏罪捲款潛逃。社會人士都很景仰他，尊他爲「第一公民」，「模範公民」，「社會棟樑」。當市民們掌旗列隊，奏樂高呼「彼爾尼克萬歲」的時候，他忽然得知上船去的不是他弟弟，而是他的愛子；於此他深悔莫及，當衆表白了既往一切的罪過。

——故事特殊，不可常見，但它的標準是普遍的，天下一致的。

（甲）《韓非子》說難篇有載：楚國人賣矛和盾。他誇譽他的盾是「最堅韌的，任何利器都刺不穿它。」同時他又吹噓它的矛，是「最鋒利的，無論什麼東西，沒有它刺不穿的。」

有人問他：「假如用你的矛，刺你的盾，那會怎樣？」

那楚國人好一會答不出話來。

這是個喜劇的格局，楚人推銷產品的宣傳詞前後抵觸，已經構成了笑果，它的事件雖簡短，眞理卻突顯：「言行要切合實際，勿陷於不能自圓其說的境地。」

（乙）董事長與總經理不和，靠著一名傳達，爲他們傳達文卷，維繫工作。這位傳達煞費苦心地兩頭傳遞好話，使二人逐漸減少敵意，而致和諧，直接溝通。至此，老總和老董都覺得傳達已無存在價值，便把他辭退了。

傳達在辭行時，給老董、老總講了一個比喻：「剪刀是兩片鐵甲所組成，其刀刃在上時，其柄即在下，上下交錯，才能展示剪刀的實力。而不可忽視的是兩片鐵甲中間的那個鍵鈕，別看它小得可憐，如果沒有它，兩片鐵甲就脫節，不克使用，即成爲兩片廢鐵了。」

傳達被留用了。

——人常會過河拆橋，所謂「狡兔死，走狗烹；飛鳥盡，良弓藏。」比喻功成身戮的人間無情醜態，是爲本笑話的普遍眞理；而以剪刀比喻打動了二權勢、挽回了劣運爲特殊事件。

二、歸納法（Induction）

悲劇作者思想構成的程序，是先有事件，後有眞理。「以特殊的事件，闡明普遍的眞理。」悲劇所產生的不幸事件，不同於平凡，問題之嚴重，非同小可，故以「特殊」名之。眞理是指人生萬事萬象所遵循的法則，它是不變不移的，因以「普遍」稱之。事件是劇情的範圍，眞理則是主題了。

德國美學家福爾開特（Volkelt）認爲：好的悲劇，都能給人留下一種印象，此一印象，使我們對人生更爲瞭解。美國現代戲劇批評家克勞奇（J. W. Krutch）說過：「悲劇常會表現人生的災難，人類的精神，唯有通過災難，才能顯示其不可克服的價值。」足見悲劇的目的並不是要告訴觀衆一個眞理，而是從一種「印象」，一種「災難」中表現出人底生命的意義。

希臘悲劇家阿斯克勒斯（Aeschylus）的「復仇靈」（Eumenides），寫奧立斯提爲了報父仇，殺死母親，復仇神追逐他多年，使他痛苦不已。後來到戰神山經元老裁判團的審訊，爭論不休，由投票表決，罰與不罰票數相等，結果由庭長女神阿鮮娜加上關鍵的一票，乃告無罪。於是復仇女神即放下猙獰的面貌，而成之爲「慈靈」了。

此劇給人的最先感受，是一個濃烈的特殊事件，從這復仇、受審、獲赦的特殊事件中，隱伏著的主題，是神的仁慈，也勸人要放寬尺度，多行仁愛。這是普遍的眞理，但它不像喜劇那麼的以眞理爲中心，而是表現事件爲中心的。

又如莎士比亞以青年、中年、老年三個階段的不同事件，來描述人生的苦難：「哈姆雷特」（Hamlet）表現青年人在奮鬥上進的意志中遭受到額外的困阻與打擊；他的缺點是猶豫、考慮。「奧瑟奴」（Othello）表現中年人建功立業，鴻圖大展中遭受到妒忌而致毀滅；他的缺點是自卑感。「李耳王」（King Lear）表現老年人於功成名就之後，企圖安閒以度餘年，而遭不孝女兒的虐待；他的缺點，是聽信諂諛。這三劇的事件深刻與強烈，堪稱特殊，內容卻是人生一般現象的寫照，並未十分強調眞理，而眞理就涵蘊其中。

（甲）明朝有規定，民間不得釀製私酒，違者杖四十。

有婆媳不和，媳挾怨報復，將婆婆釀私酒的事告到官裡。官見年事已高的婆婆哭得可憐，看來她若挨上這四十板，恐怕性命難保，可是有法在先，不能不打，盤研久之。終於開口問媳：「平素你孝順你婆婆嗎？」

「孝順啊。」媳爽快回答。

「那就很好。」官說：「你婆婆年事已高，受不住四十大板，你既然是孝順的媳婦，就代她承受這四十板的苦刑吧。」

——這媳婦檢舉婆婆，是一齣孽親的悲劇，所引伸出來的普遍眞理，是「孝道」。

（乙）清人梅曾亮的《觀漁》一文，寫捕魚人沉網入池，左右有二人牽著，網的邊緣約高出水面寸許。網中魚往外跳，網外魚往內跳，不知那些跳出網的魚是否會感到自得，而那些跳不出網和那些反而跳進網裡去的魚是否在自怨自艾呢？其實跳出跳入都還在池中，遲早都會被網上來的。

梅曾亮先生在文末，把魚躍網的事件，聯想到人，而產生感傷情緒：「人知道魚逃不出池、是魚的悲哀；然而人呢？爲什麼也在不斷地跳躍啊？」道出了內含的人生眞理。

第七節　輕鬆（笑）←——氛圍——→嚴肅（哭）

一、輕　鬆

笑是一種放蕩行爲，尤其是人多的時候，大家一起笑，都不必顧忌到自己的形象。特別是爆笑喜劇在上演時，如果從舞台上往下看，只見觀衆個個都縱情放任，笑得齜牙咧嘴，怪腔怪調，還有人跺足拍腿，甚至拍打鄰座不相識的觀衆。在此沒有約束的歡笑時刻，已把一切煩惱拋諸九霄雲外，可謂快意當前，放浪形骸。——這就是笑的「輕鬆」氛圍。

人生於世間，終天奔走於生活，所經的嚴肅場合較多，輕鬆的場合較少。例如上班時，必須用嚴肅的態度工作；開車時，懷著嚴肅的心情趕時看路；購物時，以嚴肅的態度選擇品質；見客時，當以嚴肅的態度接待交談。雖然有時在應酬場中，也能聽到一些中年人笑出聲來，那些多半是屬於造作的交際手段，不是發自內心的喜樂。尤其是垂暮的老年人，似乎已與輕鬆漸遠。那麼尋求輕鬆愉快的最佳去處，便是笑藝劇場：這是喜劇對人類最直接的貢獻。

有時我們發現喜劇或笑劇中，最能使觀衆發笑的角色，他的態度，往往不是輕鬆，而是一本正經，煞是嚴肅。甚至當衆講笑話、說相聲的人，上台以後，多半也是嚴肅其表，穩緩其詞。他越能嚴穩，越能博得笑聲和鼓掌。以此看來，似乎「嚴肅」與「輕鬆」有些混淆；其實，這種嚴肅，並非是悲劇的嚴肅，而是做作的嚴肅，誇張的嚴肅，嚴肅於外，而輕鬆於內，本質上是屬喜劇的。

（甲）大運動場的石階上坐著一個孤獨的少女，一位男士湊近她身邊並坐。那少女視若無睹，男士想與她搭訕，又怕她不理，猶豫少時，終於鼓起勇氣開口了：「小姐，我可以吻你嗎？」

少女的眼直視前方，似乎不知有他的存在。男士以爲她沒有聽見，再說一遍：「小姐，我想吻你，你肯嗎？」

少女仍舊沒有反應。男士再做最後一次努力：「小姐，我相信我的請求你已經聽見了，假如你眞的不願接受，也不想說話，就搖搖頭好了。小姐，這樣可以嗎？」

那少女轉過面來，帶著斥責和鼓勵的口吻：「你是死人哪？」

（乙）父親：「女兒，我提醒你，你男朋友姓宋，我們姓鍾，兩個加起來是『送終』，不是好兆頭。」

女兒：「我認爲這還比你上次帶回來的那個臭小子好呢，他叫尤時五，加上我這個鍾字，變成『有始無終』。」

（丙）天已黃昏，一個健行入山落了單的青年，想找水喝，走進一農家院落，聽得屋內有狗吠，不敢推門，遂於窗外投入一枚小石子試探。不意窗內有一少女用輕聲向青年說：「你來得太早，我老爸還沒睡呢。」

以上三名少女的笑話，都是今日的代表人物，是製造輕鬆氣氛的好素材。

二、嚴　肅

哭，必須有著嚴肅的氣氛，造成嚴肅的心境，現出嚴肅的表情，然後才能動情下淚。從悲劇崇高的人物性格開始，到悲哀、悲壯、憐憫、恐懼、激烈、沈重等各種悲劇的情節止，都是依賴著嚴肅來維護悲劇的氛圍。

舉凡人生一切正正式式的事件，如集會大典、軍人出操、學生上課、長官訓話、教徒祈禱、和尙誦經……都是在嚴肅氛圍下進行的。尤其是殯儀館裡的喪葬大禮，更是嚴肅得沒有一絲笑意。換句話說，這些大典、出操、上課、訓話、祈禱、誦經、喪禮等的正正式式事件，都含有著悲劇的崇高與敬畏。因爲人生的盡頭是死亡，其本質上是悲劇，悲劇才是人生的眞實；所以嚴肅比輕鬆具有更多的實眞性。

按照常人看來，年紀越老，其表情便益顯得嚴肅。同時人世間的誠懇態度，必是一張嚴肅的面孔：例如母親的叮囑，相思的傾訴，友情的關懷，誠摯的照顧，等等皆是出於嚴肅的表情。

（甲）《山海經》有載：黃帝軒轅氏奠定「雷鼓」的故事。

傳說雷澤中有雷神，是一隻人頭龍身的怪獸，常拍肚皮玩耍，聲如巨雷。一天，黃帝路過，捉雷神，用他的皮做獸鼓，用他的骨做槌，變成了雷鼓。

且不論這雷鼓製造的起源事蹟是否眞實，但說以雷鼓使用在戰場上，其聲勢奪人，震人心肺，在鼓舞士氣上有相當成效。它製造了戰場上極其嚴肅的氣氛。黃帝戰蚩尤時，使用此鼓，殺敵甚果。

（乙）福建的客家人從前有一種「公雞拜堂」的禮俗。男孩子長到十一、二歲，便到南洋去謀生，賺了錢，也捨不得化費川資回故鄉論婚，又不願娶當地的土女人，乃憑照片往還，由在故鄉的家人代爲選擇，談妥婚事。到大喜之日，男方仍不回故鄉，新娘子與新郎的代表——公雞拜堂，公雞由親族中挑請一人抱著行禮。

公雞的入選條件有三：一是母雞第一窩孵出的雄雞；、二、精神抖擻；三、重量與新郎的年齡尾數相同。一旦被選上，就與雞群隔離，而送進拴有紅布的新籠內，稱爲「吉雞」，供牠吃高級食料，如穀米、魚蝦等，直到拜完天地後結束。

另一種公雞拜堂的禮俗，是因爲夫妻婚後久不生子，遂預先討個媳婦進門沖喜，這位新媳婦通稱爲「等郎妹」，多半是窮人家的女孩。

倘若運氣好，果然等到了有「郎」出世，其夫妻年齒也會相距很大，老妻少夫；更糟的是空等了一輩子。

在我們的標準權衡下，這「雞拜堂」、「等郎妹」是個荒謬的禮俗，是可笑的作爲；但在當事人，卻是一樁規規矩矩的婚姻大典，決定了男女的終身大事。不屬嘻笑，而是嚴肅的。

（丙）再就「戀愛」事件來看，表面似乎是可喜的，但它卻內含著無限的懷念、怨妒和憂思。倘使你用輕鬆的語氣，嘻嘻哈哈地說聲「我愛你」，會遭到對方的否定，認爲你是開玩笑。那必須是誠懇的態度，忠實的表情，營造嚴肅的氛圍。

談戀愛的最佳場所：是植物園濃葉蔽天的蔭下、人煙稀少的河堤邊、光線暗淡的小巷口，因爲那裡的氣氛是嚴肅的。

一封情書，常是一首感情濃郁的悲歌，往往借用古人的詩詞來表達情意：「東逝水，無復向西流。」「剪不斷，理還亂，是離愁，別是一番滋味在心頭。」「昨宵月露高樓，今朝煙雨孤舟。」「淚濕羅衣夢不成，夜深前殿按歌聲。」

更有人在情書末端加上「燈下」、或「林間小築」字樣。表示這封信是在夜晚、幽靜處寫的，除了面對著你寫信的這片小天地外，四郊都在黑暗籠罩之中。是空虛、寂寞、冷清、無聊、懷念、恐懼、哀愁、暗淡……皆屬嚴肅的氣氛。

現代奧地利作家顯尼自勒（Arthur Schnitzler）的一部以七篇可以獨立而又連結的「獨幕連環劇」（Oneact Cycle）名爲「男女之間」（Anatol，譯音應做「阿那托爾」），由劇中男主角阿那托爾爲中心，每篇更換一個女子戀愛，所描寫的愛情，七篇各有不同：時如急雨迅雷；時如清溪平流；時如深夜沈寂中聞寡婦哀泣；時如微風掠松林悠然清遠。不論它如何變化，都不離悲感嚴肅。

「戀愛」是兩性間最需要付出「眞誠」的一種互動事件，所以它是「嚴肅」的。

第八節　社會的制裁（笑）——淨化作用（哭）

一、社會的制裁

笑被稱之爲「社會的制裁」，社會對違反標準者，給予笑的懲罰。前面已有詳述，這裡提出三個制裁例證，幫助理解。

（甲）斜視眼的法官審問一樁命案，到庭的三個人面對法官一字排開，第一名是兇手，第二名是目擊證人，第三名是被害人家屬。

法官問第一名嫌犯：「你先說，你爲什麼要殺人？」

可是法官的眼是斜視著第二名的目擊證人，第二名急忙辯稱：「殺人的不是我啊！」

法官生氣地轉斥目擊證人：「我沒問你，別多話！」

站在第三名的被害人家屬，連忙答話：「我沒有說話呀！」

——人難免有缺陷，但他的缺陷不能損及他的職務，尤其是接觸公衆的職務。如像這位斜視眼，他不宜當法官，卻當上了法官。這裡制裁的不祇是他，還包括那用人不當的長官。

（乙）某單位舉辦優良律師選拔，訂出評選標準，請來評審員先核定此項標準。

「第一條，要有法學士以上之學位。」助理宣讀條文，評審們均點頭認同。

「第二條，曾合法執行律師行業達五年以上。」

評審們又點頭認可。

「第三條，要能敬業、忠誠、正直……」

「停！」評審們同時搖頭，有說：「這一條，恐怕任何律師也無法通過。」

——這用來制裁律師們操業手段紛紛挺向旁門左道。

（丙）富翁過壽，各方達官貴人陸續前來賀壽。門口有一位恭迎貴賓的「報門服務員」，他人頭很熟，嗓門很宏亮，每見一人進門，就叫出他的身份，招待依據他的提示，迎接入場。

直聽他連續吼叫：「社會賢達到」！「政壇大老到」！「教育碩彥到」！「企業首腦到」！「體育健將到」……

猝然，一位穿著平凡，看來沒有地位，而且未帶禮物、空著雙手的男士走進來。報門人的聲調一變：「空手道（到）」！

——此笑話並非制裁那空手的男士，而是制裁那位報門的服務員，勢利小人。

二、淨化作用

哭與笑同樣是一種本能；哭比笑發端更早，人類本是哭著到這世界上來的。哭是一種痛苦的表現；痛苦與生俱來，無可抗拒。

人生不如意事，十之八九，所謂「福無雙至，禍不單行」。人爲生存而奮鬥；在奮鬥的途徑中，飽嚐苦難。人與人的接觸，由於各個自我的肆慾，人人都不免有些煩惱，受些委屈。

有些人認爲結了婚痲煩多，一人變兩人，還可能變三人、四人……痛苦、煩惱和災患也由一份變兩份，變三、四份。可是不結婚，年輕時尚能混一混，到老來會承受孤獨寂寞之苦。

沒有孩子，想要孩子；有了孩子，逗孩子玩玩，有種爲人父母的滿足，愛有所寄。

可是孩子會說話了，有了自由意志，從他會說「我不要」開始，你的麻煩就與日俱增。

就男人來說，到了四十歲還沒有事業基礎，心裡就慌了；有了事業成就，外界的誘惑力侵入，也許你會感到那是人生迷離的愛情、虛擬的快樂。不禁沾沾自喜，詎料隨之而來的是家庭風波，使你的生活蒙上了陰霾。

可以說人世間沒有一樁事、一個人是絕對的快樂、沒有煩惱的，連富能敵國的大亨王永慶也會發生父子矛盾，鬧上螢光幕。

我家老二小時候就很沈靜，很少見她哭鬧，她總是悶悶地不吐露心意，所以人瘦瘦的。老三不同，動不動就哭，哭一陣就收斂。有一次，我在房裡看書，又聽她大聲哭起來，跑出去問她怎麼啦？她說：「他打我。」

「打你哪裡？」我問。

她指著自己的膀子說：「差一點。」

還沒打著她，她就哭了，眼淚好像是預備好的。她從不把委屈留在體內，一口氣哭出來，所以她長得胖胖的。

本來嘛，把這些煩惱與委屈，積壓在心裡，對人體有莫大的傷害。「哭」可以宣洩這種積鬱的情緒。然而一個成年人的眼淚絕不能像孩提時代那麼放任，欲哭就哭，毫無顧忌，常會極力克制，把抑鬱埋藏在心裡。

其實最痛苦的，不是在哭的當時，而是在哭之前自我強制壓抑的那個階段。理智想遏止，在人前哭、沒面子；可是感情已推逐著淚水湧溢入眶。這時會使你體察到全身的細胞收縮，喉頭哽塞，心肺緊繃，內分泌停止運作。一旦淚水越眶而下，反正豁出去了，任由那頂在胸口的濁悶之氣噴放出來，爆出一場嚎啕大哭。此刻，遍體的警報解除，幾聲大喘氣的抽噎，猶如深呼吸般地得到舒放，肌肉鬆弛，血液澎湃，手足痳痳的，像有千萬隻困蟻由心臟中樞，經由手指腳趾爬出體外。這時是最舒暢的，因爲鬱悶都排放一空了。

如果我們捨棄最能舒暢身心的哭，而到處去尋求快樂，企圖超脫；要知道快樂是個抽象的東西，很難捉摸。「苦快與美學」（Caur Caasure and Aesthetics）作者，英國美學家馬歇爾（Marshall）認爲：「快樂的到來，是不可長久的，它片片斷斷地夾雜在我們的生活之中。其每個快樂與快樂中間的空隙，就是痛苦。誠如一場歡娛的宴會過後，當其席終人散之際，留下的便是寂寞與空虛。」舉個例：

我有個學生邀我與他祖父共進午餐，敘文談古，一餐成友。嗣後，老先生常叫他孫子來約我見面，我也從不推辭。曾見到他太太，老夫老妻，相偕甚得。

後因這名學生出國進修，斷了我和他祖父的聯絡。再不久，突然接到喪帖，驚悉老先生過世了。訃文內附影印老先生用毛筆撰寫的自傳一冊，其文筆流暢，敘事明晰，加之他的字跡蒼勁練達有韻味，吸引我看完全冊。

其中說到他在四川擔任警備司令時，爲了剿滅搶劫殺戮百姓的土匪，他親自領軍出征，大家都擔心他的安全。因為這批川匪已逐年壯大，每剿不滅，反損兵折將，談虎色變。他妻子送別時，泣不成聲，擔心他有去無回。

六十天後，他達成任務，把幾名匪首綁在馬前，領大軍浩浩蕩蕩，凱旋入城，沿途接受萬民歡呼。他太太由人群中鑽出來，衝奔到馬前迎接，被他一拉上馬，一馬雙跨而行，激起民衆鼓掌呼吼。

那時節，他頂著無上的榮耀和尊崇，更豐享夫妻重逢的甜蜜和恩寵，都在他字裡行間，吐露得濃濃厚厚，令人神往。

幾十年過去了，當我去探望他八十高齡的遺孀時，她因頓失老伴，萬念俱灰，獨自窩在房裡，面對亡夫遺容，兩眼無神地靜坐者。不論你用什麼話勸慰她，都無法消除她衷藏的懷念和悲戚。當年的歡樂，在今日的回憶中，卻化做了哀愁。

馬歇爾把快樂看做是痛苦的前奏，不就是嗎？

悲劇是彌補哀愁的良藥，以劇中人的痛苦，與觀衆的痛苦合流，而使觀衆的痛苦隨劇中人的痛苦於淚水中發散於體外，獲得一種洗淨後的愉快。這種功效，稱之為「悲劇的解脫」（Tragic-relief），又稱作「淨化」。悲劇所以能夠超乎喜劇之上者，就在於其對人生的貢獻：抽出苦惱，使身在舒鬆飄渺之間，進入美感的境界，是之謂大理想的和諧。

第九節　醜陋的錯失（笑）←→人物行爲←→崇高的錯失（哭）

一、醜陋的錯失

既然違反標準的行爲是可笑的，當然可以說它是一種錯失，如果再給它加上醜陋的三字來形容，也不爲過。例如：

（甲）教授帶領五名學生做化學實驗。他勗勉學生們「做實驗必須具備勇氣和細心，缺一不可。」

於是教授開始作示範，他先端起盛著尿液的杯子，以一隻手指插入杯中蘸尿，送進口裡嚐一嚐。他展笑點頭，說：「唔，很好。」

學生們正覺得噁心，教授已下達命令，要學生們各自端起杯子來照著他方才的動作做。五個同學相視一眼，忍痛用手指蘸尿入口，而且學教授咂咂嘴、點點頭，表示品嚐。同時撐起笑容，說：「唔，很好。」

教授看著他們苦笑的臉，緩緩地拍了幾下掌說：「你們勇氣有餘，可惜細心不夠。你們怎沒看到我是用中指蘸尿，而以食指入口呢？」

——這種教授的教學方式實在不敢領教，眞是夠醜陋了。

（乙）大巴剛輸了官司，垂頭喪氣。他去找開洗衣店的朋友吐吐怨氣：「唉，本來我是清白的，現在變成了滿身污垢！」

「你不是有律師嗎？」

「律師跟你們洗衣店相同，都是替我們洗污垢的。你們洗衣服上的污垢，律師洗身上的法律污垢。」大巴大喘一口氣說：「不同的是啊，洗衣店洗壞了衣服要賠，律師打輸了我的官司，我還照樣要付他的錢，害我囊空如洗！」

——律師在大巴的口中成了醜陋的角色。

（丙）體育選手數學不及格，體育老師代他向數學老師講情。

「他連九加六都會等於十三！」數學老師數落那選手學生。

體育老師陪笑地說：「那只不過差一而已嘛。」

——其錯失的醜陋重心在「四肢發達，頭腦簡單」；笑點在體育老師也算錯。

就戲劇而言，喜劇和悲劇都是寫人的錯失。分別在喜劇的錯失是醜陋的、可笑的；而悲劇的錯失是崇高的、是值得同情讚賞的。

（甲）我們試以十七世紀法國大喜劇家莫利哀（Moliere）的劇作「醫生的愛」（L'Amons Medecin）爲例：富有的斯加拉哈，吝嗇成性，爲了女兒的病，請教街坊鄰居，而這些鄰人們所提供的意見，卻都是利己的。他女兒要求准她結婚，他卻爲了怕出妝奩，而寧願找四個醫生來診斷。一場笑鬧，四個醫生的藥方，互有抵觸，幸虧第五個醫生來了，提出假意和她結婚的辦法，可使她的瘋病不治而癒。就這樣那醫生把他女兒帶走了，原來那醫生卻是深深愛著她女兒的青年冒充的。

——斯加拉哈以及那些街坊、四個醫生的行爲，都是自私自利、醜陋的錯失者。

（乙）大陸影片「紅高粱」，是一部寫實、人性描摹的佳作。片中男主角惡作劇在酒罈裡撒泡尿，不意那罈酒反而受到顧客的青睞，於是他就在每罈酒內撒尿，因此酒廠大發利市。

它不屬喜劇，但就「撒尿酒中而暢銷」的事件來說，是屬喜笑的。賣酒的只顧賺錢，不惜以尿當酒，眞是卑鄙；買酒的飲了人家的尿，還要讚美他的酒好，這是愚蠢，均屬醜陋的錯失。

（丙）一部我台灣自製的電影「熱帶魚」，曾在電影票房走下坡時，創出良好的成績。內容是一名退休刑警綁架兩個孩子，約好與家屬見面取贖金。到場時，見以前同事與他招呼，說是來辦案的，乃知對方已報警，遂不露面，暗自逃離。不幸於回程中車禍死亡，留下他的助手，憨直的阿慶束手無策，乃將兩肉票帶回故鄉，和笨拙的鄉居家人共同策劃勒贖。他們連要打台北電話需加「O二」都不懂，所以一直聯絡不上被害人家屬。

爲了肉票要參加聯考，阿慶怕他們被耽誤，到處找課本供他們研習。後來終於被警察找到，兩孩反而替阿慶證明，阿慶不是綁架，而是助他應考的。

——阿慶雖有綁架之實，但無傷害肉票之心，笨賊鬧出笑話連連，他底行爲乃屬醜陋的錯失。

二、崇高的錯失

哭是出自感情，它不像笑，不含有詭秘、不附有奸宄、沒有幸災樂禍。如若是爲他人落淚，是富有同情心。倘使什麼也打動不了他的同情心的那種人，我們會說他是鐵石心腸，被列爲可怕人物。所以「哭」，是人類無邪的、眞純的表現，即使是爲自己不幸的際遇而哭，也不例外。

人活在世上，不可能每一件事都不犯錯誤，但有些錯誤顯得幼稚、自私、狹隘，那是屬喜劇的；另一種的錯誤是屬悲劇的，是令人崇敬的、含有人性不可辱沒的尊嚴。

我們且以《三國演義》所描寫的關雲長在華容道釋放了曹操一事來看。

周瑜火燒赤壁，曹操倉皇逃走，八十三萬人馬，死傷失散，僅剩二十七騎，都已是丟鎧棄鞍，人睏馬疲，無戰鬥力可言。至華容道，被關公攔截，曹將皆嚇得哭拜於地。關將軍竟然念在既往情誼與允諾，把曹操放了。

關雲長重情重義，但卻公私不分，玩忽軍令，他是以自己的生命立下軍令狀而來，嚴重違反了軍人應有的堅持。假使這件事是歷史的眞實，此一舉影響到我國朝代統治的演變。因爲誅了曹操，就沒有「魏國」，接下來，以魏茁壯的司馬氏，又何來竄魏建「晉」呢？這眞是個滔天大過失。

倘若當時守在華容道的不是關羽，而是蜀、吳的任何一位將軍，都不會放過曹操，惟獨關公才會做出這種驚天動地、改寫歷史的盛舉。後人書讀至此，雖亦感嘆其釋曹之不當，然卻反而因此對他益加尊崇。

其後雲長守荊州，曹操欲聯東吳取之。諸葛亮之兄諸葛瑾建議孫權聯關破曹，並前往代表東吳世子向關公之女求婚。關公大怒，謂「吾虎女安肯嫁犬子乎！不看汝弟之面，立斬汝首，再休多言。」

關公此言促成了孫權與曹操的結盟，致有麥城之失。喪其生命是小，蜀國於是衰微。關公的缺失是剛愎自用，難怪清朝哲學家金聖嘆評駁之爲「虎兄焉得配犬妹耶？」（指劉備娶孫尚香言）

反過來假設，如果關公在華容道俘虜了曹操，建下大功一件，改變了三足鼎立的政局。或是他同意了孫權的求婚，配合諸葛亮聯吳伐曹的國策，貢獻頗巨。倘是這樣，他在後世今人的心目中，就不會有如此的尊敬仰慕，奉爲神明。因爲他的缺失，是獨特的、是崇高的、是旁人做不到的，他是古典式的、中國式的悲劇英雄。

我們再以希臘三大悲劇家之索福克里斯（Sophocles）的劇作「安提絳妮」（Antigone）爲例：安提絳妮的二哥波呂尼西斯不能忍受其長兄不遵王位輪替之約定，霸佔不讓而借兵攻城，兄弟戰場火拼，結果雙方戰死，其國王即由攝政的舅父克里昂繼任。王宣布將引兵取國的波呂尼西斯棄屍道旁，不准埋葬，任鳶鴉為餌。安提絳妮激於同胞之情，掩土蔽屍。王判決她活葬之刑，王子海蒙以人道為題，求父饒恕，王不聽，活埋安提絳妮於石窟中。王子因愛情赴墓窟，自刎於未婚妻安提絳妮身邊。后亦為子慘死而自盡，王祇落得孤獨一身，幸福盡逝。

這便是由於人物性格的缺失，所構成的不幸事件。安提絳妮維護神律、親情，克里昂堅持執法，雙方都固執不屈，任何力量不為所動的一種永無改變的倔強，實也映襯出人性內在的崇高。

索福克里斯因這部戲當選為雅典十將軍之一，獲最高榮譽。

德國哲學家兼物理學、美學家費克那（Fechner）指出：「人不喜歡過份整齊的東西，在整齊中多半穿插一些不調和，使其調和於不調和之中。」此即所謂「悲劇的殘敗」（Tragic flaw）。大多悲劇的主角，皆以自己的生命補償其無可挽回的錯失，這便是「悲劇的生命和解」（Tragic reconciliation of life）。

「崇高」是正統悲劇不可或缺的，當然現代式的悲劇已經多走偏向，不再侷限於任何規則化的傳統。所謂的平民悲劇，不限於王室、貴族的故事，不限於詩詞的裝點，不限於哲學內涵，而是自由放任，歸諸環境與遺傳。

不過「崇高」仍是人性可貴的一面，作者們並未甘心摒棄。如懇切的母愛，是屬自覺的，一種自然的精神活動，其深厚之情，當非子女所能理解，是爲崇高。又如今日之消防員，冒生命危險，出入火場救火救人。以及放棄小我、顧全大我的愛國志士，其行其志，尤爲崇高。

德國十九世紀劇作家克萊斯特（Heinrichvon Kleist）的名著「漢堡王子」（The Prince From Homburg），寫王子由於急圖取勝，身先士卒，但後因攻擊違反上級命令，而被判死刑。他本可以抗議其判決，但爲了有助於國家法紀之維護，自願受死，以儆效尤，結果獲得釋放，而終生爲國服務。

第十節　共同性（笑）——個別性（哭）

一、共同性

人越多越好笑，單獨一個人在笑，會被人視爲瘋子，趕緊遠離，免得招惹麻煩。

笑有著交互感染作用，講笑話，假若只有一個人聽，常會笑不起來，即使能笑，也是反應淺薄而短促，或許用這同樣的笑話，擴大聽衆群，就能激起哄堂大笑。

看喜劇彩排，有時聽不見什麼笑聲，而到了正式公演，卻有了驚人的劇場效果，是因彩排時觀衆太少之故。電視上播出喜劇時，往往配上戲外的笑聲，是考慮到每一電視機旁的看客太少，怕他們笑不起來，配了笑聲，是提醒他們：「此處可以笑」。

觀衆的笑聲，似乎有著磁性的效能，在場的人，除了那些「胸有成竹」的批評家或同業以外，多能隨著大衆的笑浪，產生所謂「朋黨心理」。常常因一個人帶頭發笑，引起全場的附和。有些人是因爲夾在群衆中會那麼忘記自我、放任自我。同時由於各人音色的不同，嘻笑摻合，和聲共起，益增喜悅的氣氛。

（甲）妻與人通姦，被夫當場捉住。夫氣疾敗壞地說：「你竟然這樣對待我！」

「我有侵害到你嗎？」妻問。

「你……」夫氣得一時找不到答案，隨口答道：「你侵犯到我的權益！」

「我侵犯到你的什麼權？」妻故意爲難他。

夫思索良久才說：「使用權！」

（乙）母親叫兒子吻別幼稚園的年輕老師。

「我不要！」母親見兒子拒絕，不住哄勸他聽話，他終於說出理由：「我才不要跟爸爸一樣，被她打一個耳光呢！」

（丙）媽媽勸女兒早嫁，勿耽誤青春：

「女人吶，在年輕的時候，像籃球，大家搶；到了中年啊，就像排球，大家推了；嗨！等到老年吶，那就像足球，被大家踢啦！」

——以上三則笑話都是取材自人們眞實的生活，所以符合大衆化，有共同感受；畢竟它只是個笑話，要掌握笑機，難免誇大其詞。

二、個別性

哭是一種個別的行爲，它不像笑那樣，一個趣味，引起滿堂歡笑。而且是同時的、齊一的、不約而同的。哭是由感情出發，感情的湧起，要有醞釀的過程，更要配合悲戚的氣氛，才能哭得出。

哭是公認的弱者表現，不願做弱者的人，當然不願當衆流淚。尤其是自命爲「大丈夫」的「男子漢」們，必然是不甘示弱，強自隱忍；實在忍不住時，躲到沒人的地方去偷偷飲泣。所謂「滿堂歡笑，一人向隅」。就是避開「滿堂」，而兀自傷懷。

只有在悲劇演出的劇場裡，大家可以共同享受感情抒發的快感。其實這裡所說的「共同」，仍是各自個別的行爲，因爲這些爲劇中人的遭遇而哭的觀衆是獨立的，各人的感受，各自流露。有些人看戲哭出聲；有些人哭不出聲、不拭淚，是不好意思、不願被別人發現他在哭。可就有吃了秤錘鐵了心的人，不受旁人悲情的感動；他自己不哭也罷，還喜歡左顧右盼，對那些正在宣洩感情、淚落紛紛的人，勾著脖子去探視人家下淚的模樣，使人家不好意思，中斷他疏濬情感的管道。這是不道德的，已妨礙到他人哭的自由。

第十一節　卑劣化（笑）←—人物品格—→英雄化（哭）

魯迅認爲「喜劇是把人生無價值的東西撕破給別人看。」也就是說將卑劣的人性和愚蠢的行爲用喜劇公佈出來，任人笑謔。

一、卑劣化

講笑話和編劇一樣，必須有人物出現，一切笑料都發生在人的身上。而這種能逗笑的人物，如非低劣、愚蠢之輩，就是卑鄙、使壞、而又無法自護的傢伙。

莎士比亞的喜劇「威尼斯商人」（The Merchant of Venice）裡的猶太人夏羅克，借錢給人，訂約到期不還，便得罰債戶安東尼奧割肉一磅。安東尼奧借錢原是爲了朋友要向富家女鮑西霞求婚用的。過了還款的約期，夏羅克竟然拒收三倍的償款，硬要按約在安東尼奧身上割一磅肉。經過鮑西霞喬裝的法官當庭判決，限他割肉不可流出一滴血，而且得平平準準的一磅重，不得有絲毫的多少。

你若說這位猶太富翁可惡：倘使以悲劇的手法來處理，這答案是對的；可是在喜劇中，猶太人夏羅克這種違反社會標準的作爲，卻是可笑的。他在衆人的嘲弄之下，非但未能達到割肉的目的，而且還當庭發落了他的財產。

（甲）小愷回家，母親見他面帶頹喪，問他：「發生了什麼事？」

「在公車站我撿到三千塊。」小愷說。

「那爲什麼你喪著臉，好像不開心的樣子？」

「有兩個人軋上來，硬說見者有份，要一人分一千。」

「那也不錯嘛，你還是可以分到一千啊。」母親想撫平他不悅的情緒。

「我到了家門口，」小愷懊惱地說：「才發現那三千塊是從我自己的口袋裡掉出去的。」

（乙）阿瑋驕矜自滿地昂首步上講台，至演講完畢，台下掌聲稀落，顯見反應不佳，自感無趣，十分洩氣。陪他同來、坐在聽衆席最後的老爸迎著他，提出他的看法：

「如果你上台的時候像下台的時候這樣，那你下台的時候，就會像上台時的那樣了。」

《孟子》有「揠苗助長」故事：

宋人耽憂禾苗不長，而把它一棵棵拔高一些。豈知這不是助長，禾苗反而都枯槁了。

——孟子用這位忒蠢的宋人來影射世人。反觀卑劣的人們，可從兩方面來看：

㈠從平凡到怪異

喜劇人物必須有著一種怪異的性格；其實這種怪異，本是常見的，然而經過劇作家的整理運用以後，便令人於平常中感到了怪異。例如貪財如命的「慳吝人」（L Avre, The

Miser），奸詐輕佻的「僞君子」（Tarrtuffe），憤世嫉俗的「憤世者」（Les Misan-thrope），原都是社會中常見的人，但一經法國大喜劇家莫利哀（Moliere）神妙之筆運籌後，便使觀衆有平凡的怪異之感。

我們今日社會上時可見到「沒有作品的作家」，作家原是因作品而名，有些人竟然名在作家的序列，而其作品終因難產、未能問世。又如資本不足而硬裝闊綽的「大老闆」；滿口洋文單字，而讀音生硬的「假學者」；以讀書作爲逃避兵役的「掛名大學生」等等，看來都是現實社會阻礙進步的渣滓。在日常生活中見之，並無怪異之感；但經劇作家運用誇張的手法，作「抽出」的描寫後，便使它強化而生動起來，令人發笑。

所謂「抽出」，是從人物多面性的各種成分中，抽出其單一的性格特質，如以上所舉之「慳吝」或「虛僞」或「憤世」等，加以擴大集中，使此一人物抽象化，成爲某種單一性格特質的代表。至於成其爲一個完整人物的其他成分，均一律捨棄於不顧。這在正統的性格喜劇上，已經成了編劇家的定律。

（甲）法官嚴正地對一名受審的犯人說：「你已經受審判入獄五次了，仍舊不知悔改，這次我一定要從重判刑！」

「呃呀，法官大人！你這就不對了。」犯人說：「對於老顧客是應該優惠的，不是嗎？」

（乙）牙醫生對走近診間病人低聲說：「我給你拔牙的時候，你要大聲吼叫好嗎？」

「眞的會有這麼疼嗎？」病人怕怕。

「不是啦！」醫生仍是壓著嗓子說：「外面還有四個病人，我怕會趕不上看電視棒球賽。」

——這種醫生，夠怪異了吧？

㈡可笑而非可惡

喜劇人物的缺點，是違反人情或有悖天理、國法，而爲人所不恥。當然悲劇中也常有「壞人」出現，陷害劇中主角，他照樣也是違反人情或是有悖天理、國法，爲人所不恥。然而悲劇中的「反派」，是狠毒而可惡；喜劇中的主人，多半祇是壞得可笑，而非狠毒，即使狠毒，也沒佔到便宜，因此不爲觀衆所恨惡。

古希臘時代的喜劇家亞里斯多芬尼斯（Aristophanes）的「蜂」（The Wasps）。陪審員克利昂好訟成癖，被其子禁足，於是他自比爲煙，而自煙囪中逃走；又自比燕，自屋頂縫隙中逃走，均爲僕所捕。他那批好訟的伙伴又自比「蜂」，前來迎救。其子乃以家中偷食之狗，交父審判。克里昂投下無罪的一票，是爲他從事陪審員投票以來僅有的一次「無罪」票。自此他便改變了好訟的癖性。

——這位陪審員便是可笑而非可惡的人物。

（甲）一人去投考航空飛行員，考官問他：「你什麼時候起念頭想要飛的？」

「哦，在兩個月前吧。」他說：「我與女友在旅社房間裡休息，誰知她老公追蹤而至，敲門甚急，我打開窗子想逃；可是，哇！十五層樓高耶！我怎麼辦？那個時候，我就想飛。」

（乙）胖子：「醫生，我吃東西如狼、呼吸如牛、睡覺如豬，我該怎麼辦？」

醫生：「去找獸醫。」

（丙）一名酒鬼向老婆發誓，要重新做人，不再酗酒。但不久他又喝得醉醺醺地回家，老婆很生氣地責問他：「你不是發誓要重新做人嗎？」

「是啊。」他說：「誰知道我重新做人的那個人他也是好酒貪杯之徒。」

二、英雄化

從希臘文藝鼎盛時代到文藝復興，悲劇的主角多屬英雄，如像「阿德柏斯王」、「安提絳妮」、「哈姆雷特」等。即使現今我國槍戰打鬥片中正義凜然的主角，還是未脫其英雄剛毅架勢。從周潤發主演「英雄本色」起始，英雄片大批出籠，行之有年。

希臘哲學家亞里斯多德對悲劇英雄下過一個定義說：「是一個有名譽地位而固執的人，但他並不特別正直或道德高尚。雖然如此，他所遭遇的不幸不是爲了惡行和掠奪，而是因爲某種錯誤判斷和性格上的弱點所造成。」

所以說，英雄是有所錯失的、有所犧牲的、有超越常人的氣魄和膽識的。英雄並不局限於捨己救人、報仇雪恨，任何一樁義舉、任何一種自我犧牲，都是英雄作爲。如在困苦無望中扛起艱鉅的責任，甚至在愛情的領域裡，自我放逐，也是令人欽佩的英雄。

法國十九世紀劇作家羅斯丹（Edmonde Rostand）描述的愛情英雄「西任諾」（Cyrano de Bergerae）。他深愛他的表妹，而表妹卻愛著西任諾同一軍營的軍官，求表兄促成。西任諾自慚形穢，配不上表妹，遂決心成全她，替那名軍官代寫情書，由於他原是詩人劍客，加之內心蓄藏著眞切的愛戀，寫來十分生動，以致表妹芳心深陷，而宣告訂婚。

其後軍官發覺未婚妻所鍾愛的人不是他，而是他情書裡的濃情蜜意、動人心弦的溫雅詩文，然而這些詩文又非出自他自己的手筆，不禁心寒意冷。在一次危險任務中，軍官違令出擊，死於陣前。

表妹傷心之餘，進入修道院，與世隔絕。

多年後，西任諾被仇家暗算受重傷，自知不久人世，乃往修道院探訪表妹。覆誦往日代軍官所寫的熱情詩文，表妹方知西任諾對她蘊蓄著無邊的戀情。

——西任諾愛情之純眞，終生不易，且不摻合佔有的慾念，直到他死，終於博得表妹的眼淚和熱吻。可稱得上是愛情英雄。

大家都知道唐伯虎是明代大畫家、大詩人，卻很少有人知道他對死亡豁然無懼。據說他在臨終前留下一首詩：

「生在陽間有教場，死歸地府也無妨；陽間地府俱相似，只當飄流在異鄉。」

他在絕命前尙有詩性，寫出如此好詩，哀而不怨，灑脫不羈。

宋明帝下旨賜死大臣王景文，當聖旨下達時，王景文正在與友人奕棋，他要求送旨差官准他下完這盤棋。他若無其事地移動棋子，照樣爭長論短，反倒是友人因之心慌手抖，頗爲不安。

他贏了這最後的一盤棋，收好棋子，才把聖賜的酖酒舉起向友人致歉說：「這酒不能待客，恕我獨飲。」說完，從容喝下。

王景文和唐伯虎一樣，看透生命的意義，視死如歸，實乃英雄也。

哈，英雄，說來易，做到難。想當年我被日本憲兵以抗日罪名逮捕，在綁行途中，我一路交代自己，什麼也不要招認，決不把同黨說出來，做個偉大的愛國英雄，留名千古。可是日本人畢竟是異族，他給予反對他的抗日份子，毫不留情，非得逼你招供，才好一網打盡。

我的天哪！那老虎凳，加到四塊磚頭以後，兩條腿已疼得無法自制，滿頭是汗。那坐飛機，用鐵絲綁住我兩個大拇指，從背後吊起在半空，抽打在身上已不覺得疼，但感全身血液衝上頭殼，像要爆炸似的。還有狼狗咬、鼻灌水……肉體苦痛到無法支撐，促使精神瓦解，一切的矜持都破滅了，眞沒骨氣。

敵人是貪得無厭的，你招了還得再招、再招，招到你吐盡了存底，他的刑罰仍然不肯終止。再逼、再逼，逼到我連與抗日不相干的友人、親戚都亂扯出來。他們無辜被捕挨打，都是我害的。

關公刮骨療毒，還能聚精會神地下棋，難怪他會被人尊坐高位，而以神明供奉；反看我自己，經不起考驗，擋不住皮肉之苦，豈是英雄的料。

本來嘛，人在沒有面臨死亡威脅的時候，發幾句誓，背幾句格言「死有何懼」！是人人都能做到的；等你眞正走到死亡邊緣，還能以平常心看待死亡，就不是那麼容易了。

咳！想當英雄，走著瞧！

第十二節　優美（笑）←—美學—→雄偉（哭）

一、優　美

美學上稱喜劇的美，爲「優美」。舉凡悅耳動聽的音樂、歌唱，美妙的舞姿，華麗的佈置，秀美的風景，精巧的飾物、道具，奧妙的語言或文句，都可達優美的境地。

意大利影片「三姊妹的情人」，就是長鏡頭的始作俑者。其中有物理學家馬西蒙教授說：「我沒想到會爲害到人類。」

「發明原子彈的人也是這麼說的。」其老三珊德拉小姐說。

——這兩人的對話銜接的甚有意義，富有趣味，是爲優美。

（甲）美國和俄國的太空人均登上了月球。美國人收集岩石和樣本，俄國人則忙著把月球漆成紅色；美國太空人向美國太空總署控制中心報告有關俄國太空人的行動，中心的回答是「別理他」。

幾天後，美國太空總署又接到太空人的報告說：「俄國已把月球表面完全漆成紅色後，就撤離了。」總署的回答：「很好，你們就在月球的表面，用白漆寫四個大字：『可口可樂』。」

（乙）總經理吃完女秘書爲他送來的早點後，對女秘書說：「我發現用女人的絲襪擦手上的油膩，是最有效的。」

「好，我把絲襪脫下來給你擦手。」女秘書說。

「嗄？呃……」總經理楞了一下說：「脫下來，就沒那個效果了。」

（丙）妹嫁到新加坡，三年才第一次歸寧，兄妹重逢，幾至下淚。兄介紹新嫂與妹相見。妹見嫂懷抱一歲的女兒，尚不會走路，遂問東問西，想找出原因，好幫孩子解帆。兄轉向小女兒，以逗孩子玩的方式，透露心聲：「其實是爸爸不想你太快會走路，免得你像你小姑姑一樣，跑到那麼遠。」

笑話應屬優美的語文，所以用辭不可粗俗，內容亦宜滋趣生味、有創意。這裡且就優美，提出四類笑話，供製笑者參考：

㈠環　結

（甲）姊帶著一兒一女回娘家，母親很高興，忙著爲外孫和外孫女找吃的。弟拉著小外甥一起玩，玩得過火，壓得小外甥幾乎喘不過氣來。姊笑著向母親告狀：「看，你寶貝兒子，欺侮我寶貝兒子了。」

小外孫女見外婆笑而未答，乃對母親說：「不對，是你的寶貝弟弟，欺侮我的寶貝弟弟。」

外婆可接話了，她對她女兒說：「瞧，你寶貝女兒，也來批評我寶貝女兒了。」

（乙）阿亢以能言善道被錄取進入某大百貨公司做店員。頭一天下班後，他就被經理叫去，受到責備。

「爲什麼你一整天只接待一名顧客？」

阿亢回答說：「因爲這位顧客一天內買了我們兩百萬元的貨品。起先他只是來買一瓶阿司匹靈，我問他是誰病了？他說他老婆偏頭痛。他正要走，被我叫住，勸他趁老婆病，偷閒去釣魚。他認爲是好主意，於是我向他推銷魚鉤、釣竿、和釣魚絲。當他第二次打算走出去時，我又追上去，告訴他西海岸可以釣到大魚。他果然心動，因此我又趁勢向他推銷一艘小釣艇。可是他的轎車無法拖動小艇，所以我再憑三寸不爛之舌向他推銷了一台廂車。」

㈡反　駁

（甲）警察當場捉到色情按摩女，老闆辯護說：「她們祇是油壓，你就把她們看作油壓機好了，不能算是色情。」

「油壓機？」警察說：「你沒辦工廠登記，照樣要取締。」

（乙）店員：「先生這裡不可以抽煙。」

顧客很不滿意地說：「你們賣煙，卻不准抽煙，這是什麼邏輯？」

店員：「我們也賣毛巾，你見過有人會在這裡洗澡嗎？」

（丙）漁人豐收返航，遇記者訪問，談捕魚苦經。

記者訝其驚險，問：「既然你父母均死在海上，你爲何還敢出海呢？」

漁人笑答：「你父母都死在床上，你怎麼還敢睡在床上呢？」

㈢列　比

（甲）一個國際性的集團，首次集會溝通。負責人提出問題，要大家解答。

「你們對糧食短缺，有何個人意見？」

「我不懂什麼叫短缺。」美國人說。

「我還不知道什麼叫做糧食！」挨塞俄比亞人說。

「我不懂什麼叫個人意見。」伊拉克人說。

（乙）警察攔截下一輛轎車，告訴司機說：「告訴你一個好消息，依據我們數位裝置，反應出你這部車在每次發動前就繫好安全帶，按章程你已贏得安全駕車記錄大獎十萬元，恭喜你了。」

「謝謝。」司機想開走，警察又說：「你說說看，這個錢你打算怎麼花？」

司機毫不猶豫地說：「我會去參加駕駛學校，學會開車，領到駕照。」

「嗄？」警察訝異地說：「原來你是無照駕駛？」

駕駛座邊的女乘客連忙解釋說：「不，他是喝醉了酒亂講的。」

「嗷？」警察更加吃驚地說：「還是酒後駕車！」

這時車後座有一人揉著剛睡醒的惺忪眼埋怨道：「我早就跟你們說過，偷來的車是逃不掉的！」

「哈！」警察這回可樂了：「這下我又逮到一部贓車了！」

行李後廂忽聞敲擊聲，有人在廂內大聲問：「喂，你們偷渡船到底搞好沒有？我實在悶得受不了啦！」

㈣雅　飾

(甲)在一次相親過後，男方痛斥媒人說：「你不是說她如花似玉、美得不能再美嗎？怎麼是個鼻塌眼斜、五官不整的女人呢？」

媒人陪笑說：「你不是畫家嗎？我以為你會欣賞畢卡索的品味呢。」

(乙)小杜是個眼看四方、耳聽八方的七歲男孩。一次他聽得父親問客人：「你是姓立早章、還是弓長張？」

小杜記在心裡。後來有一位姓李的客人來找他父親，他問客人：「你是姓立早李，還是弓長李？」

客人回答說：「豈有此李！」

（丙）國文老師批示阿瓜的作文：「像東門捷運站外擦皮鞋的。」阿瓜和老爸都不解其意，父子同往東門捷運站外去察看，果見有一個擦皮鞋匠坐在那裡。他的擦鞋箱上豎著一塊木牌，寫著：「黃皮鞋二百元、黑皮鞋二百元、白皮鞋二百元，一律二百元。」

「阿瓜，你找到答案沒有？」老爸問。

阿瓜搖頭，老爸加重語氣說：「老師說你廢話囉唆！」

二、雄　偉

希臘悲劇家們所表現的有兩個共同點：一爲「命運的重壓」，一爲「造物的殘酷」。人物處於重壓與殘酷的毒害下，產生了人性固執的自尊，發揮出無涯無際的抗力，造成悲劇的結局，其情可憫、其志可頌。此種精神，在美學上稱之爲「雄偉」（Sublime）。

雄偉者，無可比匹。就大自然界而言：太陽光，晴空萬里時，只見一輪烈日高懸，威力達於每一角落；銀色月光，溫柔親和、普灑大地；浩瀚的海洋，波濤洶湧，怒潮來時，無可抵擋，氣勢萬千。各具它自己偉大的特色，沒有任何事與物能與之相提並論，是爲雄偉。

今日科學雖已登上太空，機靈的人類，仍對天然的災害一籌莫展，一旦面臨災情，自感脆弱渺小。所以也把他們視作無可比匹、無可抗拒的雄偉。

如火山爆發，熔漿沸騰，無堅不摧；大水淹沒田莊，浸入家屋，人畜無所遁跡；颱風過境，席捲無算，地動山搖；天旱不雨，大地枯槁，生物無存；土石流順流而下，衝垮堤岸，掃平房舍，帶走生命；大地震，人屋同陷，高樓傾倒，無天無地無來日……造物的殘酷，歸之於命運。

就人而言，超越的情操，不順安於命運，在狂瀾下，危殆萬分，明知大勢已去，仍起而抗衡。如精忠報國的岳武穆，力挽頹勢，討金累建奇功，爲主和派秦檜以一日降十二道金牌召還，假莫須有的罪名置死。他本可「將在外軍令有所不受」，而它寧願選擇了「精忠」，其格則更高一籌。以當時「君要臣死，臣不得不死」之死忠標準來看，可謂雄偉矣。

宋遺臣文天祥堅不降元，引頸受刑，正氣磅礴，是爲雄偉。

明，十七歲少女沈雲英繼戰死的父親，領軍殺賊致果，尋回父屍安葬，堪稱雄偉。

聖經新約全書路加福音第二十三章第三十三、三十四節：「到了一個地方，名叫髑髏地，就在那裡把耶穌釘在十字架上，又釘了兩個犯人，一個在左邊，一個在右邊。當下耶穌說『父啊，赦免他們；因爲他們所作的，他們不曉得……』」。耶穌在痛苦的死亡前，尚不忘爲侮蔑他、殺害他的人向上帝祈求赦免罪過，其仁厚、寬容、無我的心胸，無人能比，是雄偉也。

抗日戰爭中，在日本佔領區的愛國志士，明知抗日必死，仍有可歌可泣、前仆後繼的抗日慘劇發生。那些小人物，連名字也未留下，純屬為國犧牲，是為雄偉。

《孟子》：「生，亦我所欲也，義，亦我所欲也；二者不可得兼，舍生而取義者也。」人類有比生命更寶貴的東西，有比死更厭恨的東西，全憑各人自己判定。

就莎士比亞的劇作「羅蜜歐與朱麗葉」（Romeo And Juliet）來看，男女主角在愛情上的固執，超越了一切。「死亡」對於人原是一個最大的威脅，苟且貪生，屈服意志，然而他們卻毫不猶豫地放棄了生命，戰勝了「死亡」。同時也戰勝了「仇恨」，他們兩大家族之間的世仇大恨，多年的械鬥，至他倆的死亡，雙方家長言歸於好。並且更戰勝了強權，戰勝了虛具其表的尊榮，戰勝了財位的誘惑，表現了愛情至上，無堅不摧的威力，是亦謂之雄偉。

第十三節　明暢（笑）←——語文——→含蓄（哭）

一、明　暢

我國語言和文句，內涵非常豐富，變化忒多。舉凡單方面的強詞奪理、雙方面的針鋒相對、以牙還牙、刻薄尖銳、嘻笑俏罵、木訥遲鈍，或是內含影射、心存調戲、旨在耍賴、隱藏奸詐……等。

以及另一境界，富有人生眞理、社會意義的哲理成分，所謂言之有據、一針見血。雖不致句句引人發笑，但觀衆欣賞中游目騁懷，如登春台。所以撰寫喜劇對白的人，要練成高度的說話技巧，權變花招，透人理性，挑起快感，則可運籌帷幄，決勝千里矣。

比方傻瓜口中的眞心話，原是最眞切、最忠懇的心腹之言，應該是對的；但因社會標準站在錯誤的一面，反而把他的「對」，當作了「笑」的對象。

例如，一次在選美大會上，被選出來的后座小姐，大家都認爲並不是眞正最美麗的，不免談議紛紛。選委會想平復這項暗潮，乃於在場觀衆中挑出一人上台發言。此人竟是后座小姐的哥哥，並且替他謊報姓名，企圖掩飾。不虞他上台後全說良心話：「當選皇后的是我的妹妹，但我要說實話，我妹妹不是最漂亮的，這是運作的結果……」他的話引起滿場呼叫響應、鼓掌讚賞，還夾雜著大笑聲不止。

——此人如不是白癡，就必是正義之士；但世上像這種正義之士眞可謂鳳毛麟角、天下少有，所以當時也有人相信他是個白癡。因爲只有白癡才會不顧到自己的妹妹和家屬的體面與權益、不顧到選委會的立場，而說出眞心話。那他以後回家，怎樣面對花下錢去運作的父母，以及被他直接傷害到的妹妹呢？

這就是語出明暢、違背社會標準的喜劇上材。

㈠詭　辯

（甲）《莊子》秋水篇載：莊子與惠子同遊於護城河橋上。莊子見水中鯈魚悠閒自在地游來游去，有感而發：「鯈魚出游從容，是魚的快樂啊！」

惠子抓到機會駁他：「你不是魚，怎知魚快樂呢？」

莊子不甘示弱反辯說：「你又不是我，怎麼知道我不知道魚哇？」

惠子當然不會認輸，又說：「是啊，就因爲我不是你，所以不知道你；根據這個道理，你不是魚，你當然不知道魚啊！」

詭辯之辭，彰顯兩大宗師天才橫溢，予人以明快、輕鬆、舒暢而優美。

（乙）小秘去耳鼻喉科求診，說：「我半聾了。」

醫生笑謂：「耳朵只有聾、或不聾，沒有半聾。」

「可是……」小秘說：「要說它是聾，它又能聽到一半；要說它是不聾，它又不能聽到全部，這不是半聾是什麼？」

「既然你堅持，那我來爲你測試一下看看。我說一句，你跟著我複誦一遍，好嗎？」

「好。」

醫生說：「六十六。」

「三十三。」

醫生說：「七十七。」

「三十八點五。」

醫生說：「到台南。」

「到台中。」

醫生說：「現在測試完畢，請你轉診精神科。」

㈡禪　趣

（甲）一群人圍著胖子逗笑，胖子憨憨地說：「胖子是病，瘦子也是病。」講到治療，胖子又說：「很簡單，胖病要餓，瘦病要吃，就一定會好。」

有人逼問胖子：「那你們胖子爲什麼不餓呢？」

胖子尷尬地回答：「可是啊，胖子都不肯餓，瘦子想吃、吃不下。」

（乙）阿來是瘦削的孩子。母親節那天，他送給母親的禮物是一張謝條。上面寫著：「媽媽，感謝你每天給我吃早飯、吃中飯、吃晚飯，要不我會更瘦。」

（丙）暴雨驟至，體育老師帶著學童們在走廊上暫避，有學童問老師：「世上有沒有鬼？」

老師說有，且舉例說曾經見過。

邦邦提抗議說：「你們大人都喜歡用看不見的東西來騙我們小孩。我爸是牧師，每頓飯都教我作飯前祈禱，感謝上帝；我媽是護士，教我飯前洗手，她說手上有細菌；老師你又說有鬼。爲什麼這些我們小孩看不見的東西，你們大人都說看見過呢？」

(三)變　數

（甲）妻難產，差點掛了，老公感到歉疚。二人協商，今後夫妻只相愛，不做愛，且發誓：「誰要先破戒，天就罰他死掉。」爲了避免犯規，夫妻分房而眠。一天夜晚，老公正要入睡，有人敲門，問是誰？妻在門外回應：「不怕死的來了。」

（乙）港片「陰陽錯」中，有母親對她兒子新交的女朋友說：「我已經罵了他三十年，現在該輪到你罵他了。」

(四)勸　導

（甲）老爺爺時常亂發脾氣，兒孫們都受不了，又無法制止他，乃請爺爺的老友們來勸說他。大家各展口才：

「你跟我們一樣，已經老了，一切都退化了；可就是你的脾氣還沒有退化。」

「我告訴你，人活著就靠一口氣，所以要把這口氣留住，別隨便發脾氣。」

「你要曉得，生氣就是漏氣，氣漏多了，你就沒氣啦！」

「我跟你講，我們老兄弟，大家都在鼇苗頭，看誰先斷氣；要想忍住這口氣，就要不生氣。」

老爺爺被圍勸得無法抵擋，只好俯首認輸。

（乙）夫有外遇，妻發覺後，鬧著要離婚。老岳父趕來勸阻，卻未碰到面，遂留下一張字條給女婿：

「別因小失大，宜棄暗投明。」

㈤喜趣明暢的對白例句：

△男人哪，除了上班以外，八成兒去的都不是好地方，大明大白地問他上那去，他是不會說實話的。一定要拿話來套他、繞他、搔他，才能揪出他的歪點子。

△嗄？你還能算是名廚啊？一邊去涼快吧！咳，教你燒個酸辣湯，光辣不酸；教你做個獅子頭燒青菜，光見青菜不見獅子頭，滿鍋肉渣，一股豬毛味兒——啊啾！

△像他這樣做生意，一定會虧本。比如這隻花瓶，標價五千，人家還價四千，他一口就答應了，這筆生意非但沒有成交，反而讓人家損他一頓。所謂「遷就遷就，先遷後就，」你明明是可以賣了，可也得先說上幾句「不能賣啦」、「血本無歸啦」，到後來再裝出無可奈何的樣子，說只賣你這一次，下不違例。咳，這麼一來，這筆生意就做成了。

△你不甩她？你敢不甩她？她現在是我們董事長的老二，是老大簽字認可的老二，大家都已經改口稱呼她「董娘」了，她在公司裡一言九鼎。你呀，你不過是個秘書，她正好騎在你的脖子上，你他媽想搞她的飛機呀，來世吧！

二、含　蓄

能勾起人感傷情緒的語文，詞有未盡之意，內含深長情義，透過感性的意識過程，激人垂淚，或令人縈迴於悲憫的氛圍，為之惋惻，繼而審思，乃至引為自嘆自勵。其內容多屬感性的、含蓄的、真純的、誠篤的。

美國二十世紀劇作家奧尼爾（Eugene O'Neill）曾在他的作品「安娜・克麗斯替」（Anna Christie）的序言中說：「一個逗點，打在一個庸俗的開端的句子上；而它的主句仍未寫出來。」這「庸俗」，是他自謙之詞，而「主句仍未寫出來」，便是內蘊的功夫。

清康熙年代的作家張心齋寫生活情趣的小品《幽夢影》，佳句盈溢，擇其二三於下：

「文章是案頭的山水；山水是地上的文章。」

「情必近乎痴而始真；才必兼乎趣而始化。」

「多情者不以生死易心；喜讀書者不以忙閒作輟。」

瘂弦的詩作「殯儀館」，連續用「媽媽怎麼還不來呢」句，形容人生終結的時刻，回歸到生命的起點，需要母親的照顧。可是母已去遠，黃泉尋母，母安在？讀來百感交集，慨嘆難釋。

日本突襲美國珍珠港，引爆第二次世界大戰，英美同時宣佈撤回住在日本佔領中國地區的僑民。

當時我才十六歲，與基督教內地會八十歲英籍老牧師貝寶善忘年之交。他要回國時，我在南京讀書，等我趕回鎮江，只見到他留下的一幀紀念照片，照片的後面寫著一行字：

「在上帝的家裡再見。」

我知道今生不可能再見到他了。他這行字，是鼓勵我虔誠信主，日後進入天堂，就能與他重逢。意義深長，其情可感。

錄列眞純含蓄的對白如下：

△我花費了一生一世的功夫，才懂得一個人不需要樣樣都懂。（摘自「吾愛吾家」雜誌）

△榮：很抱歉，娟娟，昨天我對你發脾氣之後，一夜都睡不著，思前想後，才發現那不僅是我發你的脾氣，也是在對我自己發脾氣。

娟：我也是，阿榮，我終於搞懂了，生氣是拿別人的過錯懲罰自己。

△從瑞，你看見當頭這顆星星嗎？它好像是爲著我們來的。也許昨天它並沒有在這兒，也許幾千萬年它才能到這兒來一次，說不定上帝差遣我們飄到這兒來，就爲了要了結我們跟它之間的緣份吧？（摘自電影「霧茫茫」）

悲劇的對白，重在感情深厚。一般感人下淚的悲劇台詞，往往長達二百字以上。因爲它需要漸次加重份量來壓抑觀眾的感情。當然悲劇的淚，並不是全依仗對白產生，乃是出自劇情的感染力，然而不可疏忽的對白是表達劇情的方式之一，是刺激感情的主力。

△（柔腸百轉）孩子，你走了這兩個月，媽的身體更不如以前了。醫生教我不要操心，不要生氣，可是媽成天操心，成天生氣。上次跑去看你，你關著門不肯見我，寫信給你，也不給我答覆，現在回來了，又不肯說話。（加重哀傷）難道我們母女就不能再通

一句話了？難道媽打你一掌，你就永遠記住，恨媽一輩子？你知道一個做母親的，責打了她的孩子，過後心裡是怎樣的難過嗎？我知道你心裡有很多的煩惱，不能無憂無慮地讀書。孩子，是因爲有我這樣一個母親活在這兒，讓你心裡不能平靜嗎？其實，媽一生被苦日子折磨夠了，早就不貪戀這個世界了！（執住她的手，哀憐地）孩子，媽要是死了，你還會記住媽打你一掌的仇恨嗎？（擇自話劇劇本「母與女」）

△（面對丈夫的亡牌，如泣如訴）感激你，不嫌我出身低微，不嫌我流落煙花，你眞誠地愛上我，這是多麼可貴的感情，使我得到最甜美的生活。滿以爲我的苦難已經過去了，誰知道好日子只有幾天，這麼短。文智，我早就說過，我會害了你，我眞的不配做你們梅家的媳婦。要不是爲了我，你不會被逼到內地去。早知會這樣，我寧願不要名份，偷偷摸摸跟你一輩子。如今我要走了，我要單獨走出你家的大門，再也不容許我回頭了。我是個失去丈夫、丟下孩子的女人，我活著還有什麼意義。文智，我死了，在地下能見得著你嗎？你還會那樣疼惜我嗎？（擇自電影劇本「西山月」）

第十四節　喜、悲劇常擷取的笑哭材幹

美國批評家董卜森（Thompson）說：「在今日，高級喜劇和高級悲劇是相似的。」足見現代戲劇其悲劇與喜劇的界分已很模糊了。早年在美國百老匯（Broadway）最賣座

的舞台喜劇之一「煙草路」（Tobacco Road），其角色貧困艱苦，而看來似悲劇，但性格因作者予以貶低，又屬喜劇，是一種悲喜混用的形式（但不是悲喜劇）。其演出紀錄，達三千一百八十二場之多。雖然我們已不必局限於純粹的悲劇或純粹的喜劇格局，但這些構成悲劇或喜劇的因素，如同情或批評、感情或理智、主觀或客觀、嚴肅或輕鬆……等，對於現代戲劇，仍是具有絕對的重大價值。因爲不論是喜劇也好，悲劇也好，二者綜合也好，劇場效果的「哭」或「笑」，還照樣是劇作家不斷追逐的東西。不過那些恐懼、憐憫、機智、諷刺……已被化整爲零，破除其原有的定位，而作混淆運用了。所以這些悲劇和喜劇的基本內涵，當一個現代的編劇家，仍舊不可忽視的。

一、喜劇的材幹（笑）

㈠誤　會

誤會，就是弄錯了對象，把車伕當作了經理，把廢銅認做了黃金。所謂張冠李戴，是說張的帽子，誤戴在李的頭上；狐假虎威，是說群獸畏懼於虎，虎反以爲群獸是畏懼同行的狐；瓜田納履，被人誤作偷瓜；李下整冠，被人誤作竊李。誤會雖不能爲喜劇裝上深奧的人生意義，但它有充分的「笑」，使喜劇不致流於冷淡。

羅馬時代意大利喜劇作家普勞特斯（Macus Titus Plautus）的「米諾契密」（Menaechmi），寫一對雙生兄弟，面貌酷肖而引起認人上的誤會，趣味甚爲豐富。莎士比亞也寫過一齣類似以雙生兄弟造成誤會的喜劇「錯誤的喜劇」（Comedy of Errors）。

十八世紀英國劇作家高德斯密斯（Oliver Goldsmith）的最後作品「屈身求愛」（She Stoops to Conquer），便是一部以誤會構成的喜劇。描寫古板鄉紳哈德克薩致函老友，召其子馬羅前來，欲選爲東床。不意馬羅受捉弄，誤以哈德克薩的家是一座旅館，把他女兒認作侍應生；同時他們父女也誤認馬羅是前來求婚的，鬧出許多笑話。

誤會事件在本質上應屬喜劇，但往往也會被用在悲劇上。希臘悲劇時代，攸立匹得斯（Euripides）的悲劇「伊洪」（Ion），寫伊洪是克萊烏薩婚前的私生子，生後棄之，在廟中由女祭師養大。後因克萊烏薩婚後久不生育，其夫乃領養了伊洪，並且倍加疼愛。克萊烏薩反以爲伊洪是其夫的私生子，故意做成領養的圈套來欺騙她，因此以毒酒謀害伊洪。幸未構成大錯，終因女祭師說明伊洪的來歷，母子方克相認。

伊洪是描寫女人憎與愛的感情波動，其作風完全脫離了當代悲劇（包括他自己的其他悲劇）的規範。有所謂「鬧劇性」（Melodramatic），忽驚忽喜的意味，故有人稱其爲「悲喜劇」（Tragi-Comedy）。它的影響，引導出希臘的新喜劇。

如果克萊烏薩用毒酒謀害伊洪得逞，母親毒死親生兒子，眞是人間慘劇，那就不會被人評爲「鬧劇性」、「悲喜劇」了。因爲它的「誤會」並未釀成嚴重的結果。由此可見，誤會所釀成的結果若是輕盈可笑，無大礙的便是喜劇，反之則爲悲劇。

(1)弄錯時、物、事、地、人

（甲）時——母看過小雯十年前的照片，問小雯：「你爲何不再梳這種髮型？那使你看起來年輕十歲。」

（乙）物——傑克倫敦的翻譯小說「野性的呼喚」，放在男老師的桌上，而被一本學生的作業簿蓋住了「野」字。一個女生看見，不禁倒抽一口氣說：「老師，你喜歡看這種書啊？」

老師連忙挪開作業本，那女生已走開了。

（丙）事——台灣出品的國片「阿爸的情人」，片中李立群與友人談蛇酒，蛇的毒性越烈，泡出來的酒，對「性」功能越有助益。說時，友人搬起大玻璃罈，裡面泡著一條劇毒的大雨傘節，導演王獻箎刻意把蛇頭昂在酒中。

友人爲李傾罈倒酒時，其蛇頭突然衝著李「噗」地滑出罈口，觀衆皆「哇」地一聲驚叫，然後哄然大笑。

——這驚叫是誤以爲蛇向李攻擊；稍停發現自己是誤會，於是笑了。

（丁）地——老覃到某酒樓去吃喜酒，一進門有掛著紅條的招待上來招呼，遂簽名、送禮金，然後入座。席間見不到一個熟人，獨自喝悶酒。直到新娘、新郎來敬酒時，才知走錯了門，原來他要恭賀的是在本酒店二樓。

（戊）人——力勸因公赴嘉義，購臥鋪車票，由桃園啓動後，他拜託服務生在快到嘉義時叫醒他，並告訴他：「我有被人叫醒後亂發脾氣的怪癖，希望你不要計較，一定要把我弄下車，那怕是對我使用暴力。當時我可能會罵你打你，但事後我會感謝你的。」

服務生展示肌肉，保證能弄他下車。

當力勤自動醒來時，車已過了嘉義，誤了大事，非常憤怒，找服務生大吵。

服務生解釋說：「我確實已遵照辦理了，可是你不肯下車，又罵我、又打我……」

「我不是跟你說過嗎？你可以使用暴力呀！」

「是啊！」服務生說：「所以我不顧一切，把你的行李都扔出窗外，然後把你拖到車門口，你緊拽著門欄不放，我用力一腳，把你踹下車去。車開了，你還追著車罵我該死。我的天哪，爲什麼你還在車上呢！」

(2)會錯意

（甲）某婦人甲兀自悶悶站在橋上，無獨有偶從橋下走來一名婦人乙，她也是滿心不悅的樣子。

兩個同是天涯寂寞人終於互相通話了。

「看樣子，你好像有什麼煩惱？」甲先開口。

「唉！我老公成天拈花惹草，從不關心我！」乙感嘆著說。

「可惡！」甲爲之不平：「別饒他，抗爭，我支持你！」

「那你呢？有什麼鬱卒？」乙說。

「我老公每天打打吵吵，實在叫人難以忍受。」甲的樣子很喪氣。

「他竟敢對你施用暴力？」乙也爲她抱不平。

「不是啦，他每天打球以外，就是炒菜，打打炒炒，我好煩！」甲說。

「哦，是這樣嗎？」乙笑起來說：「那我老公是個園丁，他也不能不拈花惹草哇。」

（乙）五歲的男孩穿了一條新買的褲子去參加幼稚園畢業典禮。

中午媽媽在廚房炒菜，聽到大門響，遂大聲吩咐：「你進門先把褲子脫下來。」

誰知進來的是郵差，他果然把褲子脫掉，循聲走進廚房，問她：「下一步，我該做什麼？」

「下一步？」她訝然失聲，但立刻便繃起臉說：「下一步是給我滾出去！」

(3)解錯字

（甲）下午放學時間，我們看到大批女人走在街頭，胸前都別著橫牌，上寫「鐵鋼國中」。引起我們一連串的猜疑：這所國中在哪裡？校名怎麼會這麼硬？學生爲何都不背書包？而且個個年紀都這麼大？難道是成人國中？

謎底揭曉，原來是「中國鋼鐵」工廠放工了。

（乙）大考前，老師提示考題重點，志二因感冒未到課，遂向同學借課本，見他注有「重點」的，即加緊用功記憶，凡注有「非重」的，則放棄。

結果志二大考這門當了，追問借書同學，方知其「非重」者，乃是「非常重要」也。

(4)聽錯音

（甲）愛情尚未成熟的一對男女並肩走在路上。

「你轉來轉去找什麼？」女的問。

「找旅館啊！」男的回答。

「你休想！」女的勃然大怒說：「我不可能跟你進旅館的！」

「呃呀你誤會了，我說的不是旅館，是鋁管，你知道我是負責維修水管的工程師啊。」

（乙）女生向訓導老師報告：「某男生性騷擾，竟然向我借胸罩！」

老師把那男生叫到訓導處責問。他啼笑皆非地說：「我哪有借胸罩，我是向她借香皂！」

㈡機　智

人物運用其聰穎的頭腦，敏捷的思路，見機行事，企圖獲得他所要的成果，就是機智。例如有一對男女談戀愛，用上了機智，男的說：「我對她用『欲擒故縱』的愛情攻勢。」女的說：「我對他採『以退爲進』的策略。」這種愛情，各耍心機，不是眞純的情愛，所以不屬悲劇，而屬喜劇。

有一部宣導獨幕劇「亡故一人」，是民國二十年爲了推行成人識字教育而寫的。內容是妯娌兩住在鄉下同一幢小屋裡，兄弟兩住在城裡合開一爿店，生意忙，久未回家。嫂思夫心切，托塾師爲她代寫一函寄給丈夫，說自己病了，若再不回來，恐見不著了。恰巧弟婦也懷同樣心情，瞞著嫂請塾師代寫同樣的信，都求塾師保密。

回信來了，請塾師讀聽：上款是「賢妻如晤」，下款是「夫字」，看不出到底是誰寫給誰的。但內容可把妯娌兩嚇哭了：「恨只恨我兄弟兩亡故一人」，卻不知死的是誰。

妯娌兩從信中得知四天後要返鄉，想必是活的那個帶著死的那個骨灰回來。家中要設好喪堂，二人都披麻帶孝，商定由嫂守靈，弟婦分往親友家報喪。

嫂見弟返家，疑夫已死，而弟見嫂泣於靈堂，亦疑妻已死，二人靈前痛哭。

當嫂與弟各進房去時，弟婦回來，正遇兄歸，二人也以爲死的是自己的配偶，自怨自艾，傷心欲絕。迨至嫂與弟聞聲各由房中趕出，四人相見，一個沒死。連忙要撤喪堂、脫孝服，猝聞屋外傳來一片哭聲，親友們都提著香燭紙錢前來弔唁。

原來是因爲兄弟兩寄回來的那封信上，原要寫「我兄弟兩忘僱一人」，卻寫成了「亡故一人」。編劇者旨在強調「人人識字、用字不白」的重要。

這故事起因於妯娌兩各懷鬼胎、自作聰敏，笨拙的機智，惹出一簍子笑話。

(1)解　圍

（甲）夫婦吵架，氣得互不通話。一週後，夫想結束冷戰，故意用和藹的眼神看妻，怎奈妻仍堅持怒狀不理他。

半個月過去了，妻還是喪著臉，似乎沒有轉寰餘地。後見夫在房間裡翻箱搗櫃找東西，找了整個一下午。妻實在忍不住了，才堵著臉、以不調和的口氣問：「找什麼？」

夫立即擺出笑臉說：「找你的嘴呀，皇天不負苦心人，終於讓我找到了。」

（乙）老爸生日，五姊妹皆來拜壽。

五妹遲遲才到，諸姊圍上來，衆口同聲地責備她一句話：「你怎麼再嫁，還是當小老婆呢？」

然後七嘴八舌指斥不休：「你又不是條件差！」「你又不缺錢！」「你還是大學畢業生吶！」「你的年紀還這麼輕！」……

五妹任由她們一個個說完，才輕輕巧巧地回答：「小是（時）了了，大未必佳嘛！」

(2) 巧　駁

（甲）離婚夫婦爭孩子的養護權，女方說：「他是從我的肚子裡懷胎十月生出來的，我付出的忒多，所以他應該歸我！」

男方反駁說：「倘使我投幣到販賣機裡，落下一罐飲料，試問這罐飲料是屬我的，還是屬販賣機的？」

（乙）文壇怪傑李敖在演講會上，常請聽衆發問。一次遇到故意爲難他的人問他：「李大師，你來台灣已四十年了，還不會講台語，這是不是就表示你並不愛台灣？」

李敖笑答：「你們自稱是台灣人，從你們祖先遷來台灣已近四百年了，你們怎麼不會講原住民的語言，難道你們都不愛台灣嗎？」

又有一次，他使聽衆寫字條上來，按先後順序一一作答。這回他碰上一位惡作劇的傢伙，在字條上只寫了「王八蛋」三個字。

李敖並未生氣，照舊是含笑把字條展向聽眾，他說：「別人的字條都是寫問題要我答覆，不寫自己的名字；而這位朋友，他只寫自己的名字，不提出問題。」引起哄堂大笑。

(3)高　段

（甲）公司提倡節約，請員工大家來出點子，並設獎金二十萬元。結果公佈，獲獎者的主張是「獎金減半，降爲十萬元。」

（乙）父爲了女方有錢，企圖爲兒子小清安排婚事。當小清與女在淡水河畔見面時，問起女的年紀，她說：「還不到三十啦。」

小清看她的樣子，知她有所隱瞞，便兀自在河床裡選撿石頭。

「你在撿這些石頭幹嘛？」女問。

「停幾天，可能會賣到高價。」小清說。

女不禁笑起來說：「我活到四十歲，還沒聽說過石頭會賣高價呢！」

「你知道嗎？」小清說：「我今年才二十六耶！」

(三)諷刺（Satire）

喜劇與笑是秤不離錘、腸不離胃，一體的兩面。既然笑的態度是客觀、依據標準、施予制裁；那麼喜劇也就承接其同一體系，對當前社會或個人進行批評、攻訐。但它畢竟不是潑婦罵街，直接指斥；其語言雖銳利而不失文雅，雖譏諷卻旨在改造。

而且諷刺必須針對當代社會人生的眞實現象。魯迅說：「非寫實決不能成其爲諷刺。」他表示諷刺不是造謠，也不是誣蔑，是要有確切的依據。

(1)諷刺是喜劇最具殺傷力的武器

諷刺是喜劇最具殺傷力的武器，它常使用刻薄話，指桑罵槐、批評世人或當今社會，或某一層面的人。早在希臘文藝昌盛時代，初起的喜劇家亞里斯多芬里斯（Aristophanes）就倡導了攻訐性強勁的諷刺情節。到十八世紀又廣泛地擴展到小說、散文。

（甲）阿琇對兆年表示好感，希望他能接受她：「你對我的印象怎樣？可以說出來嗎？」

「你的模樣猶如小鳥依人。」兆年的評語。

「眞的？」阿琇興奮得幾乎要哭出來。

「看你的臉就知道。」兆年補充一句說明後，笑一笑就走了。

阿琇陶醉地回到家裡，回想兆年的話，照鏡子看看自己的臉，長著滿臉雀斑，這才恍悟兆年的意思。

——殘酷刺傷長雀斑的女孩。

（乙）幾名青年夥同參加茶會，見一活躍在賓客間的女子，像蝴蝶般地飛來飛去，穿著時髦，雙峰高聳。

青年甲：「我覺得那女人很美，你們說呢？」

青年乙：「她跑來跑去，全身都在動，唯有雙峰不動。」

青年丙：「這叫見山不是山。」

——刺傷使用義乳的女人。

（丙）爸責備姍姍：「你怎麼又跟隔壁小琪在一起玩了。她不用功，又會說謊，她媽媽專愛佔人家小便宜，她爸成天發牢騷。以後她來我們家，你別理她，聽到沒有？」

姍姍：「好奇怪喲，小琪她爸爸也教她別跟我玩，他說我們家最愛批評人家。」

——批評愛批評人家的人。

(2) 諷刺又稱爲「有傷的詼諧」

其實喜劇的諷刺目的並不在損人，而是教化社會的一種手段。作者曝露現實社會的弱點，其教育就在諷刺中發生了潛移默化的作用，刺激社會進步。英國劇作家蕭伯納（Bernard Shaw）曾說：「我用笑話去教導」，便是指諷刺爲喜劇教育有效的運用。所以有人稱喜劇爲諷刺教育劇。

不管怎麼說，諷刺的詼諧是「有傷的」，我們先說兩則無傷的笑話，與後面有傷的笑話比較對照一下，就很清楚了。

（甲）醫院產房外，有兩個男士已等待很久了，一見護士開門走出，二男士皆迎上前聽取消息。護士對男士甲說：「恭喜你，你太太生了一個男嬰。」

男士乙火冒三丈，大聲抗議：「你要搞清楚，我比他先到的耶！」

（乙）某化妝品公司的廣告詞：「趁早下『斑』，請勿『痘』留。」

——這兩則笑話純屬逗笑，不含諷刺意味，沒有殺傷力。也有人把它稱作「和諧的幽默」。

另一種，除逗笑外，喜劇家還刻意針對某一對象、某種差錯或缺陷，揭其瘡疤，打其痛處，這就叫「有傷的詼諧」，本名「諷刺」。舉例如下：

（甲）《禮記》檀弓篇，有「苛政猛於虎」：孔子經過泰山下，見一婦人哭墓甚哀，孔子飭子路去問她。她說：「先是我公公被虎咬死，後來是我丈夫也被虎咬死，現在我兒子又被虎咬死了。」問她為何不搬離這裡呢？

「因為這裡沒有苛酷的政令啊！」那婦人回答。

孔子對弟子們說：「你們要記住：苛政比虎還要可怕啊！」

——訐揚當代的苛政。

（乙）有人送給骨科醫生匾額一塊，掛在門頭，從此病人裹足不前。醫生查看病歷資料，才發現這位送匾人曾是他的病人。第一次接骨失敗，重新開刀，再接骨一次，結果比前更加厲害。所以送匾題字「再接再厲」。

（丙）小庚帶女友去做禮拜，臨了他介紹女友與神父認識，神父送她一隻蘋果。女友一路上很高興，認為神父很器重她。小庚冷笑一聲說：「神父是要你別穿這麼曝露的衣服！」

「才不會呢，神父一句話也沒說。」

「神父送你蘋果，就是暗示你。」小庚說：「夏娃在伊甸園赤身露體，後來受蛇的誘惑吃下蘋果，才感覺不穿衣服是羞恥的。」

(丁)唐朝韋瓘著短篇小說《周秦行記》，以第一人稱寫牛僧孺落第，走回故鄉。夜行至荒郊，見有大宅，敲門求宿。主人薄太后（漢朝）接待，在場有二女貴賓，一是漢高祖妃戚夫人和漢元帝妃王昭君。繼而唐玄宗妃楊玉環（楊貴妃）及五代齊妃潘淑也來會合，大家作詩行樂。末了，薄太后徵求諸妃意見：「誰願陪牛秀才度夜？」衆女皆推託辭去，祇王昭君曾嫁到匈奴，單于死後，又改嫁其子，生性契合，乃允爲伴。

牛僧孺與王昭君一夜風流，至天亮依依不捨而別。當他趕行十餘里，到大安城，詢問大宅狀況，皆說無此大宅，牛不信，再返回探視，發現他昨夜借宿的是一座荒草萋萋，破落了的薄太后廟。

——唐肅宗後，牛僧孺與李德裕在朝廷爭權對立，而作者韋瓘是李派人馬。他冒牛僧孺之名寫此小說，借昭君失節影射天子之母沈后兩度失身胡人，且牛僧孺的母親年輕時也是冶蕩無羈，作者借以諷刺，損傷牛氏的地位。

㈣幽　默

幽默，是近世福建大文學家林語堂，從英文（Humour）首先譯音啓用，繼而獲得學術界公認底定。佴榮本教授在他的「喜劇美學」中，讚譽林語堂：「音義均合，堪稱佳譯。」按（Humour）源於拉丁詞，本義是指液體或濕氣。古希臘醫生希波克拉特認爲人體有四種基本液體：黃膽汁、粘液汁；黑膽汁、血液汁。這四種液體可主導一個人的脾氣、情緒、及氣質；若其中有一種液體過量，形成四種液體不平衡，就能改變此人的個性。如含有的液體，處於平衡狀態，則被稱之爲「Good humour」；反之，則被看作「Out of humour」。

這種經驗性的蠡測分析，促使人們注意到觀察人、研究人的特殊情感和個性。進一步了解：存在於人體內部的四種液體不平衡，會使他產生過剩精力、反應在他底行爲上。倘使一個人過多佔有四種液體中的一種，便可能成爲滑稽、笑的對象，被稱作「humorists」可能繼續擴展到具有能夠逗笑、滑稽的高度技能的一類人。由此觀之，古代西方對幽默一詞的理解，已涉及到「不平衡」的問題了。

幽默的文字註解是「調侃的辭令，含有諧趣、高品味之內涵」，是一種人類生活情趣的提煉。

（甲）上世紀中葉，台灣電影尚在學走階段、電視八字還未見一撇的年代，筆者曾在台北紅樓戲院公演話劇「公寓風波」連續一個多月票房不衰。但每天票款結帳，總會少掉錢，於是派女兒去管票房，咳！照樣會少錢，明知是女兒暗砍了，但與其給別人弄去，還不如讓自家人弄去。

後來，換太太去管，也不例外。我不服，自己去掌管票房看看。到了結帳時，我突然想到：我沒有私房錢，每遇女兒與後母爭吵時，各不相讓。在這種情況下，我對女兒的父性權威是起不了作用的；只好暗暗塞點錢給她，她就會自動軟化，平息風波。這個錢，我要從哪裡來？票房款一入了公，在支用時，就得透明化。所以票房款我也要暗砍幾個。

想想眞可笑，任何人來管票房都要貪一點，我自己貪自己的，這眞是怪異人生中一樁不可思議的幽默。

(乙)母親帶著兩歲的孩子出門，住在旅社。晚上睡覺，孩子吵鬧不休，母親煩了，提出警告：「你再吵，我可要睡到隔壁去咯！」

隔壁睡著一名單身男子聞言，做出反應，「喀喀」兩聲，以示歡迎。

「我跟我兒子講話，不是我兒子不要搭腔！」那年輕的母親以此回應了那名男士。

(丙)玉眉學會了上網，進入聊天室，與陌生人聊天，但常會碰到一些男士喜歡談「性」的問題。玉眉較保守，只要聽到Sex，就一概打字答覆說「不」。

一次，小舅從網上問玉眉：「你姊前天生下孩子，告訴我Sex。」

玉眉習慣性地答了一個「不」字，弄得小舅莫名其妙。

(1) 性格的幽默

明末清初大哲學家金聖嘆，一生以幽默爲人，後因哭廟坐斬，並籍其家。將死，大嘆：「斷頭，至痛也；籍家，至慘也；而聖嘆以不意得之，大奇！」於是一笑受刑。

希臘大哲學家蘇格拉底（Socrates）幽默成性，與金聖嘆頗相類似。他亦因對當代政治之批評過份刻薄，而被捕下獄。其門人柏拉圖等願爲籌款贖身，或使其脫逃，而他卻不肯，寧願飲毒自決。臨終前長談不休，直至腳下發冷，漸達於心臟，乃告死亡。

金聖嘆、蘇格拉底，可謂是性格的幽默。

（甲）丈夫每睡必鼾，聲如巨雷，妻被吵得無法安睡，要求分房而眠。一天夜裡，妻急呼呼地趕入夫的房中，夫恰巧醒著，問妻：「發生了什麼事？看你這麼慌張」

「沒什麼。」妻的情緒放鬆下來，說：「聽不見你的鼾聲，有些擔心，過來看看。」

（乙）彥昌最討厭對門的王太太，嫌她話多帶刺。這次見她來，迅即避入房中，久久不聞其聲，乃放嗓問留在客廳裡的老婆：「喂，那個討厭的女人滾了沒有？」老婆當著王太太的面，即時編詞應付：「喔，她已經滾了，現在是對面王太太在跟我聊天。」

（丙）日本片「電影天地」，女主角在餐廳當服務生，有機會混上拍電影，而且是有對白的配角。她養父開小雜貨店，有推銷員來兜貨，養父與他聊天，很想談他女兒演戲的事。一聽他常看電影，便倒酒請他喝。問他：「你喜歡那個明星？」

那推銷員連說了六個女演員，都不是他女兒。養父乃請他在配角中找，終於說到了他女兒田中小春。養父樂極，大碗酒供應。

「你喜歡這位小春是否因爲她漂亮，演技好？」養父問。

「因爲小春很性感，我一見她就動了春心。」

養父立即翻臉，大罵：「你亂喝我的酒！」奪其碗，把他逐出。

——以上三則笑話，皆因性格而製造的趣味。

(2) 命運的幽默

另有命運的幽默，其喜趣是從命運的捉弄而演成。如舞台哲理劇「找」，寫一個女孩子自幼與父失散，後聞有與其同名者，乃追往晤面。不意追到台北，他到了高雄；追到高雄，他到了台中；追到台中，他又回到台北；追回台北，他已進了醫院；再趕到醫院，他卻不能開口了。究竟是不是她的父親，還是無從解答。她的身世、追尋和失誤，不是性格，而是命運。

(甲)常在一起聚會的老人們，其中又一個往生了。大夥兒去弔唁他，悲傷落淚。有人勸他們說：「人總是要走的，他不過是先走一步而已。」

老人們離開喪堂，要上電梯。電梯門打開時，大家都不進去，互相謙讓說：「你先走。」都怕那「先走一步」。

(乙)琴心迷於股票操作，以致年近四十未嫁。阿勇問她：「爲何還沒有白馬王子？」

琴心感嘆一聲說：「白馬都早被套牢了啊！」

「沒有白馬，還有黑馬呀！」阿勇說。

「黑馬是地雷股，不敢領教。」琴心說。

「那……不妨考慮黑白相間的斑馬如何？」

「斑馬跳空震盪，不宜進場。」

（丙）夫妻帶著小女兒瑜瑜到朋友家吃飯。女主人最拿手的鹹魚炒飯上桌，分裝小碗後每人一份。瑜瑜因喜歡主人家小寵狗，不願入座，端著碗自由活動。

當大家極口誇讚鹹魚飯色香味俱佳時，瑜瑜把她的飯送回母親面前，說不要吃。母親怕主人沒面子，就把這碗飯和丈夫分吃了。

回途中母親責備瑜瑜說：「下回不帶你出去了，叫你規規矩矩坐在桌上吃飯你不要，那麼好吃的鹹魚飯你也不吃，你不是喜歡吃鹹魚的嗎？」

瑜瑜說：「鹹魚飯被狗舔過了，我怎麼可以吃啊。」

(3) 和諧的幽默

有人把幽默分爲「和諧的幽默」，也就是前述「無傷的詼諧」；以及「不和諧的幽默」，也就是前述「有傷的詼諧」。

綜合來看，馭繁於簡：諷刺是有傷的、不和諧的；而幽默是無傷的、和諧的。以漫畫爲例，有一幅諷刺漫畫，畫一座連棟屋的二樓洋台，中間隔絕著不通往來的牆，牆的兩邊各有一人，相背而立。標題是「鄰居」。諷刺今日的鄰居，視若陌生。

另一幅諷刺漫畫是階下坐著幾名工人，仰望著對面的高樓大廈。標題「這是我們建造的」。其未盡之意，是「我們卻不能住」。

有幽默漫畫：理髮店內，髮師丟接著滾燙的毛巾捲、向顧客奔跑，顧客驚起離椅。另一幅幽默漫畫，是法官審案。他的嘴是合著的，而站在下面的犯人反而齜牙咧嘴，標字：「你在說什麼？」

再從戲劇來看，希臘首席喜劇家亞里斯多芬尼斯（Aristophanes）的兩個劇本爲例：其一爲「武士」（The Knights），寫一個老頭兒，遇上一個皮鞋匠和一個賣香腸的，兩人均欲代老頭兒處理家務，互相競爭，各顯神通，結果賣香腸的獲勝。但後來家人卻發現這賣香腸的比皮鞋匠更壞，遂將他趕走。於是老頭兒的健康和智慧，都恢復了正常。

另一劇是「和平」（The Peace），寫一青年因厭煩世間戰爭頻仍，乃乘大鷗上天找尋和平女神。見和平女神被禁錮於井下，戰神則正在招兵買馬，大興干戈。於是他下井釋放了和平女神，而得女神之婢爲妻，人間自此刀槍入庫，馬放南山焉。

以上二劇，前者以暗喻的手法，用老頭兒代表雅典，而以皮鞋匠和賣香腸的影射當代的執政者，其二人互相比較競爭，產生高度的喜劇笑果，作者竭盡諷刺挖苦之能事，是爲攻訐的態度，稱爲「不和諧的幽默」，或作「有傷的詼諧」。後者僅以反映當時雅典人民厭戰的情緒，劇中雖亦有少許諷刺，但多抒情風味。因之，可稱爲「和諧的幽默」或「無傷的詼諧」。

（甲）新婚不久的夫婦與一對結婚已五年的夫婦、四人一起聊天。

新婚婦帶著埋怨的口吻說：「婚前，他都是主動爲我作任何事，現在可大不相同了，要我一催再催，他才會去丟垃圾。」

婚久夫引以爲傲地向妻說：「我不錯吧？我們已結婚這麼久了，至少我還會爲你開門吶。」

婚久婦不屑地淡笑一聲說：「你開門是讓我出去丟垃圾！」

（乙）智慧測試老師在課堂上問：「你們誰認爲自己笨的人請站起來。」

沒有人回答。一分鐘過去，有一個同學站了起來，老師十分驚訝，因爲他是上次測驗全班IQ最高的學生。老師問：「你認爲自己笨嗎？」

「不。」那站起來的學生說：「我祇是不忍心看你一個人站著。」

現今流行一種黑色幽默，是從恐懼中呈現悲觀絕望，以憤怒的譏嘲，顯示畸形社會的荒誕無羈，這就是所謂的黑色喜劇。根據朱賢哲在他的「大悲咒」劇作攝製企畫書中對黑色喜劇所下的定義：「黑色幽默要有情感的誠意，與一串奇想，情節爆笑而荒謬，結局卻是意外、瘋狂、及充滿絕望。」

㈤滑　稽

滑稽（Ludicrous），滑，原讀骨，是亂的意思；稽，是同的意思；亂其同異，說是若非，說非若是；謔而不虐，渾言滑利，智計疾出；俗謂「打諢」、「諧趣」，都是滑稽的表現。

《史記》中之「滑稽列傳」載：楚有優孟、秦有優旃、漢有東方朔，都是取悅君王的弄臣，能言善辯，配合肢體表演，嘗從言笑中諷諫朝政。誠如今日那些講相聲的、演雙簧的、歌舞班、馬戲團的小丑笑匠們、以及電視台的綜藝節目，都是從言語或舉動中表現其滑稽，以博取觀衆的笑。尤其是「笑劇」（Farce），除了言語、舉止、裝束的滑稽而外，更應注重於劇情結構上的滑稽。

近代法國作家拉畢須（Eugene Labiche），在笑劇上成就甚大。他底作品「被人愛的瑟立馬」（Celimare le bien-aime），寫瑟立馬有兩個朋友，非常要好，寸步不離。後來瑟要結婚了，兩個朋友仍不肯離開，瑟乃向二友借貸，於是二友便絕足不再上門了。全劇滑稽，令人絕倒。

滑稽也可分作「命運的滑稽」和「性格的滑稽」兩種。蘋果落下，打在醜陋的禿頂上；非出於人爲，而屬命運。孩子淘氣，非出於命運，乃屬性格。滑稽與幽默，看起來並無嚴格的界限。高級的滑稽，便是幽默；滑稽能使人狂笑，幽默卻不一定能使人發出笑聲，也許只在心底抹上一層輕快之感。

(1) 抓字眼

（甲）三個少女談論她們的男朋友。

甲：「我男朋友的經濟環境每況愈下。」

乙：「我男朋友老愛換工作，從科員、到雇員、到臨時工，眞是每況愈下。」

丙：「我男朋友更絕，每次跟我毛手毛腳，而且是每況愈下。」

（乙）某軍事訓練部隊的一名班長，認眞幹練，好勝心忒強，每遇競賽，該班總是獲勝，獎盃獎牌佈滿屋。

沒想到新兵剛撥到，技能競賽，落得倒數第一。班長集合全班訓話，他來回走動，氣疾敗壞，大罵「笨蛋」！

末了，班長把情緒穩下來，說起他小時候：「我老爸買一盒玩具兵給我，是八個木製的模型，會走、會開槍、還會喊口令，我簡直愛得發狂。有一天，忽然不見了，怎麼都找不到，我非常難過。我老爸安慰我說：『孩子，這八個木頭兵一定會回來的！』」

班長說到這裡，猝然語鋒一轉，變得氣憤憤地說：「果然不錯，你們這八個木頭兵，眞的回到我身邊來了！」

（丙）某女生一次考試，有六科甲等，她鄰座的男生連考兩科零分。

「恭喜你吃兩個紅蛋。」女生譏誚他。

那男生笑著說：「還沒那麼快，你才剛身懷六甲嘛。」

(2) 走偏向

（甲）公園裡插著一塊牌，上寫：「践踏草地罰五百元，軍警半價，二十人以上之團體七折優待。」

（乙）夫妻連續已生下五個女兒，取名叫迎弟、招弟、接弟、喚弟、等弟，看得出他們極盼望生一個兒子，可是望穿秋水，第六個孩子出世，依舊是個女生。而且這回因爲不小心跌了一跤，在緊急救護下才平安臨盆。所以妻向夫請求，別再生了，夫只好同意。但夫去爲女兒申報戶籍時，打開妻爲女兒取好名字的紙條看，上面寫著的是「候弟」。

（丙）爸帶著七歲的兒子旺旺去游泳。旺旺一直不下池，兩目直溜溜地看著兩個穿著比基尼細帶泳裝、雙峰呼之欲出、十分誘人的少女。爸發現，甚訝異。迨至二少女走開，旺旺盯得更緊，直到目送她們走出。

「旺旺，你在做什麼？你自己知道嗎？」爸問。

「知道哇。」旺旺說：「爸，我可以去拿那兩個姐姐留下來的巧克力嗎？」

(3) **找碴兒**

（甲）信徒們聚餐，餐前禱告畢，一名新教友提出疑問：「爲什麼我們求上帝賜給我們麵包，只求一頓、一天；如果我們一次求一年、或是一個月，那怕是一週，也比較安全。」

牧師未能回答，另一名信徒說：「因爲這樣，麵包比較新鮮。」

（乙）甲：「這卡拉ＯＫ眞是妙不可言。」

乙：「你迷上它了？」

甲：「昨天我到某機構去辦事，案子被一個職員『卡』住不辦，我就『拉』他出去飲酒，事情就『ＯＫ』啦！」

（丙）國文老師誇中國文辭美妙，尤其是成語，內涵深義，叫學生們要多多運用。一學生果猛習成語，如醉如痴。

一天，正當考試，他忽感尿急，乃向監考老師報告：「我想撒尿，已『迫不及待』，『忍無可忍』，即將『洪水氾濫』，『當眾出醜』！」

「不行，考試中不准離座。」監考老師說。

那學生又說：「你『恃勢凌人』，我要『破釜沈舟』，『排除萬難』，以解『燃眉之急』。」

(4)找漏洞

（甲）女兒：「我想穿這件中空裝去逛街。」

母親：「你少給我去丟人現眼。」

女兒：「對，我就是要現眼呐，現肚臍眼啊。」

（乙）老闆說笑話，職員們皆放聲大笑，獨有一人不笑。

「你怎麼啦？」老闆問他。

「我用不著笑啦，反正我明天就要離職了。」

（丙）牧師說：「天堂光輝燦爛，百花爭豔，四季如春。」

中年女信徒擔憂地說：「那就糟了，我已經被花粉過敏症害慘了一輩子，將來上了天堂，還要更苦！」

她的小兒子說：「媽媽，我看你還是下地獄吧。」

二、悲劇的材幹（哭）

㈠憐憫與恐懼

亞里斯多德在他的「詩學」（Poetics）裡爲悲劇所下的定義說：「悲劇爲動作的模仿。這種動作是嚴肅的、完整的，且有其一定的長度，出以藝術的手法，飾以美好的詞藻。其體裁爲動作，而非敘述，效用在激起人的憐憫與恐懼，使這些情緒得到正當的宣洩。」其所謂的「憐憫」（Pity）與「恐懼」（Fear），便是悲劇劇情中不可或缺的幹材。

「憐憫」是同情劇中人不幸的遭遇而產生；「恐懼」是產生於劇情所展現的無可避免的悲慘際遇，與觀衆自身的際遇，有或多或少的共同點，或是出於宗教神鬼無可抗拒的權威；或是出於人物野蠻殘忍的行爲；或是出於千鈞一髮的劇情危機。尤其是以神爲中心的希臘悲劇，以生命主宰一切，其恐懼與憐憫表露甚烈。

以索福克里斯（Sophocles）的「依萊特娜」（Electra）爲例：依萊特娜因父被母及其姘夫所殺，坦白表示憤恨，致遭虐待。她的弟弟奧立斯提奉太陽神指示回家，在父親的墓地姊弟相見，同謀報仇之策。弟喬裝使者持骨灰入宮，假報奧立斯提已死。其母聞之泣下。但後來發現兒子未死，又恐懼其復仇，乃求其寬赦。奧立斯提心軟，有意恕之，但依萊特娜則一再以責任加諸奧立斯提，奧終於達成了復仇的任務。——母親雖是殺父的兇手，但她畢竟是生身之母，而且愛子之心未泯，其姊弟二人均掙扎於人倫情感與復仇責任之間，令人恐懼而生憐憫之情。

(1)憐愛是最愛

愛，到達「憐愛」的境界，便是最愛。像母親的愛，對子女包藏著「憐」的成分，怕他受屈，怕他受苦，怕他被人欺侮，給他周全的照顧。男女間的愛情也是一樣，進展到深愛階段，你會憐她。

二次世界大戰期間，我以抗日名義被日本憲兵抓去，母親知道這種罪名，多半是有死沒活，她廉價急售田地，抱著鈔票去找日語翻譯官，求他們救我。

她像熱鍋上的螞蟻，到處求援：從鄉下哭到城裡，再從城裡哭回鄉下；找親戚、找朋友；只要有人問她：「你兒子怎樣啦？」她就跪下來請求幫忙，她不放棄任何救兒子的機會。

花了很多錢，碰了無數個釘子，她永不死心。三個月沒有好好睡過一覺，沒有好好吃過一頓飯，面黃肌瘦，眼瞠內陷。再大的喜事，她也不樂；再大的災禍，她也不憂；一心只掛在受難兒子的身上。人家勸她要顧全自己的健康，她說：「我死不要緊，只盼兒子能安全回來！」

母親愛兒子，愛得那麼可憐。

一顆原子彈，制服了兇惡的日本軍閥，也救回我死亡殘照的生命。

我大哥來接我走出人間地獄時，告訴我母親爲我所受的磨難，讓我感到無法彌補的內疚；所以在一位王姓長官接見我、問我想擔任何種職份時，我說：「我只想回鄉下陪伴母親。」

我回到故鄉，聽說母親在碾坊，我立即趕去。記得母親頭上紮著包布，滿身落了厚厚的糠屑，她見到我，放下手中篩糠的工作，扳手扳腳察看我的四肢完好，才放心地展出笑容，但眼眶裡已溢出了淚水。

那時我就下定決心：「以前是母親一切爲我；今後應該是我一切爲母親了。」——其實我並未做到，是母親憐我，她不准我這麼做。

離開母親這數十年來，再也沒有了，沒有了，再沒有感受過那份憐我的母愛了。

《東周列國誌》載：魏國人范睢是中大夫須賈門下一名舍人，隨須賈出使齊國。齊襄王責怪魏王反覆無常，不予信任。須賈口拙，范睢從旁代說出一番道理，齊襄王刮目相看。

齊王想留范睢在齊國爲客卿，范睢表示「與使臣同出，而不予同入，是不信無義」，決隨須賈返魏。齊王贈金，范睢不受。

須賈暗妒在心，返魏後，竟向相國魏齊誣報范睢私通齊國。魏齊怒韃范睢達三個時辰，直打到牙折骨斷、血肉模糊、氣絕方止。並拖其屍體扔於廁所，糞溺加身。

入夜，范睢甦醒，求守卒偷背他回家，連夜投奔結拜兄弟鄭安平。妻小假意舉喪，瞞過當局。

養好傷，更名逃走，後得隨王稽入秦，而獲秦王重用，封侯拜相。

——能人常遭小人嫉妒，古今一轍。范睢無辜受辱，不容分辯，且出手如此狠毒，讀者賦予同情、憐憫。

(2)鬼和人的戰慄

人遇到可怕的狀況會惶惶不安，或產生逃避的傾向；有時會臉色蒼白，冷汗沁骨，心跳加速等反應，這就是恐懼。

假設你獨行夜路，遇見鬼，你怕不怕？如果你相信有鬼，你會怕。因爲鬼是異類，你不瞭解鬼的生態，你不知道他會對你採取什麼行動，也不知怎樣才可逃避它。只有恐懼。

鬼戲在我們華語片中是頗具份量的一種片型。一部鬼片「金尼姑」，賣座曾出奇跡。男主角周文堯，因充滿人陽之氣，鬼若沾吸此氣，可助修練，可增功力，故爲諸鬼所爭取。有欲擷其精，有欲網其靈，有欲吮其血，有欲蒐其氣。

文堯爲避鬼災，到處逃亡，詎料鬼就隱伏在他家裡。

當他發現在一起共同生活、恩愛纏綿了三年的嬌妻，竟然是專來吸他精髓的女鬼時，頗難應接這種殘酷恐懼的場面。可是鬼面一旦拆穿，就變得惡形相向，眼看著文堯已無法脫身。

千鈞一髮下，他慌張跌倒，無意咬破唇舌，鮮血噴灑在女鬼面門，才使已修練到得道邊緣的惡鬼，化作蛇、鼠、蟑螂等爬散消逝。

此片劇場效果頗佳，觀衆驚聲尖叫，不寒而慄。

人的恐懼，往往猶勝於鬼，土匪取財害命，色狼先姦後殺，暴力取向，失去人性。

日本人佔領江蘇時，其憲兵隊設有禁閉抗日份子的黑牢，沒有窗，只有一個木欄門，由衛兵室出入。進門下陷一人高，是個半地下室，沒階梯，摔下爬上。裡面擠滿了囚犯，不分男女，大家都坐在地上，有時連躺下的位置都不夠。裡面有拎式木質馬桶，犯人多時，大小便常會滿出來，近桶的人就泡在屎尿中，也沒有人會感覺到髒臭。

馬桶每天倒一次，由犯人輪流，叫到名字的，就得把糞已裝滿的馬桶，高高舉過頭頂，推上監門，屎尿會溢下來，澆在頭上，再由臉上灌入頸胸。在拎桶走向糞車時，日本兵用步槍上的刺刀緊緊抵在你的背上，使你不得不加速腳步。倘有糞便流落地下，他就叫你俯身下去舔掉它。

人進到這裡，即使不被槍斃、不被刺刀活活刺死，在逼供的酷刑下、在沒生望的自棄下，也熬不過多少個暗獄非人的歲月。所以這裡每天都有人死了被拖出去，也有活人被帶出去，就沒有再回來。

其實眞正的鬼門關是在審問廳上，一進門就見到懸在樑上的弔人鍊，通著自來水管的灌鼻壺、老虎凳、刺肉釘、打手板、抽人鞭、咬人的大狼狗……一些肉身難當的刑具，還有滿臉橫肉、一雙狼眼的日本審判端坐正中，兩旁站著四名面無人色、不眨眼的槍兵。那股陰殺之氣，使人心驚肉戰，自知到了沒有人氣的異類世界，到了上刀山、下油鍋的森羅殿，感到全身毛毛的，整個人往下沈。

他們審判的程序，是先由日本人用日本話問案，明知你聽不懂，先賞你重重的、左右連續幾個耳光，然後推上老虎凳行刑。綁腿、抬槓、加磚，逼得你還沒有開口，就已疼得你兩腿如折，坐地不起。然後才叫出翻譯官來，開始正式問供。

爲什麼打耳光不知道疼、尿屎灌頂不感覺髒、趴地舔糞不以爲臭？那是因爲心懷恐懼之故。我經過這種場面，才懂得「恐懼」是什麼感受。

恐懼是人間高度的殘害，人類要求安定，就是拒絕恐懼的表現。

㈡委屈與冤屈

受氣、受屈、受冤是哭的根源。其實受氣本可避免，但苦自我的性格不容。有時和同事，鄰人齟齬不下；有時兄弟、親友之間，勃谿失和；有時受父母、長官的斥責。當你感到受了對方的氣時，對方亦正覺受了你的氣。有些人常戴有色眼鏡看人，老愛無緣無故看別人不順眼，終於造成了受氣、氣人的惡劣環境。其實最難受的，是父母受子女的氣，長官受部屬的氣，老師受學生的氣；越是關係親密，受了氣越容易流淚。

在時機上，哭往往不在受苦受難的當時，卻在度過苦難之後；相思與懷念中雖有辛酸，而眼淚卻在重逢時流出。冤屈得以蘇雪，恐懼得以解除；月缺重圓的滿足，以及受人同情之下，都是最易落淚的。

自古以來，我中國婦女受屈、受冤的故事比比皆是。

元曲大師關漢卿的《竇娥冤》。竇娥幼年喪母，其父是貧寒的讀書人，欠債無法償還，又欲晉京求取功名，萬分不捨，把七歲的竇娥送到蔡婆婆家做童養媳。十七歲成親，只一年，丈夫就死了，婆媳成了兩代寡婦。

蔡婆婆因討債遇害，被路人張驢兒父子撞破而獲救，爲此驢兒父子強行住入蔡家，企圖父子配他婆媳，竇娥抵死不從。

驢兒設計想毒死蔡婆婆，陰錯陽差，反毒死了他自己的父親。驢兒趁機威脅竇娥嫁他，竇娥仍堅不依允。驢兒賄賂貪官，屈打成招，硬定竇娥殺人罪，判死刑。

刑場慣例，死囚可要求三願望。竇娥的第一願，是「掛一條丈餘的白布，讓我砍頭噴灑的鮮血染白布爲紅旗，一滴也不留在這骯髒的土地上，以證我冤魂的抗告。」

第二願：「希望老天給我下一場雪，讓一片白茫茫的大地爲我送葬，以示我的清白。」

第三願：「我要楚州大旱三年，懲戒這沒有公道的地方。」

行刑後，果然血噴白布全紅，地上無血。六月天，竟然大雪紛飛，白茫茫的一片，爲竇娥送葬。自當天起，楚州滴雨不降，大旱成災，百姓談議紛紜，都爲這冤死的亡魂，哀悼上香。

三年後，竇娥的父親以高官「兩淮提刑肅正廉訪使」職，巡察至楚州，調閱舊卷，發現此一冤案。查清後，方知竇娥就是他女兒端雲。其實他考中當官已十多年，只因蔡家搬遷，一直未能找到女兒，如今找到的卻是一縷冤魂。想起當年泣別幼女，讓她遭此苦毒，不禁心痛如絞，面對哀哀孤魂，自怨自艾，淚落沾襟。

冤案重審，還給竇娥清白，一干人犯處以重刑。

冤情平反，老天下了第一滴雨，解除了楚州三年的大旱。

——冤情使無辜的弱者受害，觀衆憐憫，而爲之落淚。

筆者編導的一部電影，以小片賺大錢的「瘋女十八年」，也是委屈與冤屈的鄉土悲情劇。

阿蓮自幼貧困，任人支配，受盡壓迫欺凌，養成委曲求全、忍氣吞聲的性格。

在婚姻上，她因圖報恩，而錯失良機，造成遺憾。雖然她終於嫁到疼惜她的夫婿添成，卻怎知頑鈍如錐、命如紙，一名心地狠毒的女人秀英早就伏藏在她的幸福之門了。

秀英深愛添成已久，不甘退讓，母女訂下毒記：第一步、設計使婆母對阿蓮反感；第二步製造疑竇，使她夫妻疏離。

第三步使出花招，逼添成與秀英成親。其時阿蓮正臨盆陣痛，無人理會。

秀英入主周家，連婆母也受制於她，阿蓮更淪爲傭僕，任其支派打罵。

添成事業不順，決赴福建投叔謀職。臨行，對泣別的阿蓮倍加愛憐，說：「回來時，會補償你。」

秀英更恨，使出陰謀第四步，說她命運多舛，影響家運敗落，並利用婆母出面，勸迫阿蓮暫時入廟居住。

秀英恐怕添成回台後，接阿蓮返家，故再耍出第五步，陰謀要她當衆裝瘋，並以阿蓮之幼子小中的安全爲要脅。

阿蓮逆來順受，在衆人面前忍痛吞下大便，使婆母信其眞瘋，悲泣而去。

秀英並不因此罷休，繼續施出惡招第六步：派人把阿蓮關進一所孤立小屋。阿蓮才知上當，大喊：「我沒瘋！」已無人答理。直到工人砌磚封門，只留下一道小窗口。從此阿蓮與世隔絕，不見天日。

添成回台，母怕他難過，不提阿蓮發瘋事，秀英卻說她跟姘夫私奔了。添成惱悶萬端，此後舉家遷往福建。

阿蓮在牢屋中哭無淚，笑無歡，好心人送來餿飯臢菜，有了就吃，無則挨餓。就這樣苦苦熬過十八年。

添成在大陸發了財，全家又搬回台灣。

小中與友人郊遊，見到阿蓮，只聽到她聲聲呼叫小中。小中隔窗孔與她對話，認爲她並不是瘋子。

添成偶然間獲知阿蓮下落，喜出望外，立即前往探視。

阿蓮見到丈夫、婆母、和長大成人的小中，掛下兩行熱淚，現出喜容。添成愧疚萬分，幾乎心碎。阿蓮因多年困踞，兩腿不舉，添成抱起她。她說：「我今生還能回家，那怕只有一天也好。」

㈢激烈與沈重

激烈，是聲色易於恆常的奮發。喜劇的高潮，往往是人物性情轉變的焦點，它不必激烈，但求集中；悲劇則不然，它底高潮，對觀衆有劇烈的刺激，方能發生悲劇正常的效果。

十九世紀英國唯美派大師王爾德（Oscar Wilde）的劇作「沙樂美」（Salome），寫沙樂美向希律王要先知約翰的頭，而傾洩其變態的愛慕。狂吻約翰的屍首；以及王與王妃和沙樂美之間醜惡的三角戀愛，都以「激烈」賺取觀衆的讚美。

希臘悲劇家攸立匹得斯（Euripides）的「米底亞」（Medea），寫黑海東岸的蠻邦公主米底亞，與夫婿歷經千辛萬苦來到科稜斯，生下兩個可愛的兒子，本屬快樂家庭。

其夫伊阿宋竟貪圖財勢，決定與當地國王之女結婚，拋棄米底亞。

米底亞爲救伊阿宋付出頗多心力，並曾殺了自己的兄弟以助伊阿宋逃脫殺身之禍。伊阿宋也曾發誓要與米底亞廝守終身。米底亞甚不甘心，加以國王下令驅逐米底亞及她的兩個孩子出境。米懇求寬限一日，僞作替子求免放逐，獻新衣美冠予新娘。不意米在新衣冠上施展巫術，新娘穿上即被毒死。其父王撫屍致哀，亦中毒而死。米底亞並不就此罷休，復殺死兩個親生兒子，乘龍車逸去。留下伊阿宋，使他孤獨痛苦一生。

——米底亞原始感情的衝動，表現了最激烈的報復行爲。一齣悲劇，失去了激烈，便易流於平淡而無味。

美國史蒂芬史匹柏導演的名片「搶救雷恩大兵」，開場即表現第二次世界大戰名響宇宙的戰役「諾曼地登陸」。美軍搶灘，登陸艇遭到德軍山頭碉堡火力壓制，官兵跳水分散游行。水中有水雷，沙灘有地雷，機槍由多角度掃射，編成火網，彈著密集，幾乎沒有空隙可乘。只見一個個活人暴斃，肢體崩解，血肉橫飛，空前慘烈，不忍卒睹。所謂砲火無眼，由此可見。

看到這樣的場面，使人對戰爭產生莫名的畏懼。——這就是激烈。

「○○七情報員」系列之「黎明生機」影片。飛機在高空，機內滑出一包毒品及兩個人，吊在空中，隨機飛行。情報員詹姆斯邦德與毒梟兩人各用一隻手拽住毒包，騰出一隻手來交戰。稍一疏忽，便會摔落喪命。此危機一也。

這毒包是靠著一根繩索勾住機艙內一根釘子，並不牢固，隨時有垂落之可能，此危機二也。

詹姆斯邦德曾在毒包內裝入定時炸彈，現在步步走向爆炸點。此危機三也。

駕機員已被打死，現換上詹的女友掌控。她是生手，極有撞山之危險，此危機四也。

飛機油箱已被敵機打成蜂窩，油漏迅速。此危機五也。

危機重重，觀衆爲他擔心，是爲激烈。

沈重，是一種悲劇的壓力，我們常可看見報章上的影劇廣告，其宣傳詞有所謂「劇力萬鈞」，即表示其劇情對觀衆的感情壓力，有著萬鈞的沈重。一齣對觀衆沒有壓力的悲劇，上演時必會沈悶而致令人厭煩。

而且這種壓力，經過戲劇的手法，使其逐漸升高；觀衆的感受越來越沈重，直到有了結果。善則含笑而泣；（非喜劇的笑，是一種帶淚的滿足的笑）噩則哀痛而泣。（是進入主觀同情的憐憫情緒）

美國近代小說家馬克吐溫的一部短篇，男主角搭上長途公車回家。他十分緊張，同車的乘客問他。他說：「我坐牢四年，剛被釋放。」

他繼續說明緊張的原因：「我入獄之初，怕耽誤我妻的青春，叫她勿來探監，也不用寫信，她可以自由選擇另嫁，我不會怪她。」

衆乘客認爲他這是「愛」的表現，深加讚賞。

他說：「後來刑期屆滿，我曾寫一封信給她：如若她尚未別嫁，還願意接受我，就在家附近，公車經過的路口那株大榕樹上，掛一條黃絹，我即下車回家；倘使沒掛，我就不下車，往別處去了。」

乘客們聽了，都爲他掛心，大家爲他打氣加油，鼓勵他拿出勇氣，即使有最壞的結果，也別氣餒。

一路上的期待，全車氣氛凝重，直到接近大榕樹時，大家都伸頭眺望。遠遠的就見到那株載滿情意的大榕樹上掛著一條條的黃絹，琳瑯滿目。全車人都爲之歡呼鼓掌。司機把車停在那兒很久，歡送他下車。他含淚揮手入巷，畫面感人。

國劇「九更天」，寫青年米進圖偕老僕馬義，在晉京趕考途中，主僕同得一夢：「進圖之兄進卿七孔流血」，主僕感到有異，立即趕回。

到家，果見嫂嫂姚氏穿重孝，說進卿得爆疾而亡。進圖發現嫂語多矛盾，追問不迭。嫂恐慌，與姦夫侯花嘴商討對策。花嘴設計將他自己老婆殺死，砍下腦袋埋藏，用她的無頭屍穿上姚氏的衣服，棄於米家後門外，然後由花嘴報官，咬定是進圖姦殺其嫂。

縣令因進圖是個秀才，派人找進圖的老師來作保，不想老師聽說案情重大，不肯出面。糊塗縣令便摘下進圖的頭巾，動刑逼供。文弱的進圖承受不住，只好畫押認罪，判下死刑。

義僕馬義到堂爲二東人鳴冤，縣令限他三天內找出人頭，即可銷案。

頭去銷案。

馬義回家與妻商議，爲了報東家善待一生之恩，竟願犧牲獨生女馬月香，砍下她的頭去銷案。

誰料經過驗證，屍體是中年婦人，而人頭是少女，二者不合，縣令追問人頭來由，方知他女兒因此自殺，如此忠僕，値得敬佩，但縣令表示愛莫能助。可憐馬義的女兒豈不白白犧牲了，令人跺足惋惜，情何以堪。

馬義仍不放棄，聞有聞太師出巡，冒死攔轎告狀，狀告縣令糊塗判案。

太師以釘有三十六根厲釘的釘板試他，如願赤膊從釘板上滾過，即予受理。馬義立即解衣，赤身咬牙忍痛滾過厲釘，滿身鮮血，而換取得太師信任，受理此案。

原訂五更開斬進圖，然而那天，天卻遲遲不亮，更夫見五更不亮，只好再打六更、七更、八更、乃至九更。史無前例地天才慢慢亮起來。正要提進圖赴法場，適聞太師趕到，傳喚一干人犯，重審此案，米進圖眞是命不該絕。

聞太師較早已有預感，虛幻中見到三條冤死亡魂，又見有猴子把花朶銜在嘴上，暗示出候花嘴其人。案情透明了，邪惡男女候花嘴和姚氏當庭正法。

米進圖感恩，跪拜義僕馬義爲義父，奉養天年。

——這案情先是進卿被謀殺，候花嘴之妻無故遭砍頭，進圖又被陷害判死刑，馬月香在愚忠的思想下被無辜犧牲砍掉頭，馬義爲上告而受滾釘板的酷刑，層層關節，條條人命，使劇情步步加重。

㈣悲壯與悲哀

悲劇的悲，可分爲兩種：一爲悲哀，一爲悲壯。如一幅遭受歹徒悽慘殺害、充滿恐怖死亡氣氛的圖畫，是悲哀不是悲壯；如跨越障礙，逃亡爭取生存而遭格殺的畫面，便是悲哀而兼有悲壯。悲壯中可以包含悲哀，但悲哀中未必能包括悲壯。悲哀是消極的，近於頹廢；悲壯是積極的，不是寫忍受痛苦的故事，而是寫與痛苦抗爭的故事。

如《紅樓夢》寫賈迎春的婚姻，她的丈夫孫紹祖，是一個酗酒、嗜賭、好色的中山狼；她卻安於命運，不敢反抗，極力隱忍，致遭折磨而死，是爲悲哀。而寫林黛玉的愛情，作者雖把她形容得「嬌襲一身之病，閒靜如嬌花照水，形動如弱柳扶風」。但她在情場中，並不怯弱，與情敵薛寶釵爭愛，幾乎是每戰必勝。當寶玉成婚的消息傳來時，她焚稿毀帕，以示抗衡，可謂悲壯。

英國十八世紀政論家兼文學家柏克（Edmund Burke）曾創壯美與優美之說。其壯美即爲悲壯所產生的美感。

(1)傳統悲劇偏重於壯闊

與莎士比亞同齡的英國作家馬羅（Christopher Marlowe）的初作「帖木兒大帝」（Tamburlaine the Great 有譯作「譚布林」）兩部曲：寫我國元室支裔帖木兒建國故事。其第一部寫帖木兒由一個山野牧童的卑微身份，而獲得尊崇的王位，更進而征服了十數個小國，使成爲他的附庸，表現出無畏英雄的奮鬥精神和毅力，是爲「人定勝天」。

第二部寫他於成功之後，仍不感滿足，加之皇后早逝，兒子不堪造就，其「生命的理想」幻滅，灰心失望，乃至鬱悶而死，是爲「天定勝人」。其第一部雖是粗獷豪勇，至第二部卻使英雄困於命運，無可抗爭，是屬悲哀。

另一位德國二十世紀作家凱撒（Georg Kaiser）的戲劇「卡萊的市民」（The Citizen of Callis）。寫英軍包圍了法國的卡萊城，危在旦夕，英軍要卡萊城派六個肯犧牲的市民，於翌日送往英營，便可解全城之危。城中有名叫艾斯泰西者首先自請前往，接著有六個市民，相繼響應。但算來已多出一人，於是商定明晨在市場集合，誰最後到達，便是退出。

翌晨，六個市民都已到齊，祇不見艾斯泰西。正當物議之際，艾斯泰西的屍體被抬出，因爲他怕遲到，夜裡已服毒，以明心跡。値時，因英王喜獲麟兒，特赦卡萊城的六個市民。當卡萊追悼艾斯泰西時，不但卡萊市民跪拜如儀，就連戰勝者英王亦伏倒靈前。——艾斯泰西慷慨犧牲，征服了頑強的英王，可謂壯闊。

漢朝蘇武出使匈奴，被幽北海，冰天雪地牧羊十九年，堅貞苦守，不易其志。春秋晉國史官董狐按實記載史書「趙盾弒其君」，不畏強權，尊爲良史。明將戚繼光嚴明軍紀，對自己的獨生子戰敗退走，違悖軍紀，也毫不姑息，當場下令處斬。近代俠女秋瑾，倡導女學，加入同盟會，參與徐錫麟起義，壯烈捐軀。

我國歷史上有數不盡的忠義志士，如像明知危及生命、堅決趕入城內護主、而遭擊殺的仲由（子路）；抗清保明、督師揚州、乃至兵敗殉國的史可法；堅守民族氣節、誓不仕清的顧炎武；憤恨甲午戰爭、受日本凌虐、致咯血喪身的李慈銘；推翻專制、畢生貢獻國家、至死不忘救中國的孫中山……等。其氣節高超、氣度恢弘、氣勢萬千、可稱得雄偉壯闊的國之英豪，是悲劇家探索的題材。

(2)現今悲劇取向綜合形式

由於現代戲劇取途於綜合的形式，古典式的英雄悲劇，已經不可常見；但表現悲劇的悲哀、悲壯、憐憫、恐懼、激烈、沈重、受冤、受屈等的成分，仍常散見於各劇的劇情之中，祇是不再那麼執著於固有的軌跡、拘謹於壯闊的英雄事件。現時悲劇，多有取材於家庭糾葛，或個人奮鬥途中的艱苦，像人爲的侵害、社會的不容、親情的淡漠。

今日人間悲劇，如「缺」、「離」、「找」……

缺錢、缺屋、缺文憑、缺地位、缺配偶、缺子女、缺機緣……

離家、離鄉、離婚、別父母、別妻子、別親友、別母校……

找名、找利、找住所、找職業、找學問、找失散的家人……

這裡且以「缺機運」來說：有些人終身打拼，終於有了成就，卻苦已筋疲力竭，無命消受，所謂「正到榮華壽又終」，眞是人生最遺憾的悲劇。

有一位編劇家劉垠，在六十年代，寫過幾部話劇，「天倫淚」、「鼎食之家」等，劇場效果甚佳。他組成克難劇團，推廣劇運，弄到三餐不繼，生活艱鉅。等到他的天才被人發現，即可大展鴻圖時，由於他長年折騰，體質羸弱，入院治療，四個月不治身亡。立即有多少名家出面爲他治喪，捐款達數萬元。早能如此，他也不致夭壽了。

聽說他在臨終前，有一名醫生對他說：「劉先生，你還欠我們四千元醫藥費。聖經上說：『欠債的不能進天國』，你打算怎麼辦呢？」

劉堃已不能開口，瞪著垂死的雙眼，一付無可奈何的樣子。

醫生又說：「這樣好了，你的病，我們未能治好。我們希望能解剖你的軀體，找出病原，對往後的醫療開拓新的生機。這樣，你的錢就算是還了。如果你答應，就請把眼睛閉上。好嗎？」

劉堃的眼睛閉上了，眼瞠裡沁出一汪淚水。這是個多麼無奈、多麼悲慘的結局啊！那年他才三十六歲，不曾結過婚、不曾享受過人生物質的快樂。一個天才，就這樣悄悄地隱沒了。

時下有些悲劇，是劇作者要表現人與人之間的某種關係，和相處的現象。像筆者的一部舞台劇「母與女」，改編成電影後更名「春寒」，是寫三十多歲的婦人再嫁，有個前夫的女兒曙星，才十五歲，渴求母愛，而妒恨繼父，頗不和諧，後父忍無可忍，爆發爭吵。

母見曙星言詞過份，怕繼父出手掌摑她，搶先揮掌。曙星悲傷欲絕，認爲母親爲維護丈夫，不顧母女之情，憤慨宣稱脫離家庭，永不回頭。

夫婦情急之下，請求學校暫時收留她。

年屆五十、無子女、孤獨的姨媽要移居夏威夷，希望帶曙星同行。曙星爲欲遠離已不屬於她的母親而應允，遂暫隨姨媽去台南居住。

在辦護照期中，母想見她一面，屢遭拒絕。母原就健康狀況不佳，經此焦慮、煩惱和思念，沉疴綿惙。

她繼父央曙星的同學去台南找曙星，告訴她母已病重的消息，要她回去一趟。她卻表示我正努力忘卻過去，忘卻我曾有一個家，曾有一個母親，堅不隨其同歸。

事後她感到十分不安，似有針在心，食難嚥、寢難眠，終於她於午夜趕車北上探母，而母已闔目長逝。

母親給她留下的遺書，充滿了眞情和深愛，在她生命終了的一刻，還在擔憂、關懷、和不捨她那倔強的女兒。

遺書摘要：「不要責備你自己，你沒有罪，是媽的身體不好，要不是有你，媽早就支撐不下去了。」「沒有媽的孩子最堅強。」「上帝給了你的生命，媽給了你的身體，生存的力量要靠你自己。」「你已經長大了，再不怕風吹雨打，走出去！勇敢地走出去！」

曙星頓感失去襁褓，無所依存。她自知罪不可逭，而母親卻已先爲她洗脫罪怨，不給她留下終身自責的遺憾，偉大的母親顧全如此周到。她察覺到母親的愛如此珍貴、如此崇高，而今追悔莫及，痛哭失聲。

看此劇的人走出劇場，一個個都已哭紅了眼。至死不易的母愛，可列爲今日悲劇的經典。

這部戲原有描寫再醮婦與第二任丈夫之間的性心理投射，公演時怕影響到特定觀衆的性心理挫折而刪除，卻使悲情更加出色。

第三章　非喜劇的笑

著名的美學家克羅齊認爲柏拉圖、亞理斯多德、霍布士、康德、立普司等人對喜劇的界定，都是一些含混的字眼。誰會用邏輯的方法定一個界線來劃分喜劇的、與非喜劇的笑與微笑、微笑與嚴肅呢？（佴榮本）

非喜劇的笑，顧名思義，就知它與第一、二章所說喜劇的笑截然有別。凡不屬幸災樂禍的喜悅、不必依據自我標準、不具批評、改造、制裁、理性、客觀的笑，稱之爲「非喜劇的笑」。分作兩方面來研究：

第一節　變位的笑

變位的笑，是把笑移動了位置，借用了笑的名義，加以僞裝、或逼自己裝出喜悅、或爲了討好別人、或掩飾另一種心境、或迸發無可抑制的情緒……但他並不喜悅，不是眞正的笑。

一、**苦笑**——分明心中苦，還要撐起笑。

例如：一名男士娶了個會吵會鬧的妻子，但她在人前卻裝得非常溫柔，有人讚揚他說：「哇！你眞好命，娶了個這麼賢慧的老婆，眞是你前世的福報。」

這位男士聽了，他只能含笑點頭，家醜不外揚嘛。但由於他的內心是苦的，面上的笑容當然也會挾含苦意。

二、**奸笑**——內心奸詐、存有「陷害」之心的假笑。

例如：馬肯：（笑笑）「薑是老的辣，他逃不出我的手掌！」

這裡的「笑」，便是奸笑。

三、**淡笑**——有人寫作「淡漠地一笑」，表對於對方的話不以爲意。

例如：甲：「我是爲你好，希望你照著我的話去做，好嗎？」

乙：（淡笑）我知道。

四、**冷笑**——亦作陰笑，是介於奸笑與淡笑中間的等級。也是別具心機，往往含有否定的成份，非眞笑之笑。

例如：阿進：「你以爲你眞的可以跟她雙宿雙飛、過一輩子恩愛的生活嗎？（冷笑）你看看這個，他會永遠阻擋在你們倆中間，隔絕你們，一直到死！」

五、**獰笑**——惡人掌控了制敵契機，作出下手前猙獰的狂笑，內含狠毒。

六、**憤怒笑**——受到欺壓、欺騙，在極度憤怒的情緒下，爆出狂笑。其聲是笑與怒的綜合，表達其怒火的宣洩。

七、尷尬笑——遇糗事、無法自釋，乃裝出笑容來作「自我解嘲」。例如：阿肥參加爬竿訓練，全班都過了關，獨阿肥爬不到竿頂就滑下來，連續三次，大家都笑他。他自己也只好陪著大家笑，但笑得很尷尬。

八、應酬笑——有時我們見到中年人交談，往往在不很好笑的言辭下，有人放聲而笑，取悅對方。

有些老闆喜歡講話，想表現他上好的語言品質，故作幽默。原本並不十分可笑，但部屬們羼入一些應酬的心理，大聲笑起來。

這種笑，聽起來似笑卻非完全眞笑，因爲它常會是從喉嚨出氣；不像眞笑、氣是由橫隔膜彈沖上來的，多多少少有些造作的成分。

九、諂媚笑——所謂脅肩諂笑，俗稱拍馬屁。是爲了逢迎，作出諂媚的笑容來爭取長官、或長輩、富人、貴人的歡心。

十、笑面迎人——目前大家在推行「微笑運動」，目的在製造人與人之間的和諧氣氛，增進溝通，是屬好事。然而這裡要說明，笑面迎人，是一種「做人」的方式，是假裝出來的喜悅，是假笑之名，派作公關交際的用處。

此外如「笑靨常開」，而又內藏狠毒的人被稱爲「笑面虎」；在兇惡的面龐上鑲嵌著笑容的人，叫做「笑面夜叉」；妓女接客，「強顏歡笑」……這些都是笑的變數。

第二節　滿足而笑

「滿足」不屬理性，而屬感性，所以它應該是統攝於悲劇，因此有人把滿足的笑叫做悲劇的喜感。喜感是笑，爲它冠上「悲劇的」三字來形容，便使這個笑脫離了喜劇，而列入悲劇的範疇。

悲劇的喜感不是指在悲劇進行中穿插的笑料，乃是悲劇所涵詠的同情、主觀、沈重、憐憫、一種感性的、帶淚的笑，是滿足而笑。

喜劇的笑，是嘲笑、是幸災樂禍，故屬邪惡的行爲；變位的笑，是僞裝、是掩飾、是虛假，也含有邪惡的成分，惟有滿足而笑是無邪的，如：

㈠燦爛的笑

現代的職業婦女，白天要上班，生了孩子交給菲傭或泰傭照顧。等到下班回家，進門第一件事就是抱孩子、親孩子。而孩子看到媽媽，在他人的懷抱中，張臂傾身，展出滿足的笑容，多麼純眞、多麼透心迫切。用燦爛的笑來形容母子會，猶感不足。

㈡拈花微笑

是形容參禪的人，寂靜思慮、冥想、啓悟入禪定的關竅，衷心感受圓滿，而發出微笑。這微笑充斥著歡喜，品格昇華，光輝奪目。

以上所舉兩例，證諸滿足而笑是無邪的，是光輝燦爛的。再從我們一般生活中摘取，又可分出四項：

一、團圓重聚

悲歡離合，雖會觸痛傷口，卻也能激起生命火花、閃亮情意。像開放探親，老兵還鄉，遙隔海峽四十餘載的兩岸親人，如夢幻般地團聚了。日長歲久，時過境遷，歡敘中往事句句是淚。這是悲、喜混熔的場面。

元末，高明著戲曲《琵琶記》。

蔡伯喈進京考功名，留下一雙父母和新婚不久的嬌妻趙五娘。

陳留縣大旱，草木不生，哀鴻遍野，蔡家二老一婦，生活窘困不堪。五娘爲了把米糧省給二老，自己竟暗吞糠皮。

蔡伯喈一去三年，杳無音訊。其實他早已考中，原想即日返家，怎奈牛丞相看中新科狀元爲婿，請得聖旨配婚。伯喈雖有抗拒之心，卻無抗拒之力。曾托人帶信給父母，不幸碰上騙子，帶回假信，說闔家平安。

二老死了，五娘賣髮埋葬公婆後，進京尋夫。

丞相千金看出伯喈婚後不樂，再由他詩文上發現他早有妻室，思家殷切。她並不責怪伯喈，反勸父親接納公婆及大娘。

牛小姐想找一位勤快的女傭，加以訓練，準備侍候公婆，不虞找到了守在相府門外、想見伯喈的五娘。牛小姐知道內情後，主動接納大娘，讓他們夫妻重逢。

但五娘已經不是臨別時那麼嬌柔美艷，瘦削的面龐、短散乾燥的頭髮、枯脊的手臂。伯喈並不嫌棄，反而倍加疼惜。他們一個是懷著滿腔的愧歉，一個是含著公婆被活活餓死的悲戚。多少想說的話，無數酸辛的淚，化作熱情擁抱，泣不成聲。但他們內心裡是歡樂的，是含笑而泣的。就連站在一旁的牛小姐，也是一付掛淚而笑的表情。

二、成功歡慶

晉朝的文士左思，寫了十年才完成的《三都賦》，卻被當代的文士們譏評得不値一文。左思頗爲傷心，後來他找到比他年長二十歲的前輩張華請益。

張華給他的評語是「你的三都賦可與東漢的班固《兩都賦》、張衡的《兩京賦》，三足鼎立；可惜因爲你才名不夠，未能受到重視。如若你能找到學識淵博的高士品題，就可望有揚眉吐氣的一天。」

左思打聽到西州的皇甫謐，是一位年長左思四十歲的文壇聞人，遂不顧辛勞，遠去拜訪。皇甫謐閱文後，大加讚賞，乃爲他寫序。

三都賦果然因此闡揚，聲名大噪。富貴人家競相抄寫傳誦，就連以前譏誚他的那些文界頭臉之士，以及闒茸之輩，也都反諷爲讚，甚至崇拜到五體投地。

左思在揚眉吐氣之時，回想到那受屈受辱的日子，經過一番苦心奮鬥，才有今日。滿足的心情，露出喜悅，卻不防笑眼內溢出兩行熱淚。

於是他再著《齊都賦》。

成功如果經過了經營奮鬥，其成就感要比坐享其成來得更高一籌，更值得歡慶。

三、苦而後甜

唐朝大詩人白居易的弟弟白行簡所著的小說《李娃傳》，是在明朝《太平廣記》中發表。

鄭生出生官宦之家，聰敏伶俐，讀書有成，二十歲進京趕考，父親給了他最豐盛的裝備和盤纏，足夠他兩年開支，並有僮僕數人沿途侍候，讓他一心研讀應考，沒有顧慮。

在長安他偶遇李娃，雙方一見傾心，雖發現她是煙花女子，也不見棄。住進她家，終日男恩女愛，忘卻此行任務。

過了一年多，百萬錢財化費一空，進而變賣坐騎、家僮、及衣飾。李娃的母親幾度想趕走他，李娃一再不肯。迨至鄭生已無可賣之物，要靠她家養活，母親忍無可忍，逼著李娃答應。但李娃實在不忍當面驅逐他，只好聽從母親安排，把他騙出去，然後全家遷徙。

鄭生找不到李娃，方知受騙，萬念俱灰，絕食三天，惹來病魔纏身，奄奄一息，被人送入殯儀館。幸館中有好心人餵他進食，才從死亡邊緣活過來。

爲了生活，他每日爲喪家執紼送葬，無意中學會了輓歌，他唱得哀婉淒涼，頗具感人之力。

長安城原有東西兩家殯儀館，同行冤家，競爭激烈。東邊的暗暗以兩萬錢延攬鄭生，並請來老師教唱，使鄭生成爲了無敵輓歌手。然後東西殯儀館雙方競賽，當衆展示成品。鄭生登台演唱，悲情戚戚，觀衆都被感動落淚，他爲東家贏得這場比賽。

不幸的是他父親恰巧晉京述職，親眼看到兒子如此污辱家聲，忿怒之至，把他押到郊外，用皮鞭狠打，直到他昏死過去。幸其教唱老師把他抬回，灌救甦醒。

一個多月後，手腳尚不能活動，身上多處傷口潰爛，產生惡臭，大家受不了，便把他抬出去扔了。就這樣他淪爲乞丐，靠人佈施維生。幾個月後，他才能拄著拐棍行走，沿門托缽，夜宿坑洞。

寒冬來臨，天降大雪，家家閉戶，他已無處乞討。又凍又飢，乃作垂死呼號，等氣盡力竭，就是壽命的終了。

李娃在房內聞聲，知是鄭郎，趕緊跑出來。見他枯瘦乾癟，滿身長瘡，行步顛躓，凍得發抖，已不成人形。想起當初相見時，他是風度翩翩，懷藏百萬，若不是爲了我，何致落魄至此，遂不顧他身上髒臭，抱住他痛哭一場。

李娃帶他回家，母親極力反對，李娃態度堅決，要告別風塵，永與鄭郎相伴。並將自己的珠玉釵環，金銀首飾，奉給母親，作爲贖身費用。母親無奈，只好答允。

李娃另租宅院，先爲鄭生療傷，時經年餘方愈。然後帶他去買書，陪他攻讀，整整三年。應考直言極諫科，輕易奪魁，被委派爲成都府參軍，從此聲譽日隆。

要去上任時，李娃自感形穢，叫他另選門當戶對人家結親，自己願回去奉養母親，鄭生苦苦求免。適鄭生的父親調差成都府尹，父子相見，抱頭痛哭。

父親對李娃救活兒子，使他重新振作做人，有再造之恩，決下聘大禮迎娶，正式結爲夫妻。

苦盡甘來的喜悅，也是滿足的笑。

四、誤會冰釋

人和人相處，常會產生誤會，好友變成冤家，相互攻訐。電影「無業遊民」，有一對兄弟因利益衝突而兩相敵視。後來父親由國外趕回來，大力開導，兄弟終能念在骨肉倫常之情，言歸於好。當他們在父親面前，自認不該、相擁而泣時，觀衆多含著稱心的笑容，爲他們滾下淚來。

誤會冰釋，相互讓步，是人間和平溫馨的場面。

《左傳》有載「鄭伯克段於鄢」，是鄭莊公掘地見母的故事。

鄭莊公的母親姜氏生莊公難產，幾乎喪命，所以不喜歡莊公，曾向莊公的父親武公建議，立莊公的弟弟共叔段爲世子，未獲武公同意。

後來，莊公即位，母又代共叔段要求封疆，而共叔段卻趁機擴大封地，又全力擴充軍備。

共叔段終於要起兵叛變，且已定好日期，約妥由母爲內應，開城讓叛軍進入。事情早爲鄭莊公知曉，派公子呂率軍討伐，共叔段受人民攻擊而逃亡。

莊公憤怒之下，把母親送到偏遠地區去，誓言：「不到黃泉，誓不相見。」

日子久了，莊公揚起了母子之情，可是身爲國君，言出必行，無法改變誓言。

有一位官員潁考叔，聽到這件事，就去獻禮給莊公，莊公留他一起進餐。他故意不吃肉，理由是「我母親從未吃過國君的食物，我想請求國君把這些肉留給我母親。」

由此勾起莊公思母之情，感嘆自己有母不能侍奉。潁考叔趁機進言，說「黃泉」很易解決，只要挖地見到泉水，你母子在隧道中相見，就符合了你的誓言。

在泉下母子重逢了，各懷愧赧之心，骨肉親情重聚，「其樂也融融」。

這就是誤會冰釋，含淚滿足而笑。

以上「變位的笑」及「滿足而笑」，與「喜劇的笑」，雖然皆被人納入同一檔案，但二者的功能，卻是各行其是，本書已有詮釋。

第四章　笑與劇的結合

劇中有笑趣，看起來較活潑生動，增強欣賞的興味。但若笑料加插得不恰當，有時雖也可以取得劇場歡笑的效果，卻傷害到劇的品質。一則笑材插入劇中，要看笑與劇的融合性、可塑性。

一、寫實劇笑料不宜誇張

如一部號稱寫實的文藝劇，講究「眞」、講求實際生活的寫照，倘使注入這樣的笑料：

（甲）青年向獨生女的父親建議：「你聽我一句話，可以賺到五百萬。」那位父親引起了興趣。青年說：「你不是宣布要給女兒陪嫁一千萬嗎？如果你肯把她嫁給我，我只收你五百萬。」

（乙）歲末，老闆召集員工開會，第一句就用頗爲親切的態度說：「各位同仁，我們都是忘年之交，你們誰能懂得這句話的意義？」

「我知道。」一位職員回答：「老闆年長和我們年輕人結交，就叫忘年之交。」

「不對。」老闆鄭重地說：「忘年之交，就是忘記年終獎金的交情。」

這兩則笑話，屬荒唐型，因爲他已越出了一般人說話的常規，用作笑話可以，用在寫實劇中，就破壞了它底價位。

二、諧趣劇的笑料不必求眞

反之，若在誇張嘻笑劇中，加插較有寫實基礎之笑料，也會令人感到格格不入。

（甲）我去年生日最糟，車壞了，女朋友跑了，使我更不愉快的是我收到一張朋友寄來的生日賀卡，寫著「祝你每年生日都像今日一樣快樂」。

（乙）一對中年夫妻的對話：

夫：「好奇怪，我每次遇見老朋友，都會覺得他們又胖了，頭髮又少了。」

妻：「有什麼好奇怪的，他們見到你，也是這麼想。」

這兩則笑話若使用在爆笑劇中，就略顯溫和。倘使要求笑與劇能和諧一體，先得把笑料分作等級，然後按照等級選擇使用。

第一節　笑材的等級

一、寫實笑材

舉凡高級喜劇、社會問題劇、愛情悲劇、鄉土生活劇等注重寫實作風的戲劇，均應採用此等級的笑料。

㈠社會現象類

（甲）一名老外，見我台灣的送葬儀車上用美女跳脫衣舞，他不解其意。有人向他講解：「脫衣表示脫去臭皮囊，靈魂得以解脫；光身是啓示人生來也空空，去也空空。」

（乙）老吳暑期度假三個月後返家，從大樓管理員手中取得一大捧五顏六色的繳款通知單：綠色水費單、橙色勞保單、藍色電費單、紅色煤氣單、白色房租催繳通知單、汽車違規罰款單、保險箱過期繳費單、銀行貸款付息單、以及所得稅扣繳憑單，這眞是給你點兒顏色看的時候了。

㈡男女之間類

（甲）新婚夫婦度過一場甜美的蜜月旅行。在回程中，二人相互問起對蜜月旅行的感想，雙方都含笑不說，相約各自寫在手心，同時伸出來看，都寫的是「高潮迭起」。

（乙）甲乙丙三婦人交往甚密，在一次三人聚會中，甲問乙：「昨晚十一點你在家嗎？」

「在呀，我剛上床。」乙回答。

「連續三次有感地震，你怕不怕？」甲又問。

「我沒感覺啊。」乙說。

甲思索了一下，找出了答案：「喔，對了，你老公出差了是不是？」

乙把臉一沈，帶笑地輕罵一句：「神經病！」

丙從旁聽得莫名其妙，等乙不在時追問。甲告訴她：「乙有個情夫，每當老公出差時，就約情夫來幽會。二人每次相見，動作都很火爆，對地震當然沒有感覺咯。」

㈢大眾生活類

（甲）一對穿著闊綽的夫婦進入一家格調不高的小餐館，在少女侍應生爲他們點菜時，闊太太問侍應生：「你這種年紀，應該要進大學的。」

「是啊，我正在讀大學。」侍應生說。

闊太太看了她好一會兒，面帶傲氣地說：「我當年就讀哈佛大學時，絕不會到這種餐廳來打工。」

「我讀的不是哈佛。」侍應生用怪異的腔調回答：「不過我畢業以後絕不會到這種餐廳來吃飯。」

（乙）一家超市的出口付款台，分爲購買貨品五件以內與六件以上的兩種。就有一名婦人拎著六件以上的貨品而排隊在五件以內的付款台前，另一名婦人用手勢叫她看指示牌。她生氣地說：「我認得字！」

「那就是你不懂算術。」

（丙）七歲的兒子獲得鄰家贈送的一盒巧克力，他見母親一直看著那盒巧克力，便說：「媽，你一定也很喜歡吃巧克力吧？」

「你怎麼這麼瞭解媽？」

「我們認識已經七年了，怎麼不瞭解呢？」

㈣個人點滴類

（甲）電腦生研究鳥語，晚自修過後加班。教授爲了勉勵他的用功，乃借電腦連線傳遞「很高興，這麼晚還見到你」的字樣。

在鳥語學圖文尚未出現時，教授的勉勵詞已在螢幕上顯示。此生禁不住叫起來：「哇！鳥比人更靈敏，掌握先機！」

（乙）小妹趕時髦，購了一付墨鏡戴上，十分自得，不意人人見了她，都問她是否剛割了雙眼皮。

二、無稽笑材

無稽笑材，是不可信以爲眞、不足認同的，所以它只能被應用在嘻笑劇、誇張低級喜劇、一般不拘泥於生活寫實的劇型上。

㈠扯語文

（甲）在附有馬殺雞的理髮廳內，有位顧客問髮姐：「剛才那位客人要求你爲他殺幾節，你爲什麼要拒絕？」

那髮姐不屑地一笑說：「他是我們這裡的『白馬』王子。」

（乙）孩子隨母親去遊動物園，看到龐大凶猛的獅子，突然引起遐想，問母親：「獅子怎樣做愛？」

母親想了一想，說：「問你爸爸，他是獅子會的會員。」

（丙）小寶不服地問老師：「我們班上無論有什麼好處，爲什麼總是由阿明捷足先登？」

老師笑著回答：「難道你不知道阿明住在頭份嗎？」

㈡黑白答

（甲）麗仕香皂的推銷員，問一位男士：「犟俐喜歡麗仕香皂，你喜歡嗎？」

那男士回答：「我喜歡犟俐。」

（乙）電話問卷工作者，接通了電話，向對方提出要求：「拜託，請你們家二十五歲至三十五歲、大學畢業以上程度、月薪在十萬元以上的未婚男士來接受問卷，謝謝。」

聽電話的是一名少女，她噗嗤一聲笑，說：「我也想找這樣的一個人吶。」

㈢餿主意

（甲）妻：「你爲什麼老愛叫我兔寶寶，我眞的那麼可愛嗎？」

夫：「因爲你看見別人有好處就眼紅。」

（乙）警長率部掃黃，一舉擒獲大批馬殺雞女郎和兔女郎。帶回警局後分兩處羈押。有人問他爲何不把她們關在一起？

「避免雞兔同籠，難以數得清。」警長說。

（丙）某公園在美化草坪後，製標語提醒遊客：「請勿踐踏草坪」、「請愛護植物」、「請保持公園美觀」……等，這些都未產生效果，草坪被踩得殘缺不堪。後來有人設計，把標語改寫成：「龜公、與龜公之子、及其家屬專用道。」於是奏效。

㈣意料外

（甲）王君讀偵探小說入迷，按照書中所說：「大安公園內僅有的一棵老榕樹，樹上的主幹從根往上數，有三個自然生成的洞。就在那最高的一個洞裡，藏著一封密函，誰要是取到那封密函，就知道了答案。」他找到那棵樹、那個洞，在洞中果有那封密函，拆開來看，函中寫著：

「你已經找到了你自己，你就是書中的那個大蠢蛋！」

（乙）舞台劇團別出心裁，到野外去排演。台詞中有一句：「你們都給我一個一個滾出來！否則看我怎麼修理你們！」演員的聲音宏亮而粗暴，連說三遍，矍見背後草叢中鑽出三對低著頭羞愧的男女。

三、誇飾笑材

誇飾笑材是寫實笑材與無稽笑材二者的中和。雖誇大卻經過藝術的裝潢，使其美化；雖不十分眞實，但也有發生的可能性。

(一)搭錯線

（甲）「近代史」上課時，阿輝伏桌打盹，老師把他叫醒，要他站起來，問他：「宋教仁是誰殺死的？」阿輝睡眼朦朧，猝然一怔，急忙答辯：「不是我！」

（乙）新任的靳牧師到教堂來報到，教堂裡正集結多人在爲颱風過境所造成的災害而募款。主持人見靳牧師進來，便插一句報告：「歡迎靳牧師到任。」衆人鼓掌後，主持人接著說：「這是本世紀最嚴重的災難，損害的程度，暫時無法預估。」靳牧師聽得目瞪口呆。

（丙）天剛亮，老吳尚在熟睡中，被電話吵醒。

「老公，你陪我到阿姨家去好不好？」電話中的聲音。

「好啦。」老吳睡意未消，有些怨懟。

「你趕緊起來，穿好衣服，我來接你，快點喔。」

「知道啦！」

對方把電話掛斷了，老吳忽然想到再問她一句：「喂，老婆，你在哪裡呀？」

「我在這裡呀。」回答的人竟然就躺在他的身邊。這下老吳才算清醒了，喃喃自語：

「我相信電話中的女人，一定不是你，因爲我們根本沒有阿姨呀！」

㈡巧設計

(甲)某律師事務所經過精確的設計，把男女間的結合到分離，劃成五個階段：戀愛、結婚、外遇、訴訟、離婚。在事務所大堂依序掛上五塊牌子。凡男女雙雙進入事務所，可按照自身需求選擇在一塊牌子下站定，便有分層負責的律師出來爲你處理，可節省不少對話問答的時間。

(乙)甲孩：「你長大要做什麼工作？」

乙孩：「我要做一個會令人排隊等我出現、而且見到我就人人歡喜的角色。」

甲孩：「就像是大人物，大駕光臨。做市長？還是大財團的總裁？」

乙孩：「公車司機。」

(丙)小舅常來借錢，從不歸還。這回打電話又說要來，夫妻設計，由妻到對門電話亭等候，見到小舅來，便打電話來討債，使小舅開不了口。

㈢妙語珠

(甲)釣客從海裡釣到一條大魚，放在小拖車上拖回家。半路，一位婦人見那魚還在不斷張口掙扎，她感嘆說：「好可憐的一條大魚喔，牠還在張嘴呢！」

釣客頗感不適，對那婦人說：「如果牠一直閉著嘴，就不會被釣上來了。」

（乙）男：「小敏，你老實說，你每次見到我，心裡會是什麼滋味？」

女：「我一見到你，就想到了大海。」

男樂透：「噢？你認爲我像大海一樣，有開闊的心胸、豪壯的意志，是嗎？」

女不答他，祇顧往下說：「因爲我們要出海，必須要乘船，我一上了船，就想吐。」

男：「嗄……」

（丙）阿炯拿一張舊照片到照相館，要求重新翻印。照片上是人擠牛奶，人被牛遮住，只能見到擠奶人的兩條腿。

「這擠牛奶的人，是我的曾祖父，這是他唯一遺留下的照片，我很想見到他。請你翻印時，把那頭牛移開，讓我曾祖父露面好嗎？」阿炯說。

「不過，你先得做一件事。」照相館老闆說：「你請你曾祖父拍一下牛屁股，牛就會走開。」

「我不忍心勞煩他老人家。」

「那就讓他永遠藏在牛後面休息吧。」

㈣走岔道

（甲）老母生日，大兒子送一幢別墅，二兒子送一部豪華轎車、並附聘一名司機，三兒子送一隻昂貴的鸚鵡，能背誦整本聖經。母寫信致意。

給大兒子的信：「屋太大，我打掃一次，就花費一整天時間。」

給二兒子的信：「我年紀老了，少出門，車幾乎派不上用場。」

給三兒子的信，大加讚賞：「你最瞭解媽媽，那隻雞味道特別鮮美。」

（乙）午睡時間，鄰家孩子在門口騎三輪車，輪子發出吱吱軋軋擾人的聲音。老姜不想去打擾孩子的父母，便直接爲那孩子的車軸滴些機油，車輪就不響了。

少時，孩子的父母跑出來大罵。原來那車輪的吱軋聲可以讓父母在屋內就能聽到，而知孩子的動向，一旦沒有聲響，父母就無法得知孩子的所在了。

㈤連環套

（甲）下班後，趕到修車廠取車，而車廠規定，只收現金，不收支票。他只好趕往銀行提款，不料銀行已下班，幸好有一個「駕車人專用」的窗口，還在營業。但無車者不接受服務，可是他的車還在修車廠。無車不能取款，無款不能取車，連環套牢。

（乙）甲：「她居然是哈佛畢業的，她憑著哈佛而抬高了身價。」

乙：「不幸的是哈佛大學卻因她而貶低了校譽。」

（丙）少婦雇用私家偵探跟蹤丈夫，企圖瞭解丈夫的行蹤。

「昨天下班後，他先到精品店購物，再到餐廳進食，然後到酒吧、卡拉ＯＫ，最後到旅館。」私家偵探報告。

「他去這些地方，到底想幹什麼？」少婦問。

「他是在跟蹤你呀！」私家偵探說。

「我叫你去跟蹤他，你反而來告訴我，他是跟蹤我。」

「如果他不跟蹤你，就毋庸我去跟蹤他啦。」

「現在我請你去阻止他跟蹤我。」

「除非你不再教我去跟蹤他。」

一般文藝界人士看戲、審戲、評戲，多有以寫實爲標準，往往容不下誇張、突兀的笑料，較少認同「搞笑」在戲劇中的重要性。

不過，創作者不必過份擔心，還是有若干捍衛劇場效果、尊重群衆觀點的高士，懂得按照多元劇型、等級分類，作個別評價，不作一概論斷。

第二節　笑材的適用性

我們採集笑材，不但要區別它的等級，還要注意到它的適用性。例如：

（甲）船在大洋中沈沒了，只有一個漢子、和一頭羊、還有一隻狗漂流到荒島上，雖然保存了性命，可是歸期無望，整日無聊。

一日，漢子帶著羊和狗在海灘欣賞落日美景，一時興奮，搭手在溫柔美麗的羊身上，引起狗的嫉妒，吠而撲之，不歡而散。

不久後，海上又漂來一名美少女，使島上成員增加到四個。

那天，四員又同在海灘欣賞落日美景，漢子情慾頓熾，低聲向美少女要求：「請幫忙帶狗去散步好嗎？」

此則笑話，把畜生人物化，描寫漢子的性變態，倘要爲劇情所用，表現不易，有人會認爲不雅，而且它已自成結構，無法找到植入缺口。最好的表達方式，是「說」。說笑話、說相聲。

（乙）「太監爲何被稱爲公公？」

「因爲他雖然不是公的，但也不是母的，叫他公公，在求『負負得正』，符合他非公又非母的特質。」

這則笑話，可以插用在古裝宮廷劇中，同時可以用作講相聲的材料，用文字表達，也適宜。

這裡把笑材的適用分四方面來探討：

一、宜用於「說」的笑材

笑材在「說」的表現上，除了笑材本身的笑趣外，還可加上說者的神態表情和聲音表情、肢體動作，以及聽眾的嘻笑反應，產生共鳴作用。雖然劇中表現笑材，也有以上所說的功能，但「劇」受到整體劇情進展的限制，無法像「說」那麼自由放任，毫無牽扯，照單全收。例如：

（甲）老屠晚婚，新娘子進門喜，生了個兒子，闔家為之歡慶。孩子七個月會坐了，有朋友來，老屠想展現他可愛的兒子，雙手挾著孩子的下顎，拎著站起來，不料竟造成孩子的頸椎脫臼，當場斃命。兩年後老屠的第二個男孩出世了，他的大哥擔心再有失誤，從遠道趕來探視。「上回你是怎麼失手肇禍的？」大哥關懷地問。「就是這樣啊。」老屠一面說、一面以第二個孩子作示範，雙手挾著他的兩邊下顎，往上一拎，不幸和上次一樣，第二個男孩也因此而喪生了。

這事件如果用作「說的」，可當笑料處理，誇張他無意間的重複行動，表現人會「再犯」的趣談；如用作戲，這場殘酷的結果，使人產生憐憫、怨責的情懷，而傾向於悲劇了。

（乙）一家養了三隻頑皮的貓，時常相互嬉戲追逐，砸破瓷、瓦類的裝飾品，又捨不得把破片扔掉。

「我看買瓶膠水回家吧。」妻的主張。

「對！」夫立即響應：「把這三隻頑皮的貓黏在地板上，就不會打破東西了。」

如果用口述，是個笑話；若用影視畫面呈現，就有虐待動物之嫌。

（丙）年屆八十五的老夫婦不幸在車禍中雙雙身亡，有天使引領他們進入一幢豪宅，設備齊全，應有盡有：鞦韆架、游泳池、網球場、以及小型高爾夫球場。

「這是上帝賜給你們的房舍。」天使說。

「哇！原來死亡是如此美好啊！」夫樂過一陣後，轉向老妻斥責：「都是你啦！每天弄些健康食品進補，要不我們早就可以來這裡享受了！」

這事件很獨立，不容易湊合上劇情，而且如此豪華的場景不容易尋求；若用口述，可以誇大其詞，把豪宅說得輝煌燦爛，令人嚮往，反正耍嘴皮子嘛，又不用化錢的。

（丁）某部影片票房奇佳，票窗前排上老長的隊伍。有一名女士擠越排尾，走向票窗，引起衆人抗議，齊聲大喊：「排隊！排隊！排隊！」

女士只好站住，等衆人靜下來，再往票窗走。群衆再度大吼「排隊！」

女士無奈地止步回頭向隊伍中的群衆說：「好，我走，看誰來賣票給你們！」

這是「說」比演的好，隊伍那麼長，臨時演員一大堆，化費很大，而且從隊伍旁邊走過，怎麼就判定她是要擠到前面去插隊買票呢？用嘴說可以，用畫面擺出來，就顯得太勉強。

（戊）父親向兒子小況解答什麼是政治：「就以我們家來看：我賺錢，我是老闆；母親管錢當家，是政府；女傭是工人階級；你是人民；你弟弟是我們的將來。」

晚上，小況由外面回家，見弟弟大便在身上，連忙去報告母親，而母已入睡；遂四下找尋女傭，卻發現父親壓在女傭身上，努力運動，小況敲門無應。

第二天早晨，小況向父親報告昨晚家裡發生的狀況：「當政府睡著的時候，老闆努力欺壓工人階級，沒人理睬人民，而我們的將來是一堆臭屎！」

這些個組成，太過於刻意拼湊，如用於戲劇，因有劇情的規劃在先，不易砌合，它最適用於說，但也同時適用於文字敘述。

二、宜用於「畫」的笑材

有些笑材適用於漫畫。畫是靜止的場面，從某一事件的動線上抓出一個點，使它「定格」。不管事件如何複雜，都得簡化到在定點中呈現，其笑點的掌握，大異於戲劇。

近代文學家魯迅曾對漫畫提出他的看法：「漫畫第一緊要的是誠實，要確切顯示事件或人物的姿態和精神。」也就是要求「眞實」。

（甲）一隻蜘蛛佈好網，對昆蟲們宣佈：「歡迎上網。」

若以漫畫表現，最爲直接、明瞭：畫一隻蜘蛛在結好的網中心，昆蟲們，蚊、蠅、蛾等正飛向網上，旁邊標字：「歡迎上網。」

倘使以文字敘述，就沒有漫畫那麼簡潔透明；如用作戲劇，則大費周章，必須採用電腦動畫製作，費時、費財、費力，而表現出來的效果與漫畫不成比例。

（乙）電子書盛行後，老師已無法知道學生上課時看的是課本，還是電子遊戲。

如是漫畫，只需看出學生們都在聚精會神的閱讀著電子書，而老師茫然地站在講台上，口是開著的。標字：「你們看課本眞的這樣專心嗎？」

漫畫給了讀者多一些的想像空間。假若是戲劇，用這樣的畫面、這樣的語言，會使觀衆來不及思考，畫面就過去了。

（丙）情婦從三樓窗外搭設一架長梯，讓情夫爬上來。不料他經過二樓窗口時，見到窗內美女衣著多露，一時動心，改變主意，進入二樓窗內去。

漫畫只要畫一棟三層樓的屋子，窗外加設一條長梯，梯上有一男士，在二樓窗口往內爬，二樓窗內有一暴露玉體的美人，三樓有一位憤怒的婦人伏在窗口向下指斥。標題：「中途變志」。

這個定點畫面，如變影視，要作蠻多的解說，才能表達清楚。而且還有一層顧慮：這情夫不走屋內樓梯，而另設露梯，顯是偷情；說不通的是從外面架梯，豈不更加公開了姦情？漫畫就不用考慮這麼多了。

（丁）從前有一幅幽默漫畫，畫一名老式理髮店的理髮師因毛巾太燙，無法拿在手上，而以一拋一接的方式快步向髮椅走，那髮椅上的客人，嚇得離座而起。

看來笑點頗具吸引力。但戲劇要表現完整，燙毛巾燙到客人而起衝突，其趣味會感到平凡。

三、宜用於「文」的笑材

有些笑材，不適用於「說」，也不適用於「畫」和「演」；採用文字表達，笑趣較易彰顯。尤其是笑點槃節在文字上的，要用閱讀，才能一目了然。例如：

（甲）在一個辦公室裡，有姓劉的、和姓柳的兩位同仁，每次有電話來找他們兩人其中的一個，接線生總得問：「你是找帶刀的，還是帶棍的？」

倘使靠說的、演的，就得加以說明：「卯金刀劉」和「木卯柳」，才能使聽者弄得明白，但經過這樣說明以後，就可能流失了笑機。

（乙）某生考大學落榜，去找補習班理論：「你們登廣告招生時，曾寫『教不會、退錢』，現在請你退錢吧。」

補習班的人回答說：「你斷錯句了，孩子，我們是『教、不會退錢吶！』」

有些笑材，取笑在於文字上的排比，字句錯綜、各呈特色，看文詞勝過聽語音，例如：

（甲）國文老師訓練男生班的學生「句讀重組」，題目是：

「我、小姐、美麗、長髮、愛上、快樂的、好亮的」

江川的組合是「亮麗快樂好美的我、愛上長髮的小姐。」

周槃的組合是「我愛上美麗、好亮的長髮、快樂的小姐。」

另一名叫胡虛的學生，他的組合另具一格：「我上美髮小姐，好亮麗、快樂長、愛的的。」

老師的評語是：「江川是以自我爲重心，把所有最美好的形容詞，都加在『我』的上面；周槃正好相反，以小姐爲重心，美好的形容詞都加諸小姐；至於胡盧，把重點放在色情上，虧他也能綴合成這樣的句子。」

（乙）一家大賣場開幕，場內豎起一塊宣傳大字報，寫著：

「孕婦裝孕味十足

想瘦茶給你享瘦

鄉土菜鄉味撲鼻

青春痘快來戰痘」

還有一種笑料縈繞在對等的語言或行動上，產生對照、對比的局面，唯有閱讀才更能體察到那種情趣。例如：

（甲）小幻不用功，上課常偷看小說。有一次，被老師發現，把他叫起來問：「你知道花木蘭爲什麼要代父從軍嗎？」

小幻許久答不出。旁邊的同學低聲提示他說：「木蘭無長兄。」

於是小幻得以順利地回答。但老師故意爲難他，要他上講台，在黑板上寫出來。

他寫的是「木蘭無長胸。」

老師問他：「作何解釋？」

「因爲木蘭沒有長胸，像男生，去當兵不會被人發現她是個女人。」

有「木蘭無長兄」這個正題，配上「木蘭無長胸」這個誤題，正誤對比，浮現喜趣。

（乙）孩子玩電腦遊戲入迷，母親擔心他的眼睛會受傷，就規定他玩電腦時，每隔半小時，必須到窗前，向外眺望三分鐘。

吃完飯，孩子便遵囑立在窗口，望著外面很久。母親發現，問他：「你一直站在這兒做什麼？」

「我想先在這兒一次望久一點，待會兒就不用再望了，免得我的電腦遊戲一再被打斷。」

母親要他間隙性地對窗外眺望，目的是保護眼睛；而他卻會錯意，一次站很久，怕的是阻隔他的電腦遊戲。母子二人的想法相對照，趣味便在其中。

（丙）學生寫作文，大家都老是把「即」與「既」這兩個字搞得混淆不清。老師便教大家就以這兩個字爲題造句。男生用「即」字造第一句，女生用「既」字造第二句，自由配合。

甲男：「即使我不愛你，你也不該愛上他。」

甲女：「既然你不愛我，還管我愛上誰！」

乙男立即衝著甲男接詞：「即使她愛我是錯的，也輪不到你來責備！」

乙女憤怒地衝著乙男接話：「既然你已愛上她，那我就答應別人的求婚！」

丙男也帶著怒氣地向乙女接話：「即使我結婚，對象也不是你！」

丙女火氣也不小，對丙男：「既然不是我，哼！你給我小心點！」

老師見同學們把個人的私情介入功課，連忙下令終止。

以上句讀的環節，已形成排比的格局，用文字表現，可以供人反芻，趣味更生。

四、宜用於「演」的笑材

笑材溶入劇中，不是單憑說的，而是要演的。不但有場景、有音響，而且有音樂襯托。最重要的是化好了妝的演員，用眼神、用語言、用肢體、加上適當的各個演員的表情，使它更生動、更活潑。尤其是上了影視劇，有鏡頭幫助分解，使你該看到的，都能看到；無論是局部的細膩神態、或是整體的環境全貌；它可以穿牆逾頂，也可以探心取意。再加上電腦動畫技術，可謂是想得到的，都能做得到，只要你不怕化錢，表現起來，十分方便。

舉例來看：

（甲）母親在廚房裡包餃子，聽得小女兒在客廳裡叫喊：「媽，可不可以吃冰？」

母親不想回答她，兀自低聲咕噥：「這是什麼天氣，還吃冰。」

「媽，可不可以吃冰？」小女兒又問一次。

「不可以！」母親大聲回答：「馬上要吃水餃了！」

小女兒沒有反應。少時，小女兒又問同樣的話，母親斥責她說：「不可以！你不會聽啊？」

小女兒似是不服地問：「爲什麼？」母親正待發火，又聽得小女兒繼續說：「爲什麼士相不可以過河？」

母親這才明白小女兒正在與哥哥下象棋。

佈景可以拆掉一片牆，用軌道把鏡頭從廚房拉到客廳，讓觀衆可以直接看到兄妹二人在奕棋。前面「媽，可不可以吃冰？」的那句話，原本是「馬，可不可以吃兵？」

（乙）女性的蔡經理與老闆有染，二人在總經理室親密幽會，很意外，老闆娘突然光臨，逕自直趨總經理室。

公司的職員們懷著幸災樂禍的心情，擁在門外偷聽。倏然傳出猛烈的打耳光聲，衆職員矍然互視。

阿倫：「我猜這可能是老闆娘打了蔡經理一個耳光。『你敢勾搭我老公！』」

阿芳：「我認爲不是，是老闆娘打了老闆一個耳光。『我哪一點趕不上這爛女人！』」

職員甲：「我說不是，是蔡經理打了老闆一個耳光。『你不是說你老婆不會到公司來找你的嗎？』」

職員乙：「我倒是覺得是老闆打了老闆娘一個耳光才對。『你要來，也該先打個電話來通知一聲啊！』」

職員丙：「不對不對，你們猜的都不對，應該是蔡經理打了老闆娘一個耳光。『你是老大，我要把你送綠島！』」（摘編自柯一正的電影劇本「藍月」）

這是一則頗具想像力的構思，五個發言的演員都得模仿室內糾紛人的語氣，說一句反駁詞，戲謔成趣。

接下來是答案要揭曉，還有一大堆笑話跟在後面。

（丙）稅務局派審計員到汽車零件公司查察是否開出發票。

當審計員正在翻閱帳冊時，一名顧客氣喘吁吁地奔進店來，購買一盞車燈，付錢後，立即往外奔。店主大喊：「喂！你忘了拿發票了！」

那顧客在門前駐足，回答道：「你從來不給發票的，怎麼今天我忙，你反倒叫我拿發票！」

那店主被他這麼一說，面色必然慘變，外加審計員意外逮到逃稅證據後的訝異和喜樂，以及那不知情的顧客在發現自己一語成災後的情緒反應，都能升高其劇場笑果。

（丁）一對六十歲的夫婦，慶祝結婚三十五年，賀客中突然出現一名仙女，允許老夫婦各人達成一個願望。

妻的願望是周遊世界，仙女一揮棒，機票和費用已握在手中。

夫的願望是要一個比他自己小三十歲的妻。仙女笑一笑，棒一揮，立即使六十歲的丈夫變成了九十歲。

人不可有過份的妄想，超越了警戒線，反彈起來的往往會出於意料之外。這位老夫不自量力，立即給自己衰老了三十年，影視拍起來輕而易舉，現場變，立可見，其尷尬與懊悔，使你想不笑都很難。

一部以少女遐想爲主軸的劇本「陌生」，寫少女韻心，在火車上，對身邊坐著的陌生客方長圓，不斷地產生猜測，他的身份、他的年紀、他的過去……從他的一枚書籤，和他向車窗外凝視一座廟宇，而判定他曾經當過和尚，也許是他耐不住寂寞，又還俗了。

爲了證實她的假設，站起來假裝向行李架上拿東西，趁機偷看他的頭頂，是否有燒過戒的遺跡。

由於方長圓不拉下遮日簾，任由烈日照射，又在韻心大意將水潑在他膝蓋上時，非但不予責怪，反而怕她不過意，一再表示沒關係。於是韻心估量他是個有耐力、肯忍讓的男人。她把送他上車的那個女人，認定是他的老婆，幻想中他老婆一直在捉弄他，揪他的耳朵、蒙他的眼睛、騎在他脖子上用他的頭當鼓打。

但稍後，在一個朋友與長圓招呼下，得知他還沒有結過婚。

笑材進入戲中，如魚得水，任憑發揮。不過在以上所說，表現笑材，有「說的」、「畫的」、「寫的」、「演的」之中，要以「演的」最爲挑剔，不僅要考慮到它的等級和適用性，還得就劇本的結構加以推敲，尺寸不合，無法投契。這正是下面敘述的重點。

第三節　爲劇情栽笑

最適當的時機，是在分場大綱完成後

爲劇情栽笑，是件值得重視的意見，也是必須愼重運作的任務。笑可以豐足你的可看性，但也會破壞它的文藝性；所以栽植的秧苗要經過精挑細選。首先檢視增援部隊與主帥及全軍之間的融合性，是否能令人有同窯燒製之感？如發現有抗頡作用，作者得敏感地揪出它的排斥因子，否則保主捨賓，寧缺毋濫。

這樣說來，似乎已有大把笑材放在口袋裡任憑挑選了。倘使你沒有經過一番努力，笑材從何而來？籌碼不足，腰桿怎挺得起來？所以蒐羅笑材，是栽笑的先遣任務。你得養成習慣，把平素看到的、聽到的、讀到的、日常生活中發生的一些可笑的趣事趣言、諧詩諧圖、異貌異行……一律登載入册，分類集中，再加上臨時杜撰，多中取宜，不宜不用。

栽笑的最佳時機，應該是分場大綱完成後，因爲劇情已大致有了初步的釐定，情節的增刪或挪移，尚可斟酌，笑材的植入，運作上較爲允當。

一、直接植入

弄好了分場大綱，依據上開「笑材的等級」，蒐集若干同等級的適當笑材，經過篩選，然後進行「植入」。

以打片稱盛的導演郭南宏，在他的一部「劍王之王」中有奸人劫殺幼兒事。當奸人舉刀欲下時，幼兒不知危機，望著他稚氣地笑，使奸人一時下不了手，博得觀衆哄然大笑。

在那個時代，打片是不興逗笑的，但由於這次笑材直接植入成功，以後笑就成爲了郭導演作品中的座上常客了。

直接植入，是指與劇情有密切的契合性的笑材，不必大動手腳，即可結爲一體，如出一轍。

㈠直植的笑材方位

哪些笑材才是適宜直接植入的呢？它底方位何在？要如何認定呢？我們且從三方面提示：

⑴蟄伏在現實生活的點滴

在日常生活中，雖隱含著不少我們諳練的笑趣，卻因沒有入神，任由它順流淌走。例如：

（甲）目前台灣的大哥大已普及到幾乎人手一機，不僅是有大哥大不稀奇，沒有大哥大的反倒是很稀奇了。

在任何聚會場中，只要聽到一機聲響，那些有機隨身的人群個個都會爲之一怔，從腰間掏出手機聆聽。

這種趣味符合時代、符合環境，也很容易與劇情契合爲一體。

（乙）又如今日台北市區最缺乏的是停車位，原來巷弄裡還可以塞幾部車，但有些人家，想制止別人停車在他家門前，而爲自己預留車位，常會豎牌警告，字樣不一：

「昨有人停車於此，遭人放氣」

「在此停車者跟我姓王，而且排行是老八」

「屋主常大醉而歸，有強烈的破壞狂」

這種做法，倘使與劇中人性格投合，植入戲裡，頗具喜感與眞實感。

（丙）別說小孩幼稚，有時我們大人卻往往會受到孩子稚氣的影響，而耿耿於懷。一名剛結過婚的少婦阿敏，對自己身份的鑑定，仍停留在婚前的階段。一次她到朋友家作客。

「阿姨。」朋友的四歲小男孩嘴甜，一見面就這樣稱呼她。

阿敏感到頗不自在，不甘心如此快速從「姊姊」升格到「阿姨」，可是對孩子又不能表示不滿。但不一會兒，她的心情又緩和下來，因爲有一名比阿敏還小上兩三歲的少女進來，這小男孩也照樣叫她「阿姨」。

「唔，這孩子對長得接近大人的少女都叫阿姨，並不是因爲我有了什麼快速的變化。」阿敏自我釋放後，忽見她新婚的老公進來，她喜悅地迎上去，卻又見那孩子仰向她老公叫了一聲「大哥哥」。

「哇！」阿敏這下受到了頗不輕鬆的震撼：「我是阿姨？我老公是大哥哥？這怎麼配啊？難道我看上去比我老公老那麼多嗎？孩子是不會隱藏的，我眞的有這麼衰嗎……」

這也可說是我們身邊瑣事之一，只要你常去留意，在生活中可抓到很多眞實的笑材。

(2)從角色性格上認定

直接植入的笑材，首先要注重的是劇中人物的性格，看兩者能否長相一致？

一齣電視劇「虎頭蜂」，男主角有一張利嘴，對人對事總是表達不滿，出口傷人是家常便飯。連續劇能容納素材的倉位敞闊，不妨輸入大量笑材，以增觀賞樂趣。這裡且爲它假設一些可以融合的笑材，供研究者裁斷。

（甲）登山隊進入高峰，氣候酷寒，一名胖妞縮著雙臂自責：「我不該來的，瞧我都快變成冰棒了！」

「不會。」一名男士說：「你不會變成冰棒。」

「可是我眞的很冷啊！」

「你會變成甜筒。」

（乙）一個愛現的少女，當著衆多男士窈窕作態。一男士走到她面前，用一面鏡子迎著她的面，問：「小姐，這面鏡子好看嗎？」

那少女瞟著那面不起眼的鏡子，不屑地說：「很醜！」

「唔！」男士表同意：「此時此地此方向，它的確很醜。」

衆笑謔。

（丙）演講會上，講者說到「人爲萬物之靈，沒有任何動物能勝過人的聰敏……」聽衆席上，一名男士突然站起來，大聲打斷他的話說：「不見得！」

「嗷？你有什麼高見嗎？」講者問。

「我敢說，你的聰敏，不如我家的狗。」

「你是罵我人不如狗？」

「不是罵，是事實！」

那男士把他的狗牽到講台上去，對講者說：「你可以叫牠坐、叫牠站、叫牠走，牠都聽得懂；你能聽得懂牠的話嗎？」

（丁）某男士看電視連續劇，老愛跟電視吵架：

「你看看，你看看，當律師的哪會這樣講話！」

「這是做媽媽的嗎？天下哪有這樣的媽媽？」

「這種電視劇，我再看下去，會把我氣死！」

「這些連續劇的家庭，就沒有一個是正常的：老爸是瘋子，老媽也是瘋子，兒子女兒更是瘋子，連阿公阿媽都是瘋子！眞看得我受不了——誒，這麼比起來，我們家倒算是很正常。」

婦人們講究穿著，逛服裝公司挑選新款式，服務員會爲她搬出一件件最新流行全世界的服飾，而且她要挑的是唯一獨有的花色，不希望看到有人穿和她同樣形色的服裝，以此爲榮。

劇中如果有這樣的角色，就有一則笑材可以裁用。

婦某最愛穿與衆不同的華服，倘使發現有人穿與她同花色的衣服，她就會不樂，從此那件衣服就不會再上她的身。

她的女兒第一天上學，回家後，很不開心。婦某問她，女兒說：「今天我穿的衣服，與全校同學的衣服，都是同一款式、同一顏色的，好沒意思！」

有些年輕人不愛唸書，若故事中有這樣的角色，我提供幾則笑材：

(甲)一考生作弊被逮個正著，叫到訓導處。

「我是怎樣教你的？」訓導老師氣呼呼地責問。

「我要是記得，就不會被你逮到了。」

(乙)師：「上課不聽講，你在抽屜裡找什麼？」

生：「我……我……」

另生：「找藉口。」

（丙）某生作業上很多錯誤和別字，老師在發還作業時，當面提醒他：「你文句上有太多錯誤。」

「沒關係。」某生大大方方地說：「我不介意。」

（丁）一群不喜歡讀書的學生聚在一起，研究「如何熬過枯燥無味的課？」大家各抒己見：

「看小說」、「看雜誌」、「看連環圖畫」、「看女生」。

「玩電腦遊戲」、「玩電子雞」、「玩變色龍」。

「數老師的口頭禪、習慣語，看他一堂課下來，說了多少個ＯＫ。」

（戊）開學那天，有幾名學生集在一起，猛按計算機。

「剛開學你們就有作業嗎？」有家長問。

「不是。」一名學生回答：「我們在計算還有多久才會放假。」

(3)由劇情進展中尋根

直植笑材除了要顧忌到角色性格，還要能順應其劇情的進展。比如我們發掘一則創意的笑材，契合上角色的性格，而在劇情進展中找不到確當的切入點，於是忍痛割愛；有時，它符合了劇情，又找不到劇中角色能夠承擔得起它，當然也衹好捨棄。

其實，笑材貼合劇情，是要從劇情進展中找尋它與笑材的相似點。比如：

（甲）電視單元劇「缺氧的愛情」，劇中一位年近四十的母親，生下一女，父親、奶奶、外公都忙著爲孩子取名，什麼鳳凰、玫瑰、翠喜……

正巧有一則笑話：某婦產一女嬰，取名美麗。有人問她替女兒取此名有何意義？她回答說：「人家會叫我『美麗的媽媽』。」

「缺氧」的編劇採用了它，套入劇中，使劇情增生喜趣。他的安排是這樣的：

劇中這位年近四十的母親，拒用各方取名的建言，自己爲女兒取名「美麗」。老公問她：「爲何偏要叫她美麗呢？」

「哈，你怎不透氣呢？」她剖解說：「以後人家見到我，都會叫我『美麗的媽媽』啊！」

（乙）某山區有警告牌，上寫「虎頭蜂、百步蛇注意，人類奸刁毒辣，敬盼遠離，否則不是你死，就是他亡！」

電視劇「鬼湖行」，有一群青年入山探險。把這則笑話挿入，青年們在深山中看到此項警告牌，雖禁不住笑議紛紜，但同時也提高了警覺。

（丙）校園的治安日益敗壞，尤其是女生的人身安全受到威脅，校方乃開放女生在校內可以自由牽狗隨行，蔚爲風氣。

校園內的狗增多了，大家爲了便於分門別類，按狗主人的學系命名：畜牧系的，名之爲「牧犬」，動物系的，名之爲「獵犬」，法律系的，叫「警犬」，外文系的，叫「洋犬」，中文系的，叫「犬儒」。

適巧電視劇「杏壇春秋」中有幾集偏重描寫校園生活，這則笑材，便被該劇和盤托出。

㈡直植的劇情架構

笑材的直接植入，應將劇情架構分做兩方面來說：一是嘻笑的架構，另一是非嘻笑的架構。

⑴嘻笑的架構

有些劇情在題材上就含有不少的笑料。有一部電視劇，寫一名青年新婚，夫妻恩愛，不料妻於婚後五個月便產下一子。青年十分惱怒，委託私家偵探調查，又求神問卜，想查出姦夫其人；同時把嬰兒出養給他人，弄得烏煙瘴氣，家不成家。

等到醫生驗血報告結果，證實嬰兒確是青年親生，他仍不肯相信，竟疑是醫生受賄。到後來，有一名白姓女子出面說明，才眞相大白：

原來那次聯合露營，這位白姓女子爲了逃避青年的糾纏，移花接木，使他在黑暗中誤姦了她的準新娘而不自知。

青年知道眞相後，急圖找回兒子，卻又大費周章。

這種劇情，一看便知它自身的笑料充沛，而且笑趣都顯示有人爲的誇大、意外的巧合、岔越常軌。於是我們得就它原有的格局，爲它增補喜趣，使它笑材密集，令人笑不釋口。

這裡介紹有關笑材植入的一句口號，以供參考：「人物可膨脹，劇情勿遠行。」意指笑材的切進，在角色性格上可做適當的膨脹，但就劇情而言，常會因笑材的介入，產生枝節，輒有岔出線外。但需適可而止，及早回歸本位。

如若盡興放任擴張，爲了保全笑材，越出主線甚遠，脫離本體，只顧堆砌笑料，而破壞了劇情原有的完整。縱然是號稱笑劇、或是笑鬧劇，祇要有劇情，就應有劇線，線是系統，是貫通全劇的脈絡。也就是故事從頭至尾的總纜，不容切割成斷斷落落。

所以嘻笑的架構，在選擇笑材時，應倚托在劇情的脊骨上，不要脫線太遠。

㈠一部電視兒童喜劇，雖注重逗笑，但不靠童星誇大神態或聲姿取悅觀衆，而是憑著劇情所描寫的孩子氣，些許是童心童識，些許是大人對孩子的悉識，趣味自在其中。以下有三則笑話，契合這部劇情及人物性格，提供出來，任由諸君評斷其植入的可塑性：

（甲）國小開學，一年級某班新生聚集的第一堂課，導師對學生們說：「爲了要實行學生自治，得由同學中推選出一人當班長。你們誰想當班長？」

同學們個個舉手，「我我我」一片叫聲，只有一名學童視若無睹。

「全班只有你一個人不想當班長，爲什麼？」導師問。

「我不當班長。」那學童挺起胸膛，大邁邁地說：「我想當校長！」

(乙)中元節，很多孩子跟著父母去放水燈，大人們多有在水邊念叨著招安鬼魂。

一名六歲孩子奔近母親身邊吼叫著：「媽媽，我看見水鬼了！」

「不要胡說！」媽媽說：「水鬼在哪裡？」

孩子拉著媽媽跑到一家冰庫外，指著那塊招牌說：「你看嘛！」

招牌上寫的是「冰塊」。

(丙)老師做家庭訪問，母親大誇自己的孩子是天才：「老師有沒發現，這孩子的智商特別高，與衆不同，很有創意。」

老師楞了一下，才點頭說：「唔，他是有創意，尤其是他在默寫生字時，老喜歡與衆不同，筆劃重組。」

(二)有部電影以諷刺買空賣空的脫星爲主題，我們爲它選擇了一些可以植入的笑材如下：

(甲)名妓寶姍，開的是進口車賓士，戴的是勞力士鑽錶，衣服首飾也都是名牌，穿的用的可謂是樣樣皆原裝貨，有人批評她：只有人不是原裝。

(乙)甲男：「我上回見到她，她身上一無所有；後來發現她有汽車、洋房、和大量的銀行存款，眞不是個簡單的人！」

乙男：「就因爲她肯一無所有，所以才能應有盡有。」

(丙)一名發了財的脫星，聘用一個青年男士當秘書，當他第一天去上班前，他老爸提醒這青年，在女主人面前切記不要亂說話，如「一見（賤）發財」、「趕車脫班」、「昨夜三點上床」……

（丁）風塵女自怨是「做牛做馬」！解釋是牛肉場、穿幫秀、和馬殺雞。

㈢有部電視劇裡，用了一隻聰明的狗，這裡爲它提供幾則狗的趣事，可以用作植入的素材。

（甲）某人汽車開到一戶人家門前，停車接聽手機，一隻狗由門內走出，迎著車門坐下，仰眼直視著駕車人。某以手勢趕牠，牠一動也不動，直到講完電話，收了手機，把車開走。

某由於好奇，回頭看牠，發現牠把方才壓在輪下一份報紙啣起來，走回門內去。

（乙）朋友們聽說阿睿家的狗懂電腦，約同前來，要看狗表演。

阿睿在電腦上找到一段語音，當說到「請進來」時，他家的兩隻狗，便由前院走入客廳。電腦：「請坐下欣賞。」兩隻狗同聲輕輕地「唔」了一聲，便馴服地匍伏在電腦前觀賞。

最後，電腦內發出：「到此結束，再見。」二狗「汪汪」回應了兩聲，便起身走出去。

（丙）「你不是說你的狗很聽話嗎？剛才你叫牠來，牠就沒有來呀！」

「我是對牠說：『你來不來？』所以牠可以自由選擇『來』或是『不來』咯。」

（丁）一家養了兩隻狗，一公一母。主人爲牠們搭建了一座竹篷，四周圍起半人高的欄杆。晚上十點鐘，公狗叫個不停，男主人被牠從床上吵起來，爲牠們打開欄杆的門，讓二狗進入欄內同臥。

第二天同樣的情況又發生了，男主人再度爲牠們開門，但氣不過，狠狠地責備公狗說：「你吵什麼吵！以前你們不都是自己跳過欄杆進來嗎？現在爲什麼非要吵醒我來開門呢？」

說時，女主人挺著大肚子也走出來看。母狗趁機走到女主人身邊，人立與女主人看齊，而公狗同時也走到男主人身邊，人立與男主人看齊。

男主人這才恍悟！哦！原來母狗有孕了，不能飛越欄杆。

(2)非嘻笑的架構

有些劇情，它的跑道上有專屬的牽引線，沿途沒有嘻笑的加油站。例如鬼戲專注於鬼魅恐怖的進展；打戲專注於暴力與正義的對比；哭戲專注於感情的製造和抒發。編劇人傾心營運，那兒還有心顧及嘻笑的穿插。等到分場大綱完成，重頭戲大致底定，回過頭來，再從大綱中檢查，考慮植入恰當的笑材，助長劇情的樂趣。

或許有些保守派人士把植入笑材，視同幽靈人口的搬運。不過幽靈人口雖屬歪道行徑，但對競選的當事人恰是有利的。藝術不是政治，創作技巧上沒有什麼歪和正，祇看成品優劣。其實他們講求的可能是劇情自然發展，不贊成有運作的痕跡。不過老兄，運作也可以使其達於自然，不落痕跡啊。即使是號稱自然寫實的作品，它也是出自人工的運作呀。除非它只是個自然生活的紀錄，那就算不上是文藝創作了。

（甲）卓明的車鑰匙無意被鎖在車裡了，幸好他有一種開鎖的特殊技術，只要能有一根鐵絲就行。於是他找到百貨公司買來了一根鐵絲衣架。就利用這支鐵絲把車門打開了。然後他把鐵絲衣架放在座位的下面，自得地說：「以後若再忘記帶出鑰匙，就不需要到處去找鐵絲了。」

如若你的劇中有一名做事顧慮不周、只知其一、不知其二、自作聰明的角色，就可以把卓明「下次就不用再到處去找鐵絲開車門了」的笑材栽植劇中。你可以視劇情的內涵，爲他加一個朋友、或是妻、子、女什麼的角色，參予其事。

（乙）老祖母彌留，卻堅持要等孫女從美國趕回來，死在她的臂彎裡。當孫女到達時，母親把祖母的意願告訴了孫女：「你祖母要死在你的手裡。」

母親說的「手」，是廣義的，把臂也歸在手的範圍內。

當然我們不必爲了這則笑材，而在劇中硬增加一個老太太死亡，假如劇情正好有位老者壽終，她所等待的人也不必是她的孫女，是孫子、或是女兒、兒子、甚至是老伴都未嘗不可。這說「死在你手裡」的人，也可以隨意調派。

（丙）書到用時方恨少，有些人在職場中混過一陣子，再進大學讀書，這種人在年紀上就比同學們大許多。

有一位年逾四十才大學畢業的女生，遇見二十多歲的男同學，男同學向他身邊的友人介紹：「這位是我的同班同學。」那友人面呈訝異之色。

女同學不解，事後她隨行的老公剖析說：「你男同學的那位友人，若非認爲你是未老先衰，就是認爲你那位同學是養尊處優。」

在你的劇中只要能有一個像笑材中這位女生年紀相近、且有同等學養、和不相上下的經濟狀況、社會層次，同時能與劇情合流，就可以植入。笑材中其他的角色，老公、男同學、以及男同學的友人，都可以任憑變更。

非嘻笑架構的劇情，雖不仗著嘻笑稱勝，然而有了笑材灌注進去，會像傘一樣地把它撐開，伸張其威力，擴大其效果，何樂不爲？

二、經過變造

笑材進入劇情，除了前面所說的直植情況以外，多半是需要經過一番斟酌，羼入藝術的思維，做有效的變造，切忌硬生生地鑲進去。例如：

（甲）笑材：小奇對同學吹牛：「你知道我家有多大嗎？從我的臥房走到客廳，就有十分鐘的時差。」

原來是母親怕小奇上課遲到，把鬧鐘撥快了十分鐘。

變造：先從小奇上學遲到開始，母親接校方通知，便把鬧鐘撥快十分鐘。小奇被鬧鐘叫醒，見時間迫切，加速行動，到了客廳，看到壁上掛鐘，才知受到擺佈，但自知有錯在先，未敢抗議。

小奇到校，正好趕上上課鈴。

「今天你總算趕上了，沒有遲到。」有同學提醒小奇：「老師一直在注意你呢！」

「沒辦法！」小奇說：「我家實在太大，從我的臥房到客廳，就有十分鐘時差。」

「哇！比全個台灣還大！」

「不是世界經度的時差，是我家兩個時鐘的時差！」

（乙）笑材：老師：「冰箱有什麼用途？」

學生：「把多餘的食物放進去。」

老師：「放進去做什麼？」

學生：「等到食物腐壞了，才把它丟棄。」

變造：前面加上這名學生的母親很懶惰，從不整理冰箱，把吃剩的菜餚放進冰箱，一批一批塞進去，發現腐壞了的，就拿出去丟掉。所以給孩子對冰箱留下如此的印象。

具體來說，變造可以分做三個方面進行：增修笑材、異動劇情、笑材與劇情二者配合變更。加加減減，做到適當爲止。

㈠削屨適足

屨（音具）是麻製的鞋。漢朝劉安撰《准南子》，有「譬猶削足而適屨，殺頭而便冠」句。

此處引用其言，變造爲「削履適足」，履代表笑材，足代表劇情。意在變更笑材，以保劇情之完整。

（甲）

笑材：大昭夥同友人去打高爾夫球，忽然想起曾約了技師到家裡來修電腦。於是打電話回家，接電話的是尚未上小學的女兒。

「去叫媽媽來聽電話。」

「媽媽和姜叔叔在樓上房間裡睡覺，叫我不要去吵他們。」小女兒回答。

「姜叔叔是誰？」大昭的情緒立即緊繃起來。

「我也不知道，媽媽叫他小姜。」

「你馬上去告訴媽媽……」大昭的聲音有些顫抖：「說我的車已經回到家門口了！」

小女兒的電話沒有掛斷，大昭心亂如麻地等候著她的回報。

回報終於來了，小女兒說：「我照著你的話說了。」

「怎麼樣？媽媽有沒有反應？」大昭迫不及待地問。

「媽媽好像瘋了一樣，沒有穿衣服就從窗子爬出來，不小心摔下花園跌死了！」

「嗄？怎麼會這樣？」大昭驚訝地問：「那……那個小姜呢？」

「小姜從陽台跳下游泳池。」

「他水遁逃走了？」大昭頗爲不平。

「因爲游泳池裡沒有水，他也摔死了。」

大昭愣住片刻，關掉手機，猝然回過神來，低聲自語：「游泳池？我家根本沒有游泳池哇！」

劇情：一部電影劇本「愛情高飛球」，寫一對夫妻帶著一個五歲女兒，最近因爲股票賺進大筆鈔票，購了一幢別墅新屋。由於處事盲動，時常肇禍；奇怪的是禍事總是傷不到他們自己，倒反殃及別人。

以上這則笑材栽入，頗爲合宜，但需經修剪。

變造：笑材的變造，只是刪除末尾大昭低聲自語「我家沒有游泳池啊」一句。雖然改造的僅此一言，但卻更改了整體的意義，把原先大昭已發覺自己搞錯了，變成了他認定這是事實，積極趕回，而引發以下的笑趣。

大昭關掉手機，立即向球友說明「家有急事」，便匆匆離去。

他一進門，便看見妻在花園裡剪修花草，十分安閒，認爲她是故作鎮定，把她扳轉身，面面相對，卻也看不出她有什麼異樣。

「你還眞會裝吶。」

「你在說什麼？」妻滿臉狐疑。

大昭見到小女兒由室內走出，便迎上去問她：「你不是說媽媽已經摔死了嗎？」

「沒有哇，我沒有說啊！」小女兒莫名其妙。

「那你在電話裡說的都是假話？」

「我沒有打電話啊！」

大昭快步走近游泳池，半自語地嘀咕著：「也沒有小姜的屍體嘛！」

「誰是小姜啊？」妻問。

大昭這才自認搞錯：「糟糕！一定是電話搭錯線了，這一下又不知道害死哪一家人了！」

這一回又是殃及別人家，對他們夫妻卻再一次毛髮無損。

（乙）

笑材：母女倆開車旅遊，途中車故障，停靠路邊修理，弄得母女汗流浹背，尚找不出毛病出在哪裡。幸有一名熱心青年騎機車路過，自動幫忙，三下五除二，就把車修好了。

女兒感激之餘，就問那青年說：「我們該怎麼謝你？」

「親一個，行嗎？」青年涎皮笑臉地說。

「可以。」女兒大方地回答：「反正我們家付帳的總是我媽。」

劇情：小桂死了父親，母親不甘寂寞，與一名比她小二十多歲的小伙子相愛，來往甚密，老少配傳遍鄰里。

變造：此一笑材，正好藉作老少配的起因。母改作喪夫後，性生活短缺，心情憂鬱，小桂乃抽出時間、多陪母出遊。同時設定這名青年有戀母情結，有愛戀風韻猶存的中年婦人傾向。

「付帳的總是我媽」這句話，變成是小桂有心的安排。當青年走近母親時，母笑面相迎，青年原本只是親一下面頰，但見她目含媚色，遂放膽以嘴合嘴，臂抱臂地吻了起來，在這種機緣巧合之下，一發不堪收拾。看在小桂的眼裡，眞個是又期盼，又怕受傷害。

（丙）

笑材：施司從外面趕回家，妻一開門，便對施司說：「我要給你一個驚喜。」當即爲施司蒙上眼罩，牽著他走到餐桌邊坐下。正待揭開謎底，電話響，妻要他耐心等一下，她去接電話。

施司因吃了太多的地瓜，放屁不止，臭得連自己都受不了。等到妻講完電話回來，爲他揭開眼罩，才發現滿桌的菜餚，還加上高朋滿座。大家一起爲他鼓掌，同說生日快樂，使施司爲剛才蒙眼時的失態，感到非常羞愧。

劇情：丈夫爲人不清不白，卻有一個賢妻，他在外面做的事情，回家從來不提。最後他受到賢妻的影響而懺悔，極盼自新，卻免不了受到法律制裁。

變造：笑材中的「放屁」用在戲中不雅，但它是笑趣的主因，必須另謀替代，同時爲了順應劇情，改造如下：

警方傳訊施司，他怕丟臉，連老婆也不告知。當他胸懷憤懣回來的時候，一進門就被老婆罩住雙眼，牽引到餐桌邊坐下。這時觀衆已可看到滿桌菜餚，和高朋滿座。老婆正想用手勢指揮衆人同聲唱生日快樂歌，電話鈴響。

在老婆去接電話時，施司悶在心裡的火氣未消，禁不住低聲怨嘆：

「哼！誣賴我偷錢，他媽的才五十萬，狗眼看人低！笨蛋，你們怎不查察農會失竊的那一千二百萬是誰幹的？」

施司說完，自豪地大笑，在場的人都呆住了。等到老婆回來，爲他揭開眼罩，我的媽呀，這可不得了啦！他看到這麼多人，個個都用異樣的目光瞪著他。幸老婆帶頭唱起生日快樂歌，大家才中氣不足似地隨之唱和起來。

㈡維小拾大

維小拾大，意在維護小者而收拾大者，也就是因爲發覺到上好的笑材，如內容別緻、或情趣濃郁、或深含人生意義等，不忍割捨，乃在不草率的狀況下，搬動既定的劇情與人物，使其貼合無間。這當然不是勉強接納，實在容不下，還是可以保留到你的下一齣戲才考量，以免落入「削足適履」的笑柄。

（甲）

笑材：喪夫未足一年的少婦，思夫心切，請乩童爲她召來丈夫的亡魂，夫婦對話，相互關懷，婦更是聲淚俱下，夫勸慰她。

「小親親，不要難過，其實我現在過得倒是蠻自在的。」

「你在幹什麼？阿文，告訴我。」

「游泳、捉魚、還潛水。」阿文說來，果然是輕鬆愉快：「興趣來了，就引頸高歌，仰天長嘯。」

「騙人，你根本不會游泳。」

「文化不同啦！我現在是隻鴨子。」

劇情：電視單元劇「半邊人」，寫少年孀婦淑惠的孤寂和怨嘆。基本上是偏重於感性描寫，但也不排除理性的諧趣。

變造：笑材之外，爲劇情增寫二段。

增寫一：新寡的淑惠兀自悶悶地閒逛到水邊，見水中群鴨同向游行，卻有一隻公鴨離隊潛水，出水後向著岸邊的淑惠振翅叫囂，呱呱不休。觸及她的回憶：丈夫阿群生前說話最愛大聲，如吼如嚷，淑惠曾批評他像鴨子覓食，呱呱不休。

其增寫此段的目的：

1、使笑材在劇情中生根。

2、引起她思夫之情而去找乩童會陰。

增寫二：淑惠與夫魂交談後，認爲那天在水邊見到的那隻向她呱呱叫囂的鴨子，可能就是她丈夫的轉世，於是再去水邊找它。可是在一群鴨中已無法分辨出誰是誰不是。但她並不死心，坐在水邊等待很久。終於有隻鴨向她引頸叫嚷。

「阿群！你又在引頸高歌了？」她不顧一切，撲到水中，追逐那隻鴨子。卻被鴨主人誤以爲她是偷鴨人，幾乎挨打。幸好有熟人在場，解救了她。

（乙）

笑材：小寶六個月已能獨坐，其父上寶十分自得地向友人誇說：「我兒子已經從軟體、變成硬體了。」

友人故作不屑地一笑說：「可惜他爸仍是軟體。」

「我怎麼是軟體？」上寶頗感意外。

「靠女人吃飯，即是軟體。」

「我乃是自力經營商業，並不靠女人吃飯哪！」

「你別忘了，你的行業是製造胸罩啊！」

劇情：劇中有四十歲出頭的男士，雖是晚婚，卻很幸運，一舉得男，萬分高興，親朋好友，紛紛前來慶賀。

變造：1、把這劇中人的孩子，改作六個月大，以配合笑材：「孩子能坐」的過程。

2、孩子老爸的職業，原來並未釐定，按笑材的需要，使他製造胸罩爲業。

以上這兩項變造，對原先的劇情並無抵觸。

（丙）

笑材：諒嫂受託爲人家看管了三個兩三歲大的小男孩，每天黃昏得爲孩子們洗完澡，撲上痱子粉，換上乾淨衣服，弄得清清爽爽，等待孩子的母親們來接回去。

有一天諒哥休假在家，自告奮勇，願爲孩子們洗澡，諒嫂樂得偷閒，出去走走。諒哥按照諒嫂的模式，把孩子們先脫去衣服，都站在一個大站車裡，然後抱一個到洗澡間去洗，洗好就立即抱回來，站回到站車裡，再抱第二個去洗。

當諒哥洗完三個孩子後，喘口大氣，自認這工作不是好幹的。適諒嫂回來，發現三孩中有一個是髒兮兮的臉，責問諒哥：「你怎麼少洗一個？」

「咦，我是洗了三個啊！」

其中一個孩子說：「我洗了兩次澡！」

劇情：電視單元劇「藍裙小姑」，部分劇情是夫婦新婚，生下一男，妻雖全心照顧，仍自覺力不能逮。

丈夫的大嫂罹患了腎結石，住院開刀，嫂的四歲兒子就託付給他們夫婦照管。妻雖滿心不甘，卻也無法拒絕，只好向丈夫發威，指責埋怨。丈夫請假一週，協同照管孩子。哪知他笨手笨腳，笑話百出。

變造：首先把劇情中大嫂的兒子，從四歲改爲二歲半，而且一變二，嫂生的是一對孿生兄弟，以符合笑材的三個孩子。

洗澡的情節不變，衹是有了雙胞胎，長相相同，容易混淆，才會弄錯。

這就是維小拾大的樣版本。

㈢革面洗心

革面洗心，或作洗心革面，原意洗心是滌除內心的邪惡，革面是改變往日歹惡的面目，比喻一個人改過自新。這裡把劇情借代作「心」，把笑材借代作「面」，以面與心二者的變革，促其豹變，使成新的組合，增強新的戲果。

再說一遍，二者的變造，還是要注重到枘鑿方圓。投不進，不要強行，擠扁了枘，或是撐裂了鑿，都是失敗的。

（甲）

笑材：老陳從僑居地返國，把一件絕版稿本忘在計程車上，急得猛罵自己糊塗。有人建議他登報招請那位計程車司機送來，並在登報文末加上「陳薄酬」字樣。

誰知連登三天報，未見回應，又有友人建議：「薄酬」沒有誘力，要寫「重酬」，於是他再登報紙，把薄酬、改作重酬。

果然那位計程車司機打電話來了，他首先問：「那天乘我計程車的到底是陳重酬、還是陳薄酬？你們兩兄弟最好先談妥，我才知道把這個稿件送還給誰呀。」

劇情：張是在二十年前，因離婚把兩個幼兒託人撫養；後又因生意失敗，逃往異域

父子團聚。

避債，而與兩孩失去聯絡。如今他已重振雄風，環境轉好，回到故鄉，急盼找到兒子，

變造：在張是找尋兒子的過程中，可以把這一笑材鑲在前段。

笑材部分：1、老陳改成小陳，是年輕人。2、計程車上丟掉的東西，改爲一包老爸的生活照片和函件。

劇情部分：1、張是尙在海外，托友人代爲尋人。2、友人於見報後，電話告知張是，說有陳姓兩兄弟在找尋乃父之照片及函件。張是認爲可能性很大，立即飛回。當見到失主後，才發現不是兩兄弟，是一個人。攏是烏龍，驢頭不對馬嘴，惹出笑話一牛車。

（乙）

笑材：某農漢抱著三隻雞、牽著一頭牛、扛著一支鏟、提著一罩籬、行於山道，巧與由岔道走出之一名村姑相遇，二人走上同一條路。

那村姑總是有些怕怕的樣子，與他保持著距離。農漢問她：「你怕什麼？」

「在這荒山野嶺，我怕你非禮我！」村姑說。

「那怎麼可能？」農漢說：「我拿著這麼多東西，根本放不下來呀！」

「那還不簡單。」村姑不以爲意地說：「你只要用籬罩罩住三隻雞，把鏟插在地上，然後把牛拴在鏟柄上，你人不就空出來了嗎？」

農漢喜出望外說：「謝謝你的指點！」

劇情：錄影帶「男人好」，寫一名年愈四十的老處女，雖對性生活有所嚮往，卻仍想保持尊嚴，對向她示好的男人，裝著不理不睬，而對她沒有覬覦之心的男士，又常施用媚態去勾引，心理頗不平衡，製造出太多笑話！

變造：笑材部分：村姑改由劇情中女主角，四十開外的老處女來擔任，那農漢也增齡至四十多歲。

劇情部分：老處女聞某山村多有未婚的壯男，乃避開同伴，獨往某山村觀光，碰碰機會。不想在半路遇見那農漢，她在指導那農漢如何騰身後，遭到農漢的性侵害。她原想假意掙扎，半推半就，不想因此耽延了時間，等到即將成其好事時，有人群經過，破壞了她可以捐除處女身份的大好機會。

（丙）

笑材：小瓦怕雷電，每遇打雷閃電，就怕得躲到桌下，不敢出來。這次正逢二叔在場。他蹲在桌邊，向小瓦說：「不要怕，這閃電只是雷公在拍照片，鎂光燈一閃而已；打雷是雷公在打鼓；下雨是雷公在洗澡，蓮蓬頭在噴水；下雪是雷公在梳頭，灑下頭皮屑。」

小瓦聽了，由桌下爬出來，從此不再怕雷電了。

劇情：錄影帶「單親媽媽」——未婚媽媽紀嫩撫養一個四歲的兒子紀寧，由於要上班賺錢養家，把孩子托給隔壁梅氏夫婦照顧。梅先生的職業是推銷人壽保險的。

變造：笑材部分：

1、把二叔改作媽媽紀孅。

2、把二叔的話分開處理。

劇情部分：

1、開始加紀寧玩電腦遊戲，見到下雪場面，紀寧沒看過雪，媽媽爲他講解，下雪是天上降下白粉樣的東西，遍灑大地。

2、梅先生的職業改作直銷，此刻正推銷專治頭皮屑的洗髮精。當媽媽講到下雨是雷公在洗澡時，紀寧問媽媽：「要是下雪呢？」

紀孅一時想不出答案，恰巧梅先生進來，他接上詞兒：「那是雷公在梳頭，飄下他的頭皮屑。」

「爲什麼我們這裡不下雪呢？」紀寧又問。

「因爲……」梅說：「因爲我們台灣有專治頭皮屑的洗髮劑特效藥，台灣的雷公不生頭皮屑呀。」

「栽笑」在沈醉於純寫實作風的文人雅士們看起來是件何等荒唐的事，劇情進展需順其自然，不必勉強。有些戲一點笑也沒有，不是照樣也可以賣座嗎？不過寫戲有很多種式樣，藝術創作不必用嚴格的規範來限制，是嗎？

這祇是提供一個路向，一種方式，你看順眼、就去做；做順了、就有成就。這項成就，便是拒絕這種方式的人所做不到的。等他們發覺到，再追上來，就晚你一步了。

筆者並非不贊同寫實，我在第一單元中就是以實生活與編劇藝術的溶和爲主要訴求，舉述過太多人生內心寶貴的眞實，像挖掘至寶般地珍視。如外在的形動素材與內在的意動素材之取得等都是搜索人與人之間微妙的心理差距，探討相互間的自我意識所呈現的語言與事蹟。

編劇藝術創作是多元的，做什麼像什麼，搞寫實就認眞寫實，搞嘻笑就盡情嘻笑，不要拒絕任何方式，只要用心去做，摸到竅門，必有收穫。

稿末自述

是人都會笑，都愛笑，都時常謀笑。笑可謂是人類的最愛，他深植於人底生命中，是生活上不可或缺的情趣。雖然笑是人們的密友，卻很少有人去了解他，尋幽探勝，找他的根源，發掘他潛蘊的寶藏。

天榮早在六十年前，就對笑有著癡迷的興趣，時常自撰一些短短的笑話給報章雜誌補角塡白。寫多了，腦庫裡就自動歸劃出檔案。由於我是從事電影、電視、舞台劇之編劇、導演、表演工作，與「笑」結緣深厚，尤其在我負責主講「編劇學」課程後，更不得不視「笑」爲親密的戰友，陸續研讀各家各派對於笑的零星說理文章，在我的「編劇學」一書中，增列「笑」的一章。

我教編劇達半個世紀之久，對笑的學殖，逐次累積，逐漸修正，逐步發現，教學相長嘛。

初步是「笑的研究」於一九五六至五七年間在雜誌連載，引人注目，大概是此類論說少見之故。有人建議我把他整理成册，在著書的衝動下，花了兩年時間，埋首案牘，鑽研相關書籍，完成了八萬字的手稿。交好友陳君拿去出版，不意他因事赴高雄，半年不曾謀面。其後接到電話，說他因病、把原稿亡失了。那時尚無影印，沒法留根，全軍覆沒，欲哭無淚。在我的創作史上眞可算是一場浩劫。

好多年，每想打起精神來蒐腦覓存，可是偶寫一段，看來看去，總覺不夠原稿的精義，或許「失去的最尊貴吧」，就這樣擱下了。

近十幾年，「笑」在人世間更上層樓，對編劇更昇華爲無價之寶。情勢所趨，在課堂上我得不斷重整講「笑」的內容。同時我四十年前的「編劇學」一書已無法適應目前時代的脈動，也必須按照我當下講編劇課程的條目、例證、創見，重新著述。工程太大，望而卻步，幸有些熱心的同學願爲新書出力：課堂錄音、整理思緒、彙編紀錄，才把我失稿後的頹廢心情從垃圾山撿拾回來。所以這次應該說是「笑」創作了我，而非我創作了笑。

「笑」雖標示爲「編劇系列講堂」第三單元，但實際內容是以社會人生爲陳述中心、基本人性的揭示，可說已把「笑」與人類生活結成連線。尤其是與笑相關的藝術創作，如漫畫、相聲、數來寶、耍小丑、譏諷類的雜文、網路搞笑篇、報章雜誌諧趣欄、電視綜藝節目等提供了若干可行的參考。

本書採選的例證六百多闋，其笑材包括中西古人古事、今人今事，實生活採眞、以及各國電影名片、電視劇、舞台文學名著等。

天榮末學膚受，苛望建樹專門而有系統、具實用價值的笑的學術論著；這祇是一個開端，總要有人起先踏出第一步，才會引出能人高士不吝珠玉，相繼出招補充、修正、臻其完善。

二〇〇二年二月於台北寓所

國家圖書館出版品預行編目資料

笑的藝術與理路 / 徐天榮著. -- 初版. -- 臺北市：文史哲,民 91
面： 公分. -- (影劇叢書;1)
ISBN 957-549-431-8 (平裝)

1.笑

176.5 91006577

中華民國電影戲劇協會
影 劇 叢 書 ①

笑的藝術與理路

著 者：徐 天 榮
出版者：文 史 哲 出 版 社
http://www.lapen.com.tw
登記證字號：行政院新聞局版臺業字五三三七號
發行人：彭 正 雄
發行所：文 史 哲 出 版 社
印刷者：文 史 哲 出 版 社
臺北市羅斯福路一段七十二巷四號
郵政劃撥帳號：一六一八〇一七五
電話 886-2-23511028・傳真 886-2-23965656

實價新臺幣四六〇元

中華民國九十一年(2002)五月初版

ISBN 957-549-431-8